HISTOIRE DE L'ABBAYE ROYALE

DE

SAINT-PIERRE DE JUMIÈGES

HISTOIRE DE L'ABBAYE ROYALE

DE

SAINT-PIERRE DE JUMIÈGES

PAR

UN RELIGIEUX BÉNÉDICTIN DE LA CONGRÉGATION DE St MAUR

Publiée pour la première fois

Par L'ABBÉ JULIEN LOTH

TOME III

ROUEN

CH. MÉTÉRIE, SUCCESSEUR DE A. LE BRUMENT

LIBRAIRE DE LA SOCIÉTÉ DE L'HISTOIRE DE NORMANDIE

RUE JEANNE-DARC, N° 11

M DCCC LXXXV

LIVRE QUATRIÈME.

On commença le XVIIe siècle, à Jumièges, par une assemblée capitulaire où le R. P. Dom Adrien Langlois, prieur claustral, exposa, avec une grande liberté, quoiqu'avec beaucoup de sagesse et de prudence, les abus qui s'étoient introduits dans le monastère pendant les troubles, et la nécessité où il étoit d'y remédier par des règlements salutaires. Son discours ne plut pas également à tous les religieux ; mais les quatre sénieurs, Dom Guillaume Caumont, Dom Jean Gauchet, Dom Marin du Costé et Dom Toussaint de Marseilles, répondirent, avec beaucoup de zèle, qu'ils ne désiroient rien avec plus d'ardeur, et le prièrent de ne point s'arrêter aux obstacles qu'on pourroit opposer à ses pieuses intentions. Il tint donc un conseil avec eux, où l'on jugea à propos de renouveler les statuts du cardinal de Bourbon et de ses grands vicaires, dont on fit un corps de règlements auxquels on ajouta la sentence d'excommunication portée par les papes Pie V et Grégoire XIII contre les femmes, fût-ce une duchesse, qui entreroient dans les monastères, et contre les prélats et les moines qui les y introduiroient, ou qui les y accompagneroient.

Ces règlements ayant été reçus sans opposition, Dom Langlois, de l'avis de ses quatre sénieurs, en dressa de nouveaux qu'il fit lire, en Chapitre, le 23 juin 1601. Voici les principaux : Les officiers assisteront à tous les offices et exercices communs, excepté à l'office de prime, quand ils voudront dire la messe ; ils ne sortiront point sans permission, et n'entreront dans aucune maison séculière que le prieur n'en sache la cause ; ils mangeront au réfectoire avec la communauté ; ils n'entreprendront aucun procès que de l'avis du prieur et des sénieurs auxquels ils donneront, par écrit, leurs moyens de défense pour être envoyés aux procureurs des juridictions où les procès doivent être intentés, afin d'éviter les frais de voyage ; si leur présence est quelquefois nécessaire, ils le représenteront au prieur qui leur allouera 25 sols pour leur dépense et 10 sols pour le cheval. Rien ne sera vendu dans le monastère que par le cellérier qui en conférera avec le prieur auquel il apportera tous les deniers qui proviendront de ces sortes de ventes, pour être mis, en présence des sénieurs, dans le coffre du dépôt avec l'argent de sa recette sans en rien réserver, sous peine de déposition. Les chantres et les officiers de l'autel rentreront au chœur pour chanter la petite heure qui suit immédiatement la grand'messe. Les religieux se feront raser la barbe de quinze en quinze jours, et se feront couper les cheveux tous les mois. Ils garderont leur rang de profession et feront le service de l'église et du réfectoire chacun à leur tour, si le prieur ne juge à propos d'en exempter quelquefois les officiers.

Tandis que Dom Langlois, par ses sages règlements, s'efforçoit de rétablir l'abbaïe de Jumièges dans son ancienne splendeur, les officiers travailloient de leur côté à conserver ses possessions et à recouvrer ses droits ; mais la chose étoit difficile et il n'y avoit pas même lieu d'espérer qu'ils en vinssent à bout, parce que la plupart des titres étoient entre les mains des laïques, ou avoient été pillés et rompus par les soldats qu'on avoit mis en garnison dans l'abbaïe pour la sûreté des religieux. Les vassaux se prévaloient du désordre qu'ils savoient être dans le chartrier, et refusoient de payer les cens et rentes dont leurs héritages étoient chargés. Dom Langlois en fut averti, et, craignant avec raison que le mauvais état du temporel n'éteignît peu à peu la discipline régulière, il résolut de se pourvoir au parlement de Normandie qui, en semblable occasion, s'étoit montré favorable aux évêques de Bayeux, de Coutances et d'Avranches ; il exécuta, en effet, bientôt après cette résolution, par une requête à laquelle le parlement répondit par un arrêt dont voici le prononcé :
« Notre ditte Cour en aïant égard à la ditte requête a
« permis et permet aux religieux, abbé et Couvent de
« Jumièges, faire sommer et interpeller par le premier
« de nos huissiers ou sergents sur ce requis toutes et
« chacune des personnes qui se trouveront redevables
« aux dits demandeurs à cause de la ditte abbaïe par

« les registres, papiers, journaux, lettres, titres et
« enseignements qui leur sont demeurés, d'exhiber
« aux dits demandeurs, leurs receveurs, fermiers et
« préposés, leurs acquits et décharges, si aucuns en
« ont, et de comparoir à la ditte abbaïe, si faire le
« peuvent, à certain et compétent jour de l'interpella-
« tion qui leur sera faite, pour amiablement compter
« et arrêter au certain les sommes dues par les dits
« redevables ; autrement, à faute de ce faire, et le dit
« temps de l'assignation échu et passé, notre dite Cour
« a, dés à présent, permis et permet aux dits deman-
« deurs, leurs fermiers et receveurs, faire exécuter par
« le premier huissier ou sergent sur ce requis les
« tenants et sujets des fiefs et terres appartenant à
« iceux demandeurs à cause de la ditte abbaïe, en
« vertu des lettres, comptes, papiers, journaux, titres
« et enseignements qui leur sont demeurés pour les
« sommes qui se trouveront dues à la ditte abbaïe,
« sans que les dits redevables, aiant été refusants ou
« délaissants d'exhiber leurs dits acquits et décharges
« et de venir compter, puissent prétendre aucuns
« dépens, dommages et intérêts à cause des dittes
« exécutions ; et ne pourront les dits redevables eux
« aider de prescription ou possession à l'encontre des
« dits demandeurs pour le temps des troubles et
« guerres civils. » L'acte est du 2 juin, l'an 1600. Au
mois de novembre de la même année, René de Courtenai vint à Jumièges et donna pouvoir à Dom Toussaint de Marseilles, prieur de Crouptes, de comparaître

aux assises d'Argentan pour y soutenir son droit de panage dans les forêts de Gouffern et de la Haïe. Trois ans après, le roi Henri confirma les privilèges et exemptions des religieux de Jumièges, pour le passage de leurs blés et vins provenus de leur crû, tant par terre que par eau. Ce qui fut encore confirmé par les rois Louis XIII et Louis XIV, en 1611 et 1644 (a).

Sur ces entrefaites, l'abbé de Courtenai fit un voyage à Jumièges pour porter les religieux à contribuer avec lui au paiement de cinq mille deux cent cinquante-cinq livres que les députés du clergé lui demandoient pour sa portion des emprunts qu'on avoit faits dans les années précédentes ; mais les religieux rejetèrent sa demande avec fermeté, et tout ce qu'il put obtenir fut un consentement de leur part pour emprunter cette somme et en assurer la rente sur les biens de la mense abbatiale. L'emprunt fut fait en 1604, et la rente créée sur le lot de l'abbé, qui se proposa dès lors de s'en décharger, en aliénant quatre-vingts acres de terre du fief des Belles [1] ; mais la mort le surprit avant l'exécution de son dessein, à peu près dans le temps que le pape, Paul V, accorda à Dom Toussaint de Marseilles, et à ses successeurs dans la charge de prieur claustral, la permission de bénir les vases et ornements d'église, tant de l'abbaïe que des prieurés et paroisses qui en

(a) Archives.

[1] Belles (Les), manoir et fief relevant du Roi, situé à Motteville-l'Esneval ; aliéné, en 1581, à Guillaume Étienne ; en 1587, à Nicolas Langlois de Motteville.

dépendoient. Le privilège est du 1ᵉʳ décembre 1606. Le parlement fit, cette année, le procès à un homme accusé d'être sorcier et d'avoir causé, par ses maléfices, le débordement subit de la rivière de Seine qui avait monté le lundi des fêtes de Pâques de l'année précédente, jusqu'à la grande porte de l'abbaïe, et ruiné plus de 300 toises des murs du courtil [1].

MARIAN DE MARTINBOS, SOIXANTE-TREIZIÈME ABBÉ.

Charles de Bourbon, comte de Soissons, jouissoit, depuis douze ans, des revenus de la mense abbatiale, sous le nom de l'abbé de Courtenai, mais ayant appris sa mort, il permuta avec Marian de Martinbos [2], conseiller clerc au parlement de Rouen, chanoine, chancelier de l'église métropolitaine, et abbé de Saint-Michel-en-l'Herme, qui prit possession de l'abbaïe de Jumièges, au commencement de juillet de l'an 1607, en vertu des bulles de Rome qui lui avoient été expédiées le 21 du mois précédent, par l'official de Paris. Ses

[1] Sur les procès de sorcellerie, V. M. Floquet, *Hist. du Parlement de Normandie*, v. p. 615 et suiv.
[2] Marian de Martimbos, chanoine de Rouen, fut député pour le clergé du diocèse de Rouen, aux États de Blois, en 1576. Il fut nommé syndic du clergé dudit diocèse le 4 février 1568. Il avait été promoteur de la cour ecclésiastique, curé d'Avesnes et prieur de Beaumont-le-

manières polies lui gagnèrent presque tous les religieux et principalement Dom Toussaint de Marseilles, prieur claustral, pour lequel il avoit une singulière affection. Il le fit même son vicaire général l'année suivante ; mais il se brouillèrent, peu de temps après, à l'occasion du fief des Belles, qu'il vouloit vendre à M. de Motteville pour rembourser les cinq mille cent cinquante-cinq livres que son prédécesseur avoit empruntées du sieur du Tilles, en 1604. Le sieur de Carville, son intendant, étant venu à Jumièges déclarer ses intentions, les religieux demandèrent quelque temps pour se déterminer, et, après plusieurs délibérations, ils s'opposèrent à toute vente des biens de l'abbaïe, et spécialement de 80 ou 100 acres de terre du fief des Belles, qui étoient dans le lot de l'abbé. Cette opposition des religieux arrêta le sieur de Martinbos pour un temps ; mais lorsqu'on croyoit tout apaisé, il gagna les syndics généraux du royaume et obtint une commission qu'il fit signer aux religieux le 21 février 1609. Les religieux, ne voulant pas se jeter imprudemment dans un procès dont il seroit peut-être ensuite très-difficile de se tirer, puisqu'il ne s'agissoit pas moins de leur propre avantage que de celui de l'abbé dans le remboursement qu'il vouloit faire, consentirent qu'on procédât, eux présents, à la vente de trois cent cinquante-sept livres de rente au denier dix à prendre sur le sieur de Bellegarde pour un reste de paiement de la

---

Roger. Il possédait la seigneurie du Busc. Il signait toujours Martimbos.

terre et baronnie de Norville aliénées en 1563 [1]. Ils consentirent de plus qu'on aliénât le fief du Bosc assis dans la paroisse de Saint-Pierre-de-Meules [2] et Orbec; le fief de Sérans-en-Auge [3] avec une portion du fief, près de Mesnil-Renouard [4] et la vavassorie de la Lande [5]; le fief de Varaville [6] et de Cabourg [7]; celui de Ville-Juive [8], Colombière et Vitri [9], et ceux du Pont-Saint-Pierre [10], de Saint-Vast [11] et du Pont-Autou [12], à condition que les deniers qui en proviendroient seroient mis entre les mains des commissaires pour faire eux-mêmes, au nom de l'abbaïe, le remboursement de la somme empruntée. Cette déclaration est du mois de septembre 1609. Les commissaires l'ayant lue, y firent d'autant plus d'attention qu'elle leur parût avantageuse au sieur de Martinbos, dont

[1] La baronnie de Norville avait été aliénée par les religieux de Jumièges, à Charles de Cossé, comte de Brissac, maréchal de France, lieutenant-général en Normandie, et à Charlotte d'Esquetot, son épouse, dame d'Estelan, 15 octobre 1563. Elle fut *retraite* par les religieux, vers 1651.

[2] Meules, arrondissement de Lisieux, canton d'Orbec.

[3] Serans, commune du canton d'Écouché (Orne).

[4] Le Renouard, commune du canton de Vimoutiers (Orne).

[5] La Lande, vavassorie franche.

[6] Varaville, canton de Troarn, arrondissement de Caen.

[7] Cabourg, même canton.

[8] Villejuif, chef-lieu de canton de l'arrondissement de Sceaux (Seine).

[9] Vitry-sur-Seine, commune du canton de Sceaux (Seine).

[10] Pont-Saint-Pierre, canton de l'arrondissement des Andelys.

[11] Noble fief de Saint-Vaast-Dieppedalle, commune du même nom, arrondissement d'Yvetot (Seine-Inférieure).

[12] Fief et prévôté du Pont-Authou, commune du même nom, arrondissement de Pont-Audemer (Eure).

les fermiers ne pouvoient presque rien tirer de ces petits fiefs. Mais l'abbé insista à vouloir vendre le fief des Belles, parce qu'il vouloit obliger M. de Motteville, et il lui en céda, en effet, 27 acres en 1611, moyennant quatre-vingts livres de rente. C'étoit, pour les religieux qu'il n'avoit pas consultés de nouveau, une occasion favorable de faire valoir leurs plaintes auprès des commissaires; mais ils en profitèrent mal. Loin de protester contre cette entreprise, ils se laissèrent corrompre, pour la plupart, par l'argent du président de Motteville, et consentirent enfin à l'aliénation entière du fief et des terres qui en dépendoient, aux conditions que l'abbé ratifieroit les concordats de ses prédécesseurs : ce qui fut exécuté le 28 novembre 1613. Marian de Martinbos mourut le 28 avril de l'année suivante, après avoir fait détruire l'ancien réfectoire du prieuré de Joui, et perdu un procès au parlement de Rouen contre les religieux, au sujet des mille bottes de foin dont le cardinal de Bourbon leur avait fait remise en 1577. On lui attribue la construction des caves qui sont le long de l'église Saint-Pierre, et de quelques autres édifices à l'entrée de la vigne, qui ont porté son nom tant qu'il a subsisté.

BALTASAR POITEVIN, SOIXANTE-QUATORZIÈME ABBÉ.

L'abbaïe de Jumièges fut mise en économat pendant six mois, au bout desquels la commende fut rendue sous le nom de Baltasar Poitevin à Louis de Bourbon, comte de Soissons, fils de Charles de Bourbon, mort le 1ᵉʳ novembre 1612.

Dom Adrien Langlois, l'un des quatre sénieurs, fit alors le voyage de Paris pour voir M. de Gamache[1], docteur de Sorbonne, avec lequel il était lié d'une amitié très-sincère et très étroite. Etant un jour entré dans la chapelle du collège de Cluny pour dire son bréviaire, il vit passer le R. P. Dom Anselme Rolle, religieux de la réforme de Saint-Vannes et Saint-Hydulphe, approuvé par le pape Clément VIII, en 1604. La modestie de ce religieux, jointe à la nouveauté de son habillement, attira ses regards. Il s'informa qui il étoit, et, après l'office, il demanda le R. P. D. Laurent Benard, prieur du collége, et apprit, de sa bouche, tant de particularités de la vie de ce grand personnage et des religieux de cette nouvelle congrégation, qu'à l'heure même il se sentit inspiré d'embrasser la réforme et de la proposer à ses confrères. Ce fut, en effet, son premier soin lorsqu'il fut de retour à Jumièges; mais au seul mot de réforme, les plus sages, entraînés par les moins modérés, s'opposèrent à ses desseins, et bientôt on l'insulta sans ménagement. C'est ce qu'il avoit prévu, et c'est ce qu'il ne craignit pas. Loin de se déconcerter, il regarda la contradiction de ses frères comme un préjugé du secours de Dieu. Il le demanda

---

[1] Philippe de Gamaches, professeur de Sorbonne, abbé de Saint-Julien de-Tours, un des meilleurs théologiens de son temps, connu par des commentaires sur la somme de saint Thomas, décédé le 21 juillet 1625.

par des prières continuelles que le Seigneur parut écouter, en touchant le cœur de quelques-uns des moines relâchés qui vinrent lui offrir leurs suffrages et lui promettre d'appuyer son entreprise. Déjà Dom Langlois entrevoit quelque lueur d'espérance; il redouble son ardeur, il multiplie ses prières, il intéresse ceux de son parti à dire des messes du St Esprit, et le Ciel semble de nouveau lui donner des présages de sa complaisance et de sa protection (a). Un poulet à deux têtes sortit de la coque [1], et deux ou trois jours avant la Toussaint de l'an 1614, on vit tomber, de la voûte de la chapelle de la Vierge, pendant complies, trois globes de feu, que chacun des deux partis expliqua en sa faveur. Mais ce qui prouve que Dieu se déclaroit pour ceux qui souhaitoient la réforme, c'est que, dans le cours de cette année et au commencement de la suivante, huit des opposants moururent, malgré l'art des médecins et des soins empressés de ceux de leur parti. Peu de temps après, il en mourut encore quatre autres, suivant la prédiction de M. Guion [2], précepteur et grand vicaire de Mgr le cardinal de Joyeuse, homme de grande vertu et mort depuis en odeur de sainteté parmi les pères de

---

(a) Mémoires de Jumièges.

[1] Il est regrettable de rencontrer dans un ouvrage aussi sérieusement fait des naïvetés de cette sorte, que l'amour du merveilleux ne peut même excuser.

[2] André Guyion, du diocèse d'Autun, docteur en théologie, prieur commanditaire de Saint-Sauveur de Rennes, nommé vicaire général du cardinal de Joyeuse, dont il avait été le professeur au collège de Navarre; conserva cette charge jusqu'en 1614.

l'Oratoire, où il s'étoit retiré, après avoir refusé les archevêchés de Rouen et de Narbonne.

Ce qui augmenta le chagrin des ennemis de la réforme, c'est qu'à la S. Jean-Baptiste de l'an 1615, le prieur claustral Dom Jean de Quincarmon, ayant fini ses trois ans, les mieux intentionnés, dont le nombre commençoit à prévaloir, élurent Dom Langlois pour lui succéder. L'enfer en frémit de rage, et les opposants éclatèrent en murmures et en discours injurieux. Mais Dom Langlois, instruit, par la lumière de l'esprit de Dieu qui l'animoit, qu'on recueille dans la joie ce qu'on sème dans les larmes, ne montra jamais plus d'activité pour l'exécution de son généreux dessein que lorsque tout paraissoit contribuer à l'abattre. En vain le menaça-t-on du parlement de Rouen qui, dès le mois de novembre 1607, avoit rendu un arrêt pour défendre à tous les monastères de Normandie de s'unir à aucune congrégation hors de la province ; tout ce qu'il craignit fut de craindre quelque chose dans une affaire où il s'agissoit de la gloire de Dieu. Il assembla ceux que la divine Providence lui avoit associés, et qu'elle animoit de la même ardeur pour la perfection de leur état, et, ayant conféré avec eux sur les moyens d'accomplir l'œuvre du Seigneur, ils n'en trouvèrent point de plus propres que de s'adresser à M. de Harlai, nouvellement en possession de l'archevêché de Rouen [1], pour le prier de concourir à l'accomplissement de leur dessein et de l'appuyer de son autorité.

---

[1] François de Harlay prit possession par procureur de l'archevêché de Rouen, le 8 décembre 1615.

Le prélat, s'étant rendu à Jumièges, fit sa visite le mercredi de Pâques, sixième jour d'avril 1616, et de concert avec Dom Langlois et ceux de son parti, il lui ordonna, en présence des opposants, de faire venir deux religieux de la congrégation de Saint-Vannes pour former les novices et les jeunes religieux à la vie spirituelle et à l'étude de la philosophie et de la théologie. Les opposants eurent beau témoigner qu'ils étoient en état d'instruire leur jeunesse, l'archevêque leur imposa facilement silence, en leur représentant que le maître des novices [1], étant, depuis quelque temps, curé d'une paroisse de son diocèse, ne pouvoit vaquer à ces deux emplois, et, dès le lendemain, Dom Langlois envoya au président et aux définiteurs des Bénédictins de Verdun, deux de ses religieux, avec une lettre au nom de ceux qui désiroient la réforme, pour les exhorter à les secourir dans leurs besoins, conformément aux intentions de M. de Harlai et de plusieurs personnes considérables dont on leur porta les lettres. Deux jours après il se rendit lui-même à Paris pour saluer l'abbé Poitevin et lui proposer son projet, afin de ne pas trouver d'obstacles de sa part dans l'exécution. L'abbé y parut tout à fait résolu, et pour lui en donner des marques, il le présenta à la comtesse de Soissons et au comte, son fils, qui lui promirent d'appuyer son entreprise de toute leur autorité. Le zèle de Dom Langlois

---

[1] Pour la part que prit Mgr de Harlay à la réforme de l'abbaye de Jumièges, consulter Dom Pommeraie, *Hist. des archevêques de Rouen*, p. 646 et suiv.

ne se borna pas là. Assuré de la protection du comte et de la comtesse de Soissons [1], à laquelle il fit présent d'un magnifique cabinet d'émail qu'elle reçut avec de grands témoignages de bienveillance, il écrivit, et fit écrire par le père Binet [2] au père Coton, jésuite [3], pour l'engager à le servir auprès du roi et de la reine mère dans le rétablissement de la discipline à Jumièges: ce qui ne fut pas inutile, car à peine étoit-il de retour qu'il reçut les lettres les plus consolantes de leurs majestés. Nous nous flattons que le lecteur nous saura gré d'en insérer ici les copies.

Lettre du roi Louis XIII aux religieux de Jumièges.

« Chers et bien aimés, aiant sçu la résolution en laquelle vous êtes de vous soumettre à une réformation et le bon commencement que vous y avez donné, nous vous avons bien voulu déclarer le contentement que nous en recevons, et vous exhorter, comme nous faisons par cette lettre, à continuer en cette sainte et louable entreprise, qui accroîtra d'autant plus la réputation à laquelle a été de tout temps votre abbaïe, estimée une des plus

---

[1] Charles de Bourbon, comte de Soissons et de Dreux, pair et grand-maître de France, fils aîné de Louis de Bourbon, prince de Condé et de Françoise d'Orléans, gouverneur du Dauphiné, de Normandie, du mois de décembre 1610 au 1er novembre 1612, date de sa mort. Anne de Montafié, sa femme.

[2] Le père Étienne Binet, connu de son temps comme prédicateur, et dont les ouvrages de piété sont encore estimés, avait été professeur au collège de Rouen. Il fut recteur de cette maison de 1611 à 1621.

[3] Pierre Cotton, né à Néronde en 1564, mort en 1626, confesseur de Henri IV et de Louis XIII.

célèbres de notre roïaume ; assurant que nous y contribuerons volontiers en ce qui sera requis et nécessaire de notre autorité, et que vous recevrez de notre part, toute l'assistance et faveur pour cet effet.

Donné à Tours le 17 avril 1616.

Signé, Louis. Plus bas, Potier. »

Lettre de la Reine mère, régente du Roïaume.

« Chers et bien aimés, le Roi Monsieur mon fils et moi avons entendu le désir que vous avez de vous réformer selon les anciens statuts et discipline de votre ordre ; en quoi je vous dirai que lui et moi avons grandement loué ce saint zèle et bonne dévotion en vous, non seulement en ce que Dieu en sera mieux servi en votre église, mais aussi en ce que par ce saint exemple il en peut naître d'autres bons offices à sa gloire. J'ai donc voulu accompagner de ces lignes la lettre que le Roi, mon dit sieur et fils vous en écrit, pour vous fortifier en cette bonne et pieuse intention ; assurée qu'étant chose pleine de mérite au Ciel, j'aurai d'autant plus d'occasion d'avoir soin du bien et de la conservation de votre maison.

Ecrit à Blois, le 29 avril 1616.

Signé, Marie ; et plus bas, Phelippeaux. »

Le père Coton n'avoit pas encore répondu à la lettre de Dom Langlois, mais quand il vit celle de la reine partie, il fit la réponse suivante :

« Monsieur et Révérend Père, vos Révérences m'obligent quand elles se servent de moi, surtout en chose qui revient si manifestement à la gloire de Dieu, l'édification du prochain, comme le rétablissement de votre ordre en sa première splendeur. Le Roi et la Reine en ont reçu un singulier contentement, comme vous l'apprendrez par celles qu'ils vous écrivent, dont je vous prie d'envoyer copie au R. P. Binet afin qu'il participe à votre consolation et qu'il voie l'effet de sa recommandation. S'il avient que vous aiez affaire d'autres choses qui soient en ma puissance, vous n'aurez qu'à m'en avertir, Monsieur et très Révérend Père, de votre Révérence et de toutte la dévote famille le serviteur très humble et très affectionné *in communi Domino*, Pierre Coton de la compagnie de Jésus.

De Blois, le dernier avril 1616. »

Cependant les députés de Jumièges ayant fait leur commission auprès des supérieurs de la nouvelle congrégation de Saint-Vannes, revinrent avec deux religieux de Verdun que le Cardinal de Lorraine leur avoit fait obtenir à la prière de Dom Langlois, qui lui en avoit écrit, comme il paroit par la réponse de son éminence, en ces termes : « Mes Révérends Pères, je remets à la suffisance des Pères députés de votre part, à vous informer, plus à plein, de l'affection et promptitude avec laquelle je me suis porté à faire réussir ce que vous désiriez et demandiez de moi par les vôtres, qui m'ont été fort agréables, et seront toutefois et quantes que vous jugerez expédient de m'employer pour le bien, avancement et progrès de votre maison, que je rechercherai toujours de tout mon possible, principalement reconnaîtrai qu'il s'agit de l'honneur de Dieu et affection pareille que je suis votre très-affectionné ami.

Charles de Lorraine

de Nanci, ce 3 mai 1616. »

Quelque temps après, Dom Langlois reçut la réponse à la lettre qu'il avait écrite au Cardinal de Montalte, pour le prier de s'intéresser à la réforme de son monastère, et d'appuyer la supplique qu'il adressoit au pape sur ce sujet. Cette réponse est trop honorable à son auteur pour nous dispenser de la rapporter ici :
« Admodum Reverende Pater, litteras Reverentiæ
« vestræ et seniorum Monachorum istius monasterii
« accepi, et simul cum eis epistolam ad sanctissimum
« Dominum nostrum, quam ego Sanctitati suæ exhibui,
« rogavique insuper Sanctitatem suam ut reverendis-
« simo archiepiscopo Rothomagensi scriberet, ipsum-
« que ad visitandum et reformandum istud cœnobium
« hortaretur, quod non dubito optimum pontificem
« paternâ quâdam caritate erga universam monacho-
« rum sancti Benedicti religionem affectum, esse fac-
« turum : interim valde commendabimus vestra studia
« et desiderium quo tenemini antiquæ et laudatissimæ
« monasticæ disciplinæ vigorem restaurare, quem
« sperare possumus fore ut iterum refloreat, non modo

« in vestro isto amplo cænobio, verum etiam in cœteris
« Normanniæ monasteriis, quæ vestrum imitabuntur
« exemplum. Adsit Dominus Deus vestris optatis et
« cœptis, a quo vobis omnia felicia et fausta precamur.
« Romœ, die 8ª mai 1616. Cardinalis de Montaltis. »

L'arrivée des deux religieux de Verdun donna lieu aux ennemis de la réforme de porter leurs plaintes à M. du Vicquet, avocat général au parlement de Rouen, qui favorisoit leur parti, et le 14 juillet ils obtinrent un arrêt portant défense au prieur et aux religieux sous peine de nullité, de faire aucune innovation dans l'abbaïe de Jumièges, au préjudice de l'ancien ordre établi et reçu parmi eux (a). Ces motifs spécieux, d'une sagesse humaine, n'ébranlèrent pas le courage de Dom Langlois. Il présenta requête au R. P. Dom Anselme Rolle, visiteur de la congrégation de Saint-Vannes, et le pria de travailler incessamment et de toutes ses forces, auprès du R. P. de la Cour et des autres supérieurs, à l'union de l'abbaïe de Jumièges à la nouvelle réforme, sous la protection du roi, dont il lui envoya les lettres d'attribution au grand Conseil pour toutes les causes mues et à mouvoir, au sujet de l'introduction de la congrégation de Saint-Vannes dans les abbaïes de son royaume qui voudroient se réformer. Ces lettres sont du 28 octobre 1616 et furent vérifiées au grand Conseil le 7 novembre suivant. Dom Rolle qui connaissoit la pureté des intentions de Dom Langlois

(a) Archives.

et qui brûloit d'ailleurs d'un zèle ardent pour le salut de ses frères, alla lui-même porter la requête de son ami au régime de Saint-Vannes, qui lui ordonna de se transporter à Jumièges avec la lettre suivante adressée au R. P. Langlois : « *Pax Christi*. Révérend Père, nous avons vu les vôtres, et sommes très-aises de vous sçavoir fermes et constans en vos premières résolutions. Nous avons donné commission au R. P. Anselme Rolle de s'acheminer vers vous avec un de nos pères, afin de contribuer à l'exécution de vos bons désirs ; mais nous ne pouvons approuver l'aggrégation que vous prétendez faire de votre maison avec notre congrégation, tant à raison des empêchements que la Cour de Rouen y pourra apporter, nonobstant les patentes de sa Majesté, qu'à raison des religieux de votre maison qui ne sont pas portés à la réforme. Nos pères ne laisseront pas pour cela de vous aider selon leur possible à dresser quelque réforme dans votre maison, selon la forme que nous tenons en nos maisons de par de ça. C'est, ce nous semble, ce qui vous est le plus nécessaire, et ce que nous pouvons vous accorder pour le désir que nous avons de vous aider selon nos moyens ; de faire plus, nos forces ne nous le permettent pas, et quand bien elles le permettroient, nous croyons que d'ailleurs on ne nous le permettroit pas à Rouen. Recevez, s'il vous plaît, notre bonne volonté, et nous faites part de vos bonnes prières et saints sacrifices ; car nous sommes,

Révérend Père, vos plus humbles serviteurs et confrères, les Pères du Régime.

Signé : Didier de la Cour, Philippe François, Jacques Pommier.

Du 7 décembre 1616. »

Les mieux intentionnés crurent alors que les pieux projets de Dom Langlois alloient enfin s'évanouir. Les ennemis de la réforme auxquels il fit part de cette lettre triomphoient et l'accabloient de reproches. Les gens de bien lui représentoient qu'il étoit temps de céder à l'orage, puisqu'il ne pouvoit lui opposer des désirs impuissants, que Dieu se contenteroit de la sincérité de son cœur, et que les difficultés réitérées du président et des premiers supérieurs de Saint-Vannes étoient des voix assez intelligibles pour lui faire entendre que le Seigneur n'approuvoit pas l'ouvrage, ou du moins qu'il falloit attendre des temps plus paisibles. Toutes ces raisons ne firent aucune impression sur lui. Sa confiance étoit en Dieu ; il travailloit pour sa gloire : c'en fut assez pour affermir de plus en plus son espérance. Il alla trouver M. l'archevêque à Gaillon, et le 12 décembre il en obtint un plein pouvoir d'installer le R. P. Rolle et Dom Maurice Poucignon, religieux de la congrégation de Verdun, nonobstant toute réclamation et opposition de la part des mal intentionnés pour la réforme. De Gaillon il se transporta à Paris, et de Paris il revint à Jumièges avec un huissier du grand Conseil chargé de publier les lettres patentes du roi, et de mettre le R. P. Rolle en possession des lieux réguliers. La cérémonie s'en fit, le 19 décembre, en présence d'un grand vicaire de M. l'archevêque de Rouen, qui n'étoit pas encore parti lorsqu'un huissier vint citer Dom Langlois et Dom Rolle au parlement, à la requête des opposants. Dom Langlois s'étant trouvé à l'audience au jour indiqué, on lui fit défense de poursuivre plus avant au grand Conseil, sous peine de mille livres d'amende ; mais cette défense n'eut aucun effet à cause du désistement de quelques opposants qui gagnèrent bientôt après les autres et les firent convenir de mettre l'affaire en arbitrage. M. Behotte [1], chanoine et grand archidiacre de l'église de Rouen, fut choisi pour arbitre avec M. de Bretteville [2], official et chancelier de la même église, dans une assemblée du 24 janvier 1617.

La nouvelle de ce compromis s'étant répandue, Mme de l'Hôpital, abbesse de Montivilliers, employa, pour l'heureux succès de la réforme, son crédit auprès de M. de Bretteville, dont elle avoit deux nièces dans sa communauté, les prières de toutes ses religieuses et

---

[1] Adrien Behotte, bachelier en théologie de la Faculté de Paris, reçu au grand archidiaconé le 20 juillet 1606, décédé à Paris le 10 avril 1638 ; auteur de quelques ouvrages de controverse.

[2] Alphonse de Bretteville, chancelier de l'église de Rouen, prieur de Saint-Blaise de l'Huy, official de 1612 à 1623. Fut syndic général du clergé de Normandie et député pour l'église du bailliage de Rouen aux États-Généraux tenus à Sens en 1614 ; député aux États-Généraux de 1617.

l'exposition du Saint-Sacrement pendant quarante heures. Les filles de Sainte-Claire de Rouen donnèrent aussi des marques publiques d'un zèle et d'une piété pareille. On n'admira pas moins la vertu et les efforts de M. de Ris[1], premier président du parlement de Rouen, et de M. Bouchart[2], conseiller, pour l'accomplissement de l'œuvre du Seigneur, qu'ils eurent la joie de voir terminer à sa gloire par une sentence arbitrale du 17 février de la même année, en faveur de Dom Langlois et de douze autres religieux qui favorisoient la réforme et qui avoient souscrit à son introduction dans Jumièges, le 19 décembre de l'année précédente.

Cette sentence fut acceptée des deux partis avec une égale satisfaction, homologuée au grand Conseil et confirmée par le pape Paul V, le 18 juillet suivant. La communauté se partagea dès lors (a). Les anciens, au nombre de huit avec deux frères convers, sous la conduite de Dom Toussaint de Marseilles, que ses infirmités empêchèrent de suivre son zèle pour la réforme, s'accommodèrent de l'église Saint-Pierre et du logis de *Martinbos* avec le tiers du revenu en fonds, conformément à la sentence arbitrale. Les réformés occupèrent la grande église et le dortoir neuf, dont les chambres furent bientôt remplies de novices, avec lesquels la

---

(a) Archives.

[1] Alexandre de Faucon, sieur de Ris, premier président du Parlement, de 1608 à 1628.

[2] Il s'agit d'Alexandre Bouchart, dont le nom a été omis dans le Catalogue de M. de Merval.

plupart de ceux qui avoient suivi le parti de Dom Langlois firent profession, l'année suivante, entre les mains de Dom Rolle, supérieur du noviciat.

Le 7 juillet de la même année 1618 Baltasar Poitevin ratifia le concordat de 1546 entre le cardinal de Ferrare et les religieux. Il sejourna près d'un an à Jumièges, et il y termina heureusement l'affaire du retrait de la Baronnie de Coulonces[1], dont il fut envoyé en possession le 4 juillet 1619 par sentence des Requêtes du Palais de Rouen, moyennant cinq mille huit livres quinze sols, qu'il paya en partie des deniers provenus du remboursement de trois cent cinquante-sept livres de rente faite à la communauté par les héritiers du sieur de Bellegarde (a).

Cependant la bénédiction du Ciel se répandant de plus en plus sur le nouvel institut de la congrégation de Saint-Vannes, le nombre des monastères qui embrassèrent la réforme s'accrut si fort en France, que le chapitre général, tenu à Toul, le 7 mai 1618, crut devoir ériger une nouvelle congrégation de ces monastères et de ceux qui entreroient à l'avenir dans le dessein de se réformer. Le roi Louis XIII y donna les mains par des lettres patentes du mois d'août suivant; mais l'érection ne s'en fit que trois ans après par le pape Grégoire XV, sous le nom de Saint-Maur que le cha-

(a) Archives.

[1] La faculté pour les ecclésiastiques de retraire les biens d'église aliénés fut confirmée par diverses ordonnances royales, nonobstant les réclamations des États de notre province.

pitre de la nouvelle congrégation assemblé aux Blancs Manteaux avoit choisi pour patron, à la persuasion de Dom Colomban Regnier. Ainsi l'abbaïe de Jumièges demeura réunie à cette dernière congrégation, malgré les efforts des anciens et de quelques autres religieux qui, n'ayant pas voulu faire profession parmi les réformés, quoiqu'ils vécussent avec eux, travaillèrent de nouveau à les inquiéter auprès du parlement pour rétablir leur premier institut. Il y eut un peu de la faute des supérieurs de Saint-Vannes qui, au préjudice de la sentence arbitrale, avoient ordonné, dans le dernier chapitre, que ceux des agrégés à la nouvelle congrégation, qui ne pourroient supporter les austérités de la réforme, prendroient au moins l'habit des réformés, sous peine de privation de voix délibérative dans la réception des novices. Trois de ces agrégés peu satisfaits de cette ordonnance, présentèrent une requête au président du chapitre, et, ne pouvant en avoir réponse, ils se retirèrent vers les anciens et se joignirent à eux pour traverser les réformés ; mais ce fut en vain, le parlement de Normandie ayant déclaré hautement qu'il ne prendroit aucun parti dans cette affaire, ce qui ralentit peu à peu l'ardeur des opposants contre les réformés dont la vie toute admirable et toute sainte acheva de les gagner ; en sorte que Dom Martin Traisnière, président de la nouvelle congrégation, voyant la réforme bien affermie dans Jumièges, y tint le premier chapitre général depuis la bulle d'érection, en date du 27 mai 1621. Le chapitre commença le 15 juillet de la même année, et finit le 18 du même mois. L'on y fit plusieurs règlements auxquels Dom Langlois, comme définiteur, eut beaucoup de part. On y ordonna, entre autres choses, que les frères convers demeureroient un an entier dans leur habit séculier avant que de prendre l'habit religieux ; que les novices ne feroient profession qu'après un an et un jour de probation ; que pour compenser la dispense de quelques jeûnes réguliers, on ne serviroit que du pain aux collations de l'Avent et des jeûnes ecclésiastiques. On y défendit aussi l'usage des montres, et l'on enjoignit aux supérieurs de faire écrire exactement tout ce qui se passeroit dans l'introduction de la réforme en chaque monastère. Enfin, on y accepta les décrets des chapitres généraux de la congrégation de Saint-Vannes, et l'on consentit à l'introduction de la réforme dans les abbaïes de Vendôme, du Mont-Saint-Quentin et de Moutier-Neuf à Poitiers.

Plusieurs personnes de la première distinction, entre autres le cardinal de Retz, l'archevêque de Sens, les évêques de Périgueux et de Meaux, MM. de Molé et de Villenoce[1] honorèrent ce chapitre de leurs lettres, suppliant les supérieurs d'étendre la réforme le plus qu'ils pourroient, et les assurant qu'on attendoit rien moins de la congrégation que le rétablissement de l'observance dans tous les monastères de France. On y reçut aussi des lettres de Mme la comtesse de Soissons, des abbesses de Fontevrault, de Montivilliers, de Fare-

---

[1] Drogon Hennequin, dit de Villenoce, cité plus loin.

moutier, de la Trinité de Poitiers et des religieuses du Calvaire, qui toutes se donnoient de grands mouvements pour avoir des supérieurs et des confesseurs de la congrégation. Les religieuses du Calvaire s'adressèrent même au pape Grégoire pour avoir Dom Anselme Rolle pour visiteur général de leur congrégation. On ne sait quelle fut la réponse du pape; mais toutes furent refusées par le chapitre, vu que la nécessité d'employer dans ce ministère les religieux les plus capables et les plus expérimentés priveroit trop tôt la congrégation de ses meilleurs sujets. Dom Langlois fut continné prieur de Jumièges par le chapitre avec cette clause : *jusqu'à ce que le régime en ordonne autrement.* Ce n'est pas que le régime dût le décharger de la supériorité dans le courant de l'année; Dom Langlois l'avoit demandé inutilement; mais on en usa de la sorte pour donner quelqu'espérance aux trois mécontents qui s'étoient retirés vers les anciens, et qui refusoient de communiquer avec lui pour leurs besoins.

L'an 1622. — L'année suivante fut encore remarquable par le retrait du fief d'Epinai[1] au profit de l'abbaïe, et par la perte que fit la Normandie d'un magistrat qui avoit mérité toute son estime par sa science et ses vertus. C'étoit M. le Guerchois, avocat

---

[1] La terre d'Épinay-sur-Duclair avait été vendue, à la réserve du patronage, par les religieux de Jumièges, à noble homme Martin d'Épinay, dit Deshaies, sieur dudit lieu d'Épinay et de Bosc-Guéroult, 1577; elle fut retraite en 1622, et cédée en 1653 à Charles Labbé, en échange de la ferme de la Douyère, située à Duclair. (Arch. de la S.-Inf., F. de Jumièges.)

général au parlement. Rien, si l'on en croit l'auteur d'une épitaphe à sa louange, ne peut égaler la douleur que témoigna la province à la nouvelle de sa mort. Nous nous dispenserons de la rapporter ici, parce que nous n'écrivons pas la vie de M. le Guerchois [1], mais l'histoire de Jumièges, et que nous ne devons toucher aux évènements qu'autant qu'ils servent à la faire connaître. M. Le Guerchois mourut à Rouen, le 4 mars 1622, et fut enterré à Jumièges, dans la chapelle de la Vierge, comme il l'avoit demandé quelques années auparavant. Les motifs qui l'y avoient déterminé font trop d'honneur à sa religion pour n'être pas mis sous les yeux de la postérité. « M. Le Guerchois, disent nos
« manuscrits, étant venu à Jumiéges, où il avoit une
« terre sur le bord de la Seine [2], y fit un séjour d'un
« mois. Ses affaires terminées et déjà en chemin pour
« retourner à Rouen, son cheval qui n'avoit paru jamais
« vicieux, l'emporta dans la rivière et la traversa
« jusqu'à quatre fois sans pouvoir être arrêté. Dans ce
« péril, il sollicita l'intercession des saints qu'on
« honore à Jumièges, et promit à Dieu d'augmenter
« les revenus de l'abbaïe et d'y choisir sa sépulture,
« si sa bonté le délivrait de ce danger. Il ne fut pas
« longtemps à ressentir les effets de sa prière. A peine
« l'avoit-il finie que son cheval le ramena à terre, au

---

[2] Hector le Guerchois, sieur de la Garenne, nommé second avocat général en 1612.

[3] Cette terre, successivement agrandie, était située au 'port de Jumièges.

« grand étonnement des spectateurs qui, ne l'aperce-
« vant plus sur la surface des eaux, avoient désespéré
« de sa vie. » Quoi qu'il en soit de cette délivrance
inopinée, M. Le Guerchois la crut miraculeuse, et pour
en témoigner sa reconnaissance aux saints qu'il avoit
invoqués, il légua à l'abbaïe une rente de cinquante-
deux livres dix-sept sols pour y être enterré après sa
mort. Cette rente fut ratifiée dans la suite par Pierre
Le Guerchois, son fils, devant Du Saussai, notaire à
Saint-Georges, sans que la dite ratification puisse, à
l'avenir, lui attribuer aucun droit de sépulture à
Jumièges. Il l'obtint cependant en 1652, ainsi que son
fils en 1692, comme il paroît par deux contrats de
donation à l'abbaïe, et par les épitaphes suivantes
gravées sur un marbre noir, qui répond au lieu où
leurs corps ont été déposés.

Epitaphe d'Hector Le Guerchois.

D. O. M.

Hic jacet vir nobilis Hector Le Guerchois, dominus de la Garenne, in
supremâ Normanniæ curiâ clarissimus et spectabilis advocatus regis generalis, qui sanctissimo et religiosissimo gemeticensi monasterio devotus,
in eo sepulturam suam elegit. Decessit die veneris, quarto martii anno
Domini millesimo sexcentesimo vigesimo secundo, ætatis suæ sexagesimo
secundo.

Epitaphe de Pierre Le Guerchois.

ADSTA, VIATOR, GEME ET ORA.

Gemma præfulgens è toga, mensis decidit, alteri gemmæ inserta est
dum in Gemmeticum cecidit lapis angularis palæstræ Rotomagensis,
defecit Petrus Le Guerchois, regis ac legis oraculum obmutuit, Hectoris

patris funeri superstes triginta annis totidem lustris. Tandem 8 octobris corpus ejus quievit ubi cor semper reclinavit. Dignus tali asilo, protector pauperum et asilum fuit. O gloriosum jam corpus, quod sanctorum cineribus involvi meruit! Hâc stipatus turbâ magnæ tubæ sonum non expectat modo sed cupit. Interim fausta precare, viator, tibi consule et abi; noli ambigere de annis ejus, æternos potius meditare, si urges. Anno Verbi incarnati 1600 vitam accepit, 52° posuit. Die 8 octobris domum æternitatis suæ intravit. Illi hodie, cras tibi.

Epitaphe de Pierre Le Guerchois fils du précédent.

D. O. M.

STA, VIATOR, LEGE ET LUGE.

Hic jacet vir illustrissimus ac nobilissimus Petrus Le Guerchois eques, dominus de la Garenne, Autretot, Sainte Colombe, et avitæ et paternæ dignitatis a primâ adolescentiâ hœres. Hanc, annos viginti natus, sustinuit eâ eloquentiâ quam totus stupens senatus susciperet, susciperent peritiores, pauci æmularentur, mirarentur omnes. Post emensos in hâc palestrâ annos ferme triginta, a Ludovico magno magni sit instar elogii, unicum regiæ volontatis organum, publicæ securitatis vindex et parens, sequenter juris et legum custos, Procurator generalis renonciatus. Facundiâ, integritate, æquitate partes illas ita implevit, ut vix ulli secundus. Cui virtus citra fucum, gravitas sine fastu, innocentia animi cum eâ constantiâ, quam non opes aut potentia frangerent, non favor aut gratia emollirent. Qui denique ita semper Dei, regis ac provinciæ leges coluit, servavit, exegit quasi legibus ipsis, imo legum autori brevi rationem redditurus. Obiit anno M. D. C. XCII, die II februarii, liberis sex, masculis 2, 4 fœminis ex piis. et nobilis. uxore Barba De Becdelièvre r. d'Hocqueville relictis, quæ una, cum sobole, optimo conjugi hoc monumentum mœrens posuit. Tu viator, æternam ei felicitatem adprecare.

Ceux qui seront curieux de connoître plus particulièrement cette ancienne et illustre famille, pourront voir, dans l'église de Saint-Etienne-sous-Bailleul[1], les

---

[1] Saint-Étienne-sous-Bailleul, commune du canton de Gaillon (Eure).

tombeaux de trois prédécesseurs immédiats d'Hector Le Guerchois, dont nous avons parlé en premier lieu. Les indiquer est tout ce que nous croyons devoir faire pour leur service.

Il y avoit, au temps de la mort de celui-ci, six ans que la réforme étoit à Jumièges, et deux ans ou environ que les réformés commençoient à respirer après avoir passé souvent de tristes moments, ou à gémir sous la multitude et la violence des traverses qu'ils avoient eu à essuyer de la part des anciens, ou à languir dans l'attente encore plus accablante d'un succès incertain. Dieu leur avoit enfin accordé la satisfaction après laquelle ils soupiroient depuis si longtemps. Les anciens étoient paisibles ; ils ne vouloient pas imiter leur vertu, mais ils la respectoient. Ce n'est pas, néanmoins, que leur disposition à l'égard des réformés fût sans mélange d'imperfection. Ils souffroient avec peine qu'on ne leur eût cédé qu'un tiers du revenu de la mense conventuelle pour leur subsistance. C'étoit pour eux un sujet de

---

Par contrat du 26 décembre 1709, Pierre-Hector Le Guerchois, seigneur de Sainte-Colombe, Canteleu-le-Bocage, Connelles, se disant haut justicier de Jumièges, Duclair et Jainville, intendant en Franche-Comté, vendit aux religieux de Jumièges, pour 13,000 l., sa grande ferme de Jumièges, deux petites pièces de terre au triage de la Tombe-aux-Sarrasins, la ferme de la Navine et les droits de haute justice qu'il avait acquis du Roi en 1703. Les religieux s'engagèrent à conserver au vendeur, à Pierre Le Guerchois, son frère, brigadier des armées du Roi, colonel du régiment de la marine, et à leurs descendants en ligne directe, même à Madame la procureuse générale, leur mère, une sépulture dans la chapelle de N.-D. de l'église de l'abbaye, à l'endroit où étaient les épitaphes et sépultures des ancêtres desdits seigneurs Le Guerchois. (Arch. de la S.-Inf., F. de l'abb. de Jumièges.)

plaintes et de murmures que le temps fortifioit, et qui pouvoient devenir, dans la suite, une occasion de trouble et de scandale. Pour prévenir cette malheureuse occasion, et entretenir l'union parfaite entre les deux communautés, Dom Langlois crut qu'il falloit user de condescendance et déroger à cet article de la sentence arbitrale par une nouvelle convention, qui fut proposée peu de temps après par les anciens, comme plus ardents, et acceptée par les réformés le 6e jour de janvier de l'année 1623. Ce ne fut point en divisant de nouveau les fonds de la mense conventuelle que se fit le traité ; on convint de les abandonner totalement aux réformés hors l'étendue du monastère, moyennant une pension de 400 livres, six mines de blé, six cordes de bois et cinq cents de fagots, à chacun des anciens au nombre de neuf, et 300 livres aux frères convers avec deux cents cinquante bourrées (*a*).

Il n'en fallut pas davantage pour achever de gagner le cœur des anciens. On les vit, dès lors, assister à tous les offices de jour et de nuit avec les réformés. Ils donnèrent congé aux enfants de chœur et aux chapelains que le pape leur avoit permis de prendre pour les soulager, et, par une générosité dont le père de Quincarnon fut l'auteur, ils s'obligèrent, par un acte du 29 décembre 1623, à toutes les dépenses nécessaires à l'entretien de quatre enfants de chœur au choix des réformés, pour la cire, la chandelle et l'huile, tant de

(*a*) Archives.

l'église que des lampes du dortoir, pour les cloches et clochers, pour le pain et le vin dans l'auguste sacrifice de la messe, pour le raccommodage et blanchissage du linge de la sacristie, pour la chapelle ardente du jeudi saint et pour l'aumône ordinaire en argent, souliers, pain et harengs, après le lavement des pieds à treize pauvres seulement. Leur bonne volonté ne se borna pas à de simples frais communs. Ils voulurent encore contribuer, chacun en particulier, des deniers de leur épargne, ou des revenus de leurs bénéfices, à relever la gloire de la maison du Seigneur, que les calvinistes avoient pillée 62 ans auparavant. Dom Mathurin De la Haie, prieur titulaire de Longueville, fit faire le tabernacle du grand autel, la menuiserie et le tableau de l'autel de la Vierge, les tableaux de S. Etienne, de S. Denis, de S. Benoît et de Ste Scholastique, le sépulcre de Notre Seigneur et les balustrades de la chapelle de Notre-Dame[1]. On lui est aussi redevable des deux reliquaires d'argent où sont enchassés les bras de S. Hugues et de S. Aicadre, du crucifix qui est au jubé et des images de la Vierge et de S. Jean qui l'accompagnent. Dom Toussaint de Marseilles fit présent du chef de S. Valentin pesant 25 marcs et demi, et Dom Martin Alexandre de celui de S. Léger, qui lui coûta plus de cent pistoles. Dom Gouchis donna la croix d'argent qui sert aux processions, avec plu-

---

[1] Deshayes, dans son *Histoire de l'abbaye royale de Jumièges* p. 189, nous apprend que le tableau donné par De La Haie orne maintenant l'autel de l'église paroissiale de Jumièges.

sieurs ornements pour les fêtes solennelles. Dom Baudouin fit poser les balustrades des chapelles de S. Benoît, de S. Nicolas et de S. Etienne. Dom Ambroise Laffilé donna trois chasubles de damas blanc, rouge et vert. Dom Jacques Le Fondeur et Dom Guillaume Le Crep mirent, à la sacristie et à la salle des hôtes, leur argenterie. Dom François Gaudri et Dom Marin du Costé enrichirent la bibliothèque de leurs livres, et firent accommoder et meubler les chambres des hôtes.

Peu de temps après la réunion des deux communautés, lorsque les anciens faisoient encore éclater leur zèle pour la décoration de l'église et pour la majesté de l'office divin qu'ils voyaient faire avec tant de ferveur et de décence par les réformés, Dom Colomban Regnier, président de la congrégation, indiqua le chapitre général à Jumièges pour le mois de septembre 1624. L'ouverture s'en fit le 14 par une messe du S. Esprit, qui fut suivie de l'élection des définiteurs et d'un règlement qui permet à tous les religieux de reposer après matines, pourvu que cette grâce ne préjudicie point aux exercices réguliers et que les messes soient dites avant le temps de la méditation et l'office de prime. Le chapitre reçut la démission de Dom Colomban Regnier, et l'établit maître des novices à Jumièges à la place de Dom André Betoland, ancien profès de la congrégation de Saint-Vannes, et l'une des plus fermes colonnes de la nouvelle congrégation de Saint-Maur. Dom Langlois fut encore continué prieur de Jumièges. La joie qu'on en eut éclata dans toute la maison ; les anciens comme les réformés firent des acclamations à la louange du chapitre ; ils en firent à la louange du prieur ; mais leur joie ne fut pas de longue durée. Dom Langlois, que le chapitre de 1626 conserva, quoique déjà atteint d'infirmités, dans sa dignité de prieur, fut attaqué d'une fièvre continue vers la fin de novembre. Leur joie fut changée en deuil, et le mal devint si violent en peu de jours qu'on désespéra du malade. Quelques heures avant sa mort, Dom Langlois fit appeler ses frères, et, après avoir reçu l'extrême-onction et le saint-viatique, il les exhorta avec une effusion abondante de larmes à la pratique exacte de leur sainte règle, sur laquelle il alloit être jugé lui-même, et rendit son âme à Dieu le 28 du même mois, âgé de 69 ans.

Le père Langlois était né à Saint-Remi de Gremevilliers, diocèse de Beauvois [1]. C'étoit un homme de grand jugement, d'un esprit universel et suffisamment versé en toutes sortes de sciences. Il étoit bachelier de Sorbonne, lorsqu'en 1578 il se fit religieux à l'abbaïe de Jumièges, la plus régulière qui fut alors en Normandie. Il s'y distingua par sa vertu et par son zèle pour la régularité, souffrant avec peine le relâchement qu'il voyoit s'introduire. Cependant, comme la vertu est toujours honorée, son zèle, quoique incommode aux autres, ne l'empêcha pas d'être élu prieur ; mais son humilité le porta à se cacher, et il fallut enfoncer la porte de sa chambre et l'enlever de force pour l'établir

---

[1] Grémévillers, commune du canton de Songeons (Oise).

dans sa place et le mettre en possession. Tant qu'il fut prieur, il se déclara protecteur de la règle et maintint la discipline autant qu'il lui fut possible, se trouvant le premier à tous les exercices. Son exemple et ses exhortations firent beaucoup d'effet sur les cœurs bien disposés, et l'on peut dire, après ce que nous avons rapporté ailleurs, que la congrégation de Saint-Maur lui est redevable de l'introduction de sa réforme dans l'abbaïe de Jumièges et d'un grand nombre d'excellents sujets qu'il prit soin de former, étant maître de novices et prieur de la maison.

Dom Martin Traisnière, président de la congrégation, apprenant sa mort, répandit des larmes et pensa néanmoins à lui donner promptement un successeur. Il en conféra avec les deux révérends pères coadjuteurs, et leurs suffrages se réunirent sur Dom Colomban Regnier, alors sous-prieur de Jumièges et chargé de la conduite du noviciat. La nouvelle de son élection étant sçue, les religieux allèrent à sa chambre le saluer en qualité de prieur; la noblesse du pays vint à Jumièges pour lui en témoigner sa joie; lui seul désaprouva le choix que les supérieurs avoient fait de lui pour le mettre à la tête d'une communauté respectable, dont il lui seroit glorieux d'être le dernier. Il pleura, il gémit, il se plaignit qu'on l'accabloit, il protesta même qu'il n'accepteroit pas. Et, enfin, ne pouvant se résoudre, il se cacha et refusa de se montrer. Mais les religieux assiégèrent sa porte, et le forcèrent enfin de paroître et de se soumettre à la volonté de Dieu.

Un des premiers soins de Dom Regnier fut de transférer le chef de S. Valentin, de l'ancienne châsse de bois doré dans la nouvelle châsse d'argent, qu'avoit fait faire Dom Toussaint de Marseilles. A cet effet, il invita MM. les curés et paroissiens de Jumièges, de Duclair, du Mesnil et d'Yainville à se trouver à la cérémonie. Tous s'y rendirent au jour destiné, qui fut le troisième dimanche d'avent 1626, après l'office de vêpres, qui fut avancé ce jour-là pour donner le temps à chacun de retourner chez soi avant la nuit. Les deux châsses furent apportées du trésor dans la nef : le père prieur en fit l'ouverture, et ayant exposé la sainte relique à la vénération du peuple, il la baisa avec respect et la déposa aussitôt avec le procès-verbal, qu'il en fit dresser, dans la nouvelle châsse, que quatre prêtres en aube portèrent solennellement en procession autour du cloître et des chapelles. Le clergé et le peuple suivirent en chantant des hymnes jusqu'au milieu de l'église, où Dom Regnier leur fit un fort beau discours sur le culte des saints et les avantages qu'on en peut retirer, quand on les invoque sincèrement et pour le salut. La cérémonie devant finir par des actions de grâce, on entra dans le chœur et l'on y chanta le *Te Deum* avec un repons en l'honneur du saint ; après quoi MM. les curés se retirèrent avec leurs paroissiens.

Neuf mois après, Dom Regnier eut encore la douleur de voir diminuer le nombre de ces vertueux anciens que le désir d'une plus grande perfection avoit fait enrôler dans la réforme, dès le commencement de son introduction à Jumièges. Le 30 août 1627 la mort lui enleva Dom Ambroise Laffillé, un de ces hommes dont la vie ne cause pas moins d'admiration que de consolation et de joie à ceux qui en sont les témoins et qui désirent en être les imitateurs. Il étoit originaire de Saint-Denis des Ifs [1] au diocèse de Séez. Etant encore jeune, l'esprit de Dieu le conduisit au désert de Jumièges, où il fit profession parmi les anciens, dont il fut bientôt le modèle par sa piété et son exactitude à tous les exercices. Sa régularité le fit nommer supérieur du monastère par Dom Langlois qui en étoit prieur, et qui se servit utilement de lui dans son dessein de réformer l'abbaïe. Dom Laffillé ne se contenta pas seulement de favoriser la réforme, il voulut encore l'embrasser, et nous voyons, en effet, qu'il prononça ses vœux le 10 juin 1620, quoique âgé de 57 ans et déjà atteint d'infirmités. Il avoit beaucoup d'esprit, mais encore plus de religion. C'est pourquoi il parloit ordinairement peu, n'interrogeoit jamais, et quand on lui faisoit quelque question, il y répondoit toujours par quelque sentence de l'Ecriture ou des Pères, dont il faisoit toutes ses délices. Il aimoit tellement la lecture que pour ne la pas interrompre, il ne vouloit jamais manger hors du réfectoire, où il est d'usage de la faire en tout temps pendant le repas (*a*). On loue surtout son humilité, qui le réduisit sans peine à être le dernier de

---

(*a*) Nécrologe.

[1] Saint-Denis-des-Ifs, aujourd'hui simple hameau de la commune d'Aubry-le-Panthou (Orne).

tous après avoir été le premier. Mais s'il occupoit la dernière place au chœur et dans les assemblées, il se fit toujours un point capital d'être le premier aux exercices, lors même qu'il fut devenu aveugle, épreuve qu'il souffrit avec beaucoup de patience et de soumission jusqu'à la fin.

Dom Colomban Regnier n'eut pas plus tôt rendu les derniers devoirs à son religieux, qu'il partit pour Vendôme, où le chapitre général avoit été indiqué l'année précédente. Il y fut élu définiteur et continué prieur de Jumiéges et maître des novices, honneurs qui lui furent encore déférés au chapitre général de l'année suivante 1628. Il ne les cherchoit pas, il s'en croyoit même indigne; mais plus on lui voyoit d'éloignement pour la gloire, plus on s'empressoit de lui en procurer pour l'intérêt de la religion, à laquelle il rapportoit toutes ses actions. Ce fut dans cette vue ou plutôt dans cette persuasion que les définiteurs du chapitre, ses collègues, le chargèrent, sans même le consulter, d'introduire la réforme dans les abbaïes de Bernai et de Saint-Evroult, qui leur avoient été offertes et que l'assemblée venoit d'accepter. M. Hennequin, conseiller clerc au parlement de Paris et l'un des plus grands amis de la congrégation, étoit alors abbé de Bernai[1]. Il s'y rendit à la fin du chapitre pour y attendre Dom Regnier, et dès le 9 octobre de la

---

[1] Drogon Hennequin, dit de Villenoce, abbé de Bernay de 1598 au 7 mars 1651, date de son décès.

même année, le concordat fut passé. Dix jours après, les réformés ayant à leur tête le prieur de Jumiéges, entrèrent dans la ville et furent reçus par les deux curés et leur clergé, les pères cordeliers, les magistrats et les principaux de la ville, qui étoient venus au devant d'eux jusqu'à la première porte avec des cierges à la main et chantant des cantiques (a). Ils furent conduits ainsi jusque dans l'église de l'abbaïe, où Dom Colomban Regnier prêcha avec applaudissement et chanta solennellement les vêpres, après lesquelles il prit possession des lieux réguliers que M. l'abbé avoit fait réparer. L'introduction de la congrégation dans l'abbaïe de Saint-Evroult fut différée de près de deux mois, quoique le concordat avec M. l'abbé Aligre, fils du chancelier de France, eût été signé dès la fin de septembre. Elle se fit le 15 décembre avec les mêmes cérémonies que la précédente par Dom Colomban Regnier, accompagné d'une petite colonie de ses religieux, dont il se sépara deux jours après pour retourner à Jumiéges, où il mit l'année suivante pour cent pistoles de livres, afin d'y entretenir par la lecture l'esprit de recueillement et l'amour de toutes les vertus chrétiennes et religieuses qu'il y voyoit pratiquer depuis plusieurs années dans un degré éminent (b).

Vers ce temps-là, le curé de S. Vast de Dieppedale

(b) Hist. manusc. de la Congrégation.
(a) Archives.

osa contester à l'abbé Baltasar Poitevin les droits de grosses dîmes dans sa paroisse. Il l'attaqua d'abord sur les rabettes ou sarrasins, prétendant qu'elles devoient être déclarées menues et vertes dîmes; mais se voyant prêt à déchoir de ses prétentions, après un an de poursuite, et sur le point d'être condamné aux frais et dépens, il prit la voie de conciliation et fit proposer un accommodement au sieur abbé, qui voulut bien y consentir, à condition néanmoins qu'ils prendroient des arbitres pour aviser aux moyens de terminer irrévocablement leur contestation. Ils choisirent le conseil de M. le comte de Soissons qui, aux termes de la transaction passée entre eux le 13 août 1630, avoit, au droit du roi, la protection de l'abbaïe de Jumiéges. Le curé fut débouté de ses demandes sur l'avis du conseil, et les rabettes furent déclarées grosses dîmes appartenant au seul gros décimateur.

A quelque temps de là, le comte de Soissons se souvint, en effet, d'avoir pris l'abbaïe de Jumiéges sous sa protection. Une lettre de Dom Guillaume Girard que le chapitre y avoit nommé prieur, lui en rappela la mémoire. Cette lettre est datée du mois de décembre 1631. Dom Girard l'écrivit à l'occasion des plaintes de quelques fermiers de l'abbaïe contre les troupes du roi qui, étant en quartier d'hiver dans la province, y commettoient partout les plus grands désordres, pillant le plus souvent les meubles et les provisions de ceux qui leur donnoient le gîte, sans que les officiers parussent y faire attention. Le comte de

Soissons, qui aimoit véritablement les religieux, et qui d'ailleurs avoit intérêt d'empêcher ces vexations sur les sujets de son abbaïe, envoya une sauvegarde au prieur, portant exemption de logement de gens de guerre dans les paroisses de Jumiéges, du Mesnil et d'Yainville, avec défense aux officiers et soldats d'en exiger aucune sorte de secours (*a*).

JEAN-BAPTISTE DE CROISILLES, SOIXANTE-QUINZIÈME ABBÉ

On rapporte à cette même année la mort de l'abbé Baltasar Poitevin; mais on ne nous dit ni dans quel mois il mourut, ni dans quel temps il eut un successeur. Nous trouvons seulement une prise de possession en 1635 par maître Jacques Le Courant, au nom de Jean-Baptiste de Croisilles, conseiller du roi en son Conseil privé, demeurant à l'hôtel de M. le comte de Soissons, et une ratification en date du 9 décembre de la même année, par le dit sieur abbé, du concordat de 1546 entre le cardinal de Ferrare et les religieux. Quoi qu'il en soit, c'en est assez pour nous porter à le mettre au rang des abbés de Jumiéges et à faire de lui cette mention honorable qu'il n'eut jamais de difficultés avec ses religieux, qui, de leur côté, n'ayant ni d'autres occupations ni d'autres désirs que de chanter les

(*a*) Archives.

louanges de Dieu et de lever incessamment des mains pures et innocentes vers le ciel, ne cherchèrent pas à lui faire de peine.

Sept mois avant la ratification du concordat dont nous venons de parler, la congrégation de Saint-Maur tint son chapitre général à Vendôme. Il ne s'y fit aucun changement dans le gouvernement de l'abbaïe de Jumiéges. Dom Guillaume Girard y fut continué prieur, et assista en cette qualité à l'assemblée des supérieurs qui fut tenue à Saint-Benoît-sur-Loire, le 8 septembre de l'année suivante 1634, au sujet de l'union de Cluny à la congrégation de Saint-Maur, que le cardinal de Richelieu, comme abbé, méditoit depuis longtemps. L'acte d'union fut dressé de l'avis de tous les capitulants et envoié à son Eminence, qui l'approuva le 22 du mois de décembre suivant et le renvoya aux pères de Saint-Maur pour y mettre la dernière main. Ils le signèrent le 29 du même mois, et le firent même confirmer par des lettres-patentes du roi, datées du mois de janvier 1635; mais les religieux de Saint-Vannes s'opposèrent à l'enregistrement de ces lettres malgré l'arrêt du Conseil privé qui l'ordonnoit, et l'on ne put d'ailleurs obtenir de bulles de la Cour de Rome. Cependant le cardinal de Richelieu ne se rebuta point. Il engagea les supérieurs de Saint-Maur, dont le chapitre général approchoit, à le tenir à Cluny, et il y fut en effet convoqué par Dom Grégoire Tarisse, supérieur général de la congrégation, pour les derniers jours du mois de septembre de l'année 1636. Il devoit s'ouvrir le premier octobre; mais il survint quelques difficultés pour la préséance entre les supérieurs des deux corps, qui obligèrent d'en différer l'ouverture jusqu'au 7 du même mois. Dom Guillaume Girard, député de la province de Normandie, le même qui avoit introduit la réforme à Saint-Wandrille, le 14 janvier de cette même année, et Dom Jean Harel, originaire de Jumiéges, furent élus définiteurs du chapitre, et l'affaire de l'union de Cluny à la congrégation y fut entièrement consommée par les soins du cardinal de Richelieu.

Il y avoit alors 6 ans que Dom Guillaume Girard gouvernoit la communauté de Jumiéges. C'étoit strictement tout le temps que les prieurs pouvoient être continués dans une même maison : il fallut donc lui donner un successeur, et le chapitre jeta une seconde fois les yeux sur Dom Colomban Regnier; mais Dieu, qui avoit déterminé les supérieurs à ce choix, appela bientôt à lui cet homme de bénédiction, dont il s'étoit servi pour jeter les fondements de la congrégation. Il mourut à Jumiéges le 6 juin 1639. Il fut inhumé dans le chapitre à main droite en entrant. Il étoit d'une famille noble établie à Château-Mont [1], au diocèse de Clermont. Ses parents qui n'étoient pas moins distingués par une solide piété que par leur naissance, l'offrirent à Dieu dès sa plus tendre jeunesse dans le célèbre monastère de Cluny, pour y être élevé avec d'autres

---

[1] Probablement Chaumont, canton d'Arlane (Puy-de-Dôme).

gentilshommes dans la piété et dans les lettres. Etant plus avancé en âge, Colomban y prit l'habit religieux, et après sa profession il fut envoyé à Paris pour y étudier sous la conduite de Dom Laurent Besnard, qui cultiva avec un très-grand soin les bonnes inclinations que Dieu avoit mises dans l'âme de son élève. Il fut un des premiers qui allèrent à Saint-Vannes prendre la réforme. Il en reçut l'habit des mains de Dom Didier de La Cour le 14 décembre 1613, étant âgé pour lors de 27 ans. Il parcourut l'année de son noviciat avec tant de ferveur, qu'aussitôt qu'il eût prononcé ses vœux dans la nouvelle congrégation, Dom Didier qui en étoit président, le chargea de la direction des jeunes profès. Depuis le même Dom Didier, ayant résolu d'étendre sa réforme, le fit passer en France pour jeter avec quelques compagnons de son ordre, les fondements d'une nouvelle congrégation. Il fut le premier prieur de l'abbaïe de Nouaillé, au diocèse de Poitiers, et en cette qualité il se trouva au chapitre général de 1618, où l'érection de la congrégation de Saint-Maur fut résolue aux conditions proposées par le roi, qu'elle ne s'étendroit pas hors du royaume et que le supérieur seroit françois. Le mérite de Dom Regnier étoit alors si universellement reconnu, que dans le choix des définiteurs il fut seul élu d'une voix unanime. Il présida aux chapitres généraux de 1621, 1627, 1628 et 1630. En 1621, il fut élu président ou supérieur général de la congrégation ; charge qu'il exerça dignement avec celle de prieur des Blancs-

Manteaux durant trois ans. Depuis son généralat, il fut presque toujours prieur de Jumiéges ou de Saint-Remi de Reims; maître des novices et visiteur. Etant prieur, il voyoit chaque jour quelques-uns de ses religieux en particulier, et il ne se passoit point de semaine qu'il ne les vît tous. Dans ces entretiens particuliers, toujours édifiants et si propres à conserver la paix, le plus doux lien des sociétés, il avoit un talent merveilleux pour les porter à la mortification de leur propre volonté, et pour les disposer à bien prendre les petites corrections qu'il pouvoit leur faire sur les moindres fautes. Il n'en laissoit aucune impunie; mais il traitoit avec une douceur et une tendresse toute paternelle ceux qui les reconnaissoient et qui venoient lui en faire l'aveu.

Son exemple étoit une puissante exhortation à la pénitence. Etant visiteur, il faisoit tous les voyages à pied et à jeun, sans que la fatigue le dispensât jamais d'assister à l'office de nuit. Dès le lendemain de son arrivée dans un monastère, ses occupations de supérieur ne lui laissant pas le loisir pendant le jour de vaquer à l'oraison autant qu'il l'auroit souhaité, il y employoit une partie de la nuit, et son attention à profiter des moindres moments a fait qu'on a trouvé après sa mort six à sept volumes écrits de sa main. L'abbesse de Montivilliers, qui avoit autrefois employé les prières de ses sœurs et l'exposition du Saint-Sacrement pendant quarante heures pour l'heureux succès de la réforme à Jumiéges, lui offrit la charge de visiteur de son monastère et de directeur extraordinaire de ses religieuses ; mais il la refusa sous prétexte que sa communauté étoit nombreuse, et qu'étant maître des novices, il devoit chaque jour leur faire des conférences et présider à leurs exercices pour donner plus de poids à ses paroles. Il ne se bornoit pas aux conférences qu'il leur faisoit pour les entretenir de Dieu et de leurs obligations, tous ses discours ne tendoient que là, mais d'une manière si agréable, qu'il n'y avoit personne qui ne fût charmé de converser avec lui. S'il falloit parler dans les assemblées, il le faisoit avec un esprit et une solidité qui étonnoient et ravissoient tout le monde d'admiration. Les grâces dont il assaisonnoit ses moindres paroles le faisoient aimer au dedans et au dehors, et l'on vit, dans une occasion, combien il possédoit l'art de persuader. Ce fut dans une émeute populaire qui fit sortir les habitants de Jumiéges les armes à la main pour tailler en pièces une compagnie de soldats qui venoient loger dans le bourg ; sa seule présence les arrêta, et ses remontrances leur épargnèrent la punition que l'on n'auroit pu manquer de faire de leur révolte.

Ses inclinations étoient si douces et son cœur si compatissant aux maux de ses frères, qu'il en devenoit malade lui-même ; ce qui fit qu'un jour on fut obligé de le faire sortir de la maison pour le détourner de la vue d'un de ses religieux malade à l'extrémité. Mais pendant qu'il étoit si tendre pour les autres, il était très-austère à lui-même et d'une patience à toute épreuve dans ses souffrances. C'est ce qui parut particulièrement dans sa dernière maladie, qui fut très-longue et très douloureuse. Il en fut attaqué à Jumiéges pendant le carême de l'année 1637, et en moins de huit jours il se vit comme accablé d'une multitude de maux qui firent de lui un homme de douleurs. Une hydropisie par tout le corps l'empêchoit de se tenir au lit; une difficulté extrême de respirer lui ôtait presqu'entièrement l'usage de la parole, et un rétrécissement des nerfs faisoit qu'il ne pouvoit plus se redresser; mais tous ces maux impliqués ne servirent qu'à faire éclater la vertu de Dom Regnier, qui, se croyant le plus grand des pécheurs, regardoit encore ses souffrances comme trop légères. On l'entendit plusieurs fois, dans le fort de sa maladie, adresser ces paroles à Jésus-Christ : *Seigneur, qui êtes venu pour sauver les pécheurs, ayez pitié de moi qui suis le plus grand de tous, et daignez ne point entrer en jugement avec votre serviteur.*

Par une suite de ces sentiments d'humilité et de mépris pour lui-même, il pria qu'on ne l'enterrât pas dans l'église, ni dans le chapitre, ni dans le cloître avec tant de saints religieux, dont les cendres y reposoient, mais dans le jardin derrière la chapelle de la Vierge, sous une gouttière. Quelque sage et quelqu'utile qu'eût été son gouvernement, il ne pouvoit souffrir qu'on lui parlât des services qu'il avoit rendus à la religion, et son plus grand regret à l'article de la mort fut d'avoir été supérieur. Il avoit autrefois prêché avec applaudissement; ce fut encore pour lui un sujet de regrets et de larmes, et il disoit à cette occasion que, si Dieu lui rendoit la santé, il emploieroit le reste de sa vie à catéchiser les enfants ; mais un redoublement de fièvre fit bientôt voir que la fin d'une si belle vie étoit proche. La mort, avec tout son appareil, n'eut rien d'affreux pour lui : il l'attendit tranquillement ; sa confiance, dans l'intercession de la mère de Dieu, diminua les frayeurs que ce moment terrible et la vue de sa propre indignité pouvoient lui causer. Il ne cessoit de l'invoquer, et pour suppléer au défaut de ses prières, il obtint du père sous-prieur que deux religieux allassent la prier dans sa chapelle. Lorsqu'on lui apporta le viatique pour la dernière fois, il ramassa alors tout ce qu'il avoit de forces et répondit lui même avec ferveur à toutes les oraisons. Enfin, après avoir exhorté ses religieux à la pratique exacte de tous leurs devoirs, il s'endormit du sommeil des justes la veille de la Trinité 6° de juin 1637, universellement regretté de ses frères et des séculiers, qui honorèrent ses obsèques de leur présence et de leurs larmes.

Onze jours après, Dom Grégoire Tarisse, supérieur général de la congrégation, nomma Dom Paul de Revery pour remplir la place de Dom Regnier jusqu'au chapitre de 1639, qu'il fut en effet transféré à Vendôme et de là à Tiron. S'il fit quelque chose de remarquable dans ses deux années de priorat, il n'en est point parvenu jusqu'à nous. Nous savons seulement qu'il fut confesseur extraordinaire des religieuses de Montivilliers, et qu'au commencement de sa seconde année,

M. de Croisilles remit l'abbaïe de Jumiéges au roi et que le roi la donna avec les abbaïes de Saint-Ouen de Rouen, de Troismonts [1], de Saint-Michel-en-l'Herme, de la Couture[2] et de Grandmont[3] à Guillaume de Montaigu, prêtre du diocèse de Toul, qui lui fut présenté par le comte de Soissons.

GUILLAUME DE MONTAIGU, SOIXANTE-SEIZIÈME ABBÉ

La nomination du roi est du 4 juin 1638 ; mais le sieur de Montaigu ne prit possession que le 18 août 1639, en vertu d'un arrêt du Conseil rendu à la sollicitation de ses amis sur le refus de ses bulles par le souverain pontife, jusqu'à ce que la France eût un agent général en cour de Rome pour ces sortes d'expéditions.

Le 18 avril de cette même année 1639, mourut Dom Pierre Gosse, né à Jumiéges le 1er jour d'avril 1600, d'une famille qui subsiste encore aujourd'hui à Sainte-Marguerite sur Duclair. Après avoir brillé dans ses études et dompté les passions de sa jeunesse par la crainte du Seigneur, jusqu'à l'âge de 20 ans, une salutaire défiance de lui-même le fit passer du monde au cloître pour être plus à couvert des tentations du

---

[1] Abbaye de la Bussiere, dite les Trois-Monts, au diocèse d'Autun.
[2] La Couture, abbaye du diocèse du Mans.
[3] Grandmont, au diocèse de Limoges.

malin esprit. L'odeur de sainteté que répandoit la congrégation de Saint-Maur l'attira à Saint-Faron de Meaux, où il fit profession le 10 août 1620, âgé de vingt ans quatre mois et dix jours. Comme il joignoit à une solide vertu une grande connoissance des lettres, ses supérieurs se contentèrent de le faire étudier en philosophie et en théologie. Il excella bientôt dans ce dernier genre d'étude; en sorte que ses maîtres, charmés de ses progrès et de l'étendue de son esprit, le proposèrent eux-mêmes pour enseigner aux autres cette divine science à la fin de son cours. Il en donnoit des leçons à Paris dans le collége de Cluny lorsqu'il fut attaqué de la maladie dont il mourut. Les médecins ne crurent pas d'abord qu'elle fût mortelle, et dans cette persuasion ils employèrent toutes les ressources de la médecine; mais voyant que les remèdes étoient inutiles et que le malade se disoit lui-même frappé à mort, ils furent forcés de lui avouer que leur art étoit trop faible contre la violence de son mal. Quoique Dom Gosse redoutât la mort, cette déclaration ne l'affligea point. Soutenu par une abondance de grâces, et fortifié par l'espoir d'une récompense prochaine, il se prépara, par une confession générale, à recevoir le Saint-Viatique et à paraître devant son juge. Plus la douleur abattoit et detruisoit son corps, plus son esprit s'élevoit et se perfectionnoit. Voyant ceux qui l'environnoient s'attendrir sur son état pendant qu'on lui donnoit l'extrême-onction, il interrompit le prieur, qui achevoit la cérémonie et dit d'une voix embarrassée mais intelligible : *Les âmes des saints sont au Ciel dans des transports de joie*, et ayant achevé ces mots, il rendit doucement son âme à Dieu.

La communauté fut plongée dans la tristesse la plus amère; ses disciples s'abandonnèrent aux larmes et firent retentir le collége de leurs cris. Leur douleur alla même si loin tant elle étoit sincère, que le chapitre général, tenu à Vendôme au mois de juillet suivant, fut forcé sur l'avis du prieur de les retirer de Cluny, où ils avoient encore une année de théologie à faire. Ils furent envoyés à Jumiéges pour la finir, quoiqu'il y eût déjà un cours de philosophie et que la communauté fût nombreuse; mais Jumiéges étoit, en ce temps-là, la ressource de la congrégation, et l'on ne se plaignoit jamais d'être trop chargé. C'est ce que prouve une lettre de Dom Grégoire de Verthamont, successeur de Dom Paul de Rivery dans la place de prieur, au père général, qui lui avoit fait des excuses d'avoir taxé l'abbaïe à 800 livres de subvention pour le prieuré de Bonnenouvelle de Rouen, et de lui avoir envoyé un second cours : « Il est vrai, M. R. P., que notre
» communauté est nombreuse, que nos charges sont
» grandes. Un accident imprévu vient encore de les
» multiplier : la seconde cloche des tours du portail
» ayant été cassée, nous l'avons fait refondre dans le
» mois dernier; mais tout ce que nous faisons pour
» nous, quoique fait aussi pour la gloire de Dieu, ne
» nous dispense pas de contribuer de nos biens au
» soulagement des monastères que vous réformez avec

» tant de peine. Ne sommes nous pas trop heureux et
» en quelque sorte récompensés dès ce monde par la
» part que vous nous faites avoir aux pieuses entre-
» prises dont vous portez tout le poids au nom et
» comme chef de notre sainte congrégation? Quant à
» nos confrères, ils sont logés et contents, et la com-
» munauté ne l'est pas moins de leur conduite et de
» leurs études. Pour moi, ayant tous les sujets de m'en
» louer, je n'aurai rien plus à cœur que de trouver
» les occasions de procurer leur avantage, comme
» aussi de vous faire connoître que personne ne vous
» respecte et n'est plus véritablement que moy, etc.

» A Jumiéges, le 12 septembre 1639. »

Les prélats du royaume, mécontents des priviléges accordés à la congrégation par les papes Grégoire XV et Urbain VIII, songèrent cette année à prendre des mesures plus efficaces pour les renverser au moins en partie. Ils prétendirent tous comme de concert au droit de tenir chapitre dans les monastères de leurs diocèses, de visiter les lieux réguliers, d'interroger chaque religieux en particulier et de faire des règlements en conséquence, ce qui mit les supérieurs dans un embarras d'autant plus fâcheux que, ne pouvant se résoudre à trahir les intérêts de leur corps, ils paroissoient s'exposer à perdre la bienveillance des évêques, qui leur avoient souvent rendu des services importants, et que la congrégation avoit respectés dès son jeune âge. Le cardinal de Richelieu les délivra d'inquiétude en écrivant aux évêques de se borner à la visite du Saint-Sacrement ; et ce fut, en effet, le parti que prit l'archevêque de Rouen, dans le cours de ses visites, surtout à Jumiéges où il arriva le 21 avril 1640. Il fut reçu sous le dais, au son de toutes les cloches, avec l'eau bénite, l'encens et le livre des évangiles. Le prieur le harangua et n'oublia rien, pendant son séjour, pour le convaincre de son respect filial et de celui de la communauté, qui eut l'honneur de l'en assurer elle-même et de le complimenter en habit de chœur dans une chambre de l'hôtellerie.

Le prélat, charmé des égards qu'on avoit pour lui, et persuadé qu'ils étoient sincères, crut ne pouvoir mieux témoigner sa reconnoissance, qu'en renonçant au droit qu'il prétendoit avoir *de visiter le cloître et de connoître de la régularité* : c'est ce qu'il fit par un écrit, de sa main et daté de Jumiéges le 22 avril de la même année. Par un autre acte du même jour, il donna à Dom Grégoire de Verthamont, dont il connoissoit les talents, et à ceux de ses religieux qui en auroient la volonté et qu'il trouveroit capables, le pouvoir de prêcher dans tout son diocèse, d'entendre les confessions et d'absoudre des cas réservés, précaution d'autant plus sage, que le besoin d'ouvriers fut plus grand cette année, où la peste enleva en moins de quatre mois, plus de douze cents personnes dans la seule péninsule.

Pendant les travaux des moines de Jumiéges auprès de tant de moribonds, Louis de Bourbon, comte de

Soissons et abbé de Jumiéges, ou plutôt possesseur de ses revenus depuis l'an 1612, sous les noms de Marian de Martinbos, de Baltasar Poitevin, de Jean-Baptiste de Croisilles et de Guillaume de Montaigu, cherchoit à répandre par tout le royaume, l'esprit de mécontentement et de révolte. Les quatre années qui lui avoient été accordées par le roi pour demeurer à Sedan étant sur le point d'expirer, il travailla sourdement à se faire un parti pour entrer en France à main armée. On ne s'occupa à Sedan que des préparatifs de la guerre; on en répara les fortifications, on y transporta toutes les munitions nécessaires pour soutenir un long siége; on y fit venir des troupes, on fit des traités avec les couronnes étrangères; enfin le comte de Soissons, soutenu des ducs de Bouillon et de Guise, leva l'étendard de la révolte et se montra à la tête d'une armée pour combattre les troupes du roi, le 6 juillet 1641. Les rebelles furent victorieux; mais ils perdirent plus par la mort du comte de Soissons, qu'ils ne gagnèrent par leur victoire. Les historiens rapportent sa mort différemment. Les uns veulent qu'il ait été tué dans la mêlée; les autres croient qu'il se tua lui-même.

PIERRE DU CAMBOUT DE COISLIN, SOIXANTE-DIX-SEPTIÈME ABBÉ.

Quoi qu'il en soit, le roi crut l'abbaïe de Jumiéges vacante par la mort de ce prince, et il la donna à Pierre du Cambout de Coislin, fils de Pierre César du Cambout, marquis de Coislin, et de Marie Seguier, fille de Pierre Seguier, chancelier de France, âgé seulement de 6 ans. M. du Becquet, lieutenant criminel au baillage de Rouen, prit possession pour le jeune abbé. Sa commission ne s'étendoit pas au delà, et il ne se proposoit rien de plus; mais un agent de l'abbé, digne modèle de ceux qui depuis se sont imaginé être de seconds abbés, fit naître une contestation, qui donna lieu à ce magistrat d'exercer les fonctions de juge. Il s'agissoit des clefs du chartrier. L'agent prétendoit en avoir une; les religieux, au contraire, soutenoient que la garde du chartrier leur appartenoit et que les trois clefs devoient rester entre leurs mains. On étoit sur le point d'avoir un procès; les menaces étoient faites; mais M. du Becquet termina la querelle en adjugeant la possession aux religieux.

Ce seroit ici le lieu de parler de quelques traités entre l'abbaïe et les habitants de Jumiéges et du Mesnil, pour les sauver des peines effectives qu'ils avoient méritées par leur rébellion aux ordres du roi en 1640 et 1641. Mais comme leurs mauvais procédés envers leurs bienfaiteurs nous donneront occasion de rappeler ailleurs ces traités, nous nous contenterons maintenant d'en citer les époques, pour n'être pas forcé de nous répéter. Dom Grégoire de Verthamont étoit encore prieur de Jumiéges et il le fut jusqu'au 27 de juin de l'année 1642, que le chapitre général l'ayant nommé visiteur de la congrégation dans la province de

Normandie, lui donna pour successeur Dom Maur Dupont qu'il remplaça de nouveau, 18 mois après.

FRANÇOIS DE HARLAI, SOIXANTE-DIX-HUITIÈME ABBÉ

Vers le même temps, François de Harlay, archevêque de Rouen, permuta son abbaïe de Saint-Victor de Paris avec Pierre du Cambout, abbé de Jumiéges. L'économat fut donné pour 6 mois, par lettres-patentes du premier janvier 1644, à Louis-Nicolle Bourgeois, de Louviers, et le terme expiré, Dom Toussaint Thibault, prit possession au nom de M. l'archevêque, qui en témoigna sa joie en plein synode par un éloge pompeux de la communauté de Jumiéges. La suite nous fera voir qu'il étoit sincère de la part du prélat et que les religieux le méritoient.

La démission de Dom Maur Dupont, qui se croyait indigne de gouverner une si sainte maison, suffiroit seule pour convaincre le public sur ce dernier point. Car, outre les places de prieur qu'il avoit dignement remplies, outre la charge de visiteur qu'il avoit exercée avec honneur, et qui prouvent suffisamment son mérite et l'estime que les supérieurs en faisoient ; outre une physionomie heureuse et une conversation agréable, il avoit une imagination vive, un esprit délicat, une éloquence mâle, des inclinations droites, un cœur bien fait, compatissant, charitable, et porté comme naturellement à la dévotion. Tels étoient à peu près les religieux de Jumiéges, si estimables aux yeux de l'archevêque de Rouen.

Tel étoit en particulier Dom Maur Boucault, ancien religieux de Saint-Bertin, dont il avoit refusé la crosse pour embrassser la réforme de Saint-Maur dans Jumiéges, où il mourut le 13 octobre de cette même année 1644, avec la réputation du vrai sage (*a*), d'un religieux modeste, d'un esprit judicieux et d'un homme de probité, consommé en toutes sortes de vertus. Tel étoit le vénérable père Dom Claude Martin, dont le panégyrique imprimé à Tours, chez Filbert Masson, en 1697, ne fait pas difficulté de dire que sa vie n'a jamais été tachée d'aucun défaut, ni même d'aucune imperfection. Tel étoit encore le R. P. Dom Antoine-Maur Tassin, l'un des plus distingués d'entre eux et des plus grands supérieurs qu'aît eus la congrégation. Comme il mourut peu de temps après l'éloge que M. de Harlai avait fait de ses religieux de Jumiéges, et que l'occasion d'en parler ne reviendra plus, on nous permettra d'exposer ici l'abrégé de son histoire. Sa vie, qui pourroit passer pour merveilleuse, si elle étoit écrite, mérite au moins cette notice.

Dom Antoine-Maur Tassin, naquit à Soissons, vers l'an 1576, de parents dans le commerce. Il avoit près de 23 ans, quand il prit l'habit religieux à Saint-Crespin-le-Grand[1], d'où il fut envoyé à Paris pour y

---

(*a*) Nécrologe.

[1] Crespin-en-Chaye, abbaye de l'ordre de Saint-Augustin, au diocèse de Soissons.

faire ses études; ce fut là, qu'après avoir été reçu bachelier, il conçut le dessein de vivre conformément aux vœux qu'il avoit faits, et d'embrasser la réforme. Dans cette vue que le Ciel lui avoit inspirée, il partit pour Verdun et s'enrôla dans la nouvelle congrégation de Saint-Vannes, où il fit profession entre les mains de Dom Didier de la Cour, le 25 mars 1614. Il se distingua si bien par sa vertu, que, dès l'année 1616 on le nomma prieur de Saint-Augustin de Limoges, d'où il fut envoyé la même année avec Dom Anselme Rolle, visiteur des monastères réformés de France, à l'abbaïe de Jumiéges, pour y jeter les premières semences de la réforme; en quoi il réussit si heureusement que l'on peut dire que c'est aux exhortations de ces deux grands serviteurs de Dieu et aux soins de Dom Langlois que ce monastère est redevable du rétablissement de la discipline et des avantages spirituels que tant de bons religieux en ont depuis retirés, et qui faisoient dire à l'archevêque de Rouen que toutes les bénédictions que Dieu avoit coutume de répandre sur son diocèse, étoient maintenant réunies sur la seule maison de Jumiéges.

Dom Maur Tassin se trouva en 1618 au premier chapitre général, qui se tint aux Blancs-Manteaux pour l'érection de la congrégation de Saint-Maur, et il y fut définiteur, comme dans presque tous les chapitres généraux jusqu'en 1636, qu'il demanda sa démission pour se retirer à Jumiéges et s'y préparer à la mort. Il y avoit été maître des novices 18 ans auparavant, et n'en avoit été retiré que pour établir la réforme en d'autres monastères, ayant un goût décidé pour cette sorte d'emploi, à cause des peines qu'il y avoit à souffrir, et de l'extrême pauvreté où il se trouvoit réduit dans ces introductions. Il n'en fut pas de même de la dignité de visiteur dont on le revêtit en 1624. Il ne l'accepta qu'avec répugnance, parce que les voyages le détournoient de son oraison continuelle et que la multiplicité des objets l'obligeoit sans cesse à combattre les impressions qu'elle formoit dans son imagination. Dieu le permettoit ainsi pour faire éclater sa puissance et pour éprouver la fidélité de son serviteur, qui recouroit aussitôt à l'oraison et au jeûne comme aux seules armes destinées à chasser cette sorte de démons. Aussi, sa vie n'étoit-elle qu'une alternative de mortification et de prières. Il passoit la plus grande partie des nuits en oraison devant le Saint-Sacrement, et lorsqu'après un peu de sommeil il se réveilloit, il retournoit promptement à l'église se prosterner devant le Seigneur. La prière étoit pour lui comme pour ses religieux le canal des grâces, et l'un d'eux, l'étant venu l'y trouver un jour pour lui découvrir quelque peine d'esprit, il le fit mettre en prières auprès de lui, et le renvoya bientôt après, non seulement sans troubles, mais dans une grande tranquillité d'âme. La même chose arriva à plusieurs personnes du monde, qui ont avoué que, si elles avoient quelquefois résisté à ses exhortations, elles avoient été obligées de céder à l'efficacité de ses prières.

Sur la fin de sa vie, ses yeux ne pouvant plus seconder son ardeur pour la lecture, ses oraisons devinrent encore plus fréquentes. Il ne sortoit presque plus de l'église. Quand un office étoit fini, il attendoit en prières que l'heure d'en commencer un autre fût arrivée. La psalmodie étoit un délassement pour lui, et la sainte habitude qu'il s'étoit formée d'adorer les trois personnes divines dans le verset consacré en leur honneur, le remplissoit de tant de consolation, qu'il croyoit être parmi le chœur des anges, et que ces esprits bienheureux lui faisoient part de leurs lumières et de leurs hauts sentiments sur la grandeur du Dieu qu'ils adorent. Ces sentiments lui rendoient la vie insupportable; il la regardoit comme un supplice, et dans l'impatience de sortir de son corps, il le traitoit avec la dernière rigueur. Il ne mangeoit que des légumes, et l'eau faisoit toute sa boisson. Ingénieux à se procurer des mortifications inconnues, il pratiquoit les plus communes avec une dûreté qui les lui rendoit particulières. Les disciplines de fer, les haires, les cilices, les autres instruments de pénitence lui étoient devenus familiers; mais il s'en servoit si secrètement qu'on ne le sut qu'après sa mort.

Nous ne dirons rien ou très peu de choses de sa vie intérieure, parce qu'il est impossible d'exprimer son union avec Dieu, les douceurs et les consolations qu'il goûtoit dans les entretiens avec lui, à moins que d'être animé du même esprit. Il en fut quelquefois privé, ou pour éprouver son amour, ou pour le punir de quelques négligences, sans lesquelles les plus grands saints n'ont pas vécu, et ce fut pour lui un temps d'aridités et de sécheresses, qu'on pourroit comparer à celles de sainte Thérèse; mais Dieu y mit fin, et depuis sa retraite à Jumiéges il reçut tant de grâces intérieures, que de son aveu toutes les faveurs précédentes dont Dieu l'avoit comblé n'étoient rien en comparaison. Huit jours avant sa mort il fut attaqué d'une maladie violente, qui ne lui fut sensible que parce qu'elle l'empêchoit de tenir son esprit aussi appliqué à Dieu qu'il le souhaitoit. Dès le second jour qu'il fut à l'infirmerie, il voulut recevoir les sacrements d'Eucharistie et d'Extrême-Onction. Avec ces secours il attendit la mort avec beaucoup de résignation. Il expira paisiblement le 7 décembre 1645 en faisant le signe de la croix et en disant : « Je vous adore et vous bénis, » ô mon sauveur Jésus-Christ, de ce que vous avez » racheté le monde par votre croix. » Il fut enterré au cloître du côté du chapitre, par Dom Harel, prieur de l'abbaïe.

François de Harlai, archevêque de Rouen, n'étoit pas le seul qui regardât les religieux de Jumiéges comme les favoris de Dieu, et qui les honorât de sa bienveillance : la reine régente Anne d'Autriche n'en pensoit pas moins favorablement, lorsqu'en 1644, elle se recommandoit à leurs prières, en les confirmant dans leurs privilèges et exemptions de tous droits aux ponts et ports de la rivière de Seine pour les passages de leurs vins et autres provisions de bouche provenant de leurs fonds. Elle n'avoit pas changé de sentiments à leur égard en 1646 et 1648, où l'on voit qu'en considération de *leur piété et dévotion* elle leur accorda des sauve-gardes pour les paroisses de Jumiéges, du Mesnil, de Duclair, de Guiseniers et de Saint-Pierre de Longueville, dont ils étoient seigneurs. Ajoutons qu'en 1649, le duc de Longueville [1], sans autre motif que d'avoir été édifié à Jumiéges, dans un passage, fît défense aux officiers des troupes qui arrivoient à Duclair de loger aucun soldat chez les fermiers de l'abbaïe, et d'y prendre ou fourrager aucune chose appartenant aux serviteurs de Dieu, dont les biens doivent être épargnés à cause de leur vertu. La même année et la suivante, Henri de Lorraine, comte d'Harcourt [2], mit en la protection et sauve-garde du roi et de la reine régente et en la sienne particulière toutes les paroisses dépendantes de l'abbaïe, dont leurs majestés lui avoient singulièrement recommandé les intérêts. Nous ne devons pas oublier de dire qu'en 1654, le duc de la Valette [3] rendit un semblable office aux religieux de Jumiéges par un brevet dont les termes méritent d'être rapportés : « Nous trouvant voisin et ami de » l'abbaïe de Jumiéges, et aiant une extrême passion

---

[1] Henri d'Orléans, duc de Longueville, gouverneur de Normandie.

[2] Comme lieutenant-général pour le Roi en la province de Normandie.

[3] Louis-Charles-Gaston de Nogaret de la Valette et de Foix, lieutenant-général des armées du Roi, mort le 28 janvier 1658.

» de pouvoir servir et obliger les religieux d'icelle en
» tout ce qui les touche, d'autant que nous avons
» expérimenté leur bienveillance, et que nous souhai-
» tons de participer à leurs prières et sacrifices, nous
» supplions très-affectueusement tous ceux qui sont à
» prier, tant officiers de cavalerie et d'infanterie que
» leurs cavaliers et soldats, et commandons aux autres
» qui dépendent de notre autorité, tant officiers que
» cavaliers, d'exempter de logements et de contribu-
» tions les terres, manoirs et fermes de Jumiéges,
» Duclair et du Mesnil, et de ne permettre qu'il soit
» fait aucun tort durant les routes, quartiers et passages
» des gens de guerre, mais de leur donner tout aide,
» garde, protection et assistance, si besoin est, quoique
» tout ce qui appartient et dépend de la dite abbaïe
» royale soit sous la protection et sauve-garde de sa
» Majesté. »

Cette protection du roi et de la reine régente, dont les religieux de Jumiéges avoient ressenti les effets dès l'année 1644, eut cependant des bornes. Leur requête au roi en 1645, tendant à ce qu'il lui plût leur faire délivrer 16 minots de sel à Caudebec, en payant seulement le prix du marchand, fut totalement rejetée, et nous ne voyons pas qu'il nous reste d'autre fruit de leur démarche, que la connoissance de quatre salines à Honfleur, de sept septiers de sel à Dive et à Varaville, de treize sommes à Lure[1] et de cent boisseaux à Bou-

---

[1] Lheure, près du Havre.

teille, près le Havre-de-Grâce[1], dont ils avoient perdu la jouissance, par la destruction de ces salines emportées ou couvertes par la mer.

Vers le même temps, les évêques de France obtinrent du pape Innocent X les mêmes indulgences qu'il avoit accordées à l'Italie, pour le jubilé de l'année de sa consécration. Ce jubilé occasionna une querelle entre les religieux de Jumiéges et l'archi-prêtre ou doyen de Saint-Georges, qui avoit assigné l'église de Caudebec pour station aux habitants de Jumiéges, d'Yainville, du Mesnil et de Duclair; mais l'archevêque de Rouen, en ayant été instruit, révoqua l'ordre de son archi-prêtre, et commit le prieur de Jumiéges pour ordonner les stations des quatre paroisses qu'il aviseroit plus à propos. La commission est datée du premier jour d'avril 1645.

Trois mois après, Dom Grégoire de Verthamont fut transféré de Jumiéges à Saint-Jean d'Angely, et eut pour successeur Dom Anselme des Rousseaux, qui n'exerça que six semaines ayant été demandé par la reine régente pour prieur des Blancs-Manteaux, à la sollicitation de l'abbesse et des religieuses du Val-de-Grâce, qui le voulurent avoir pour visiteur. Dom Jean Harel, dont il prenoit la place aux Blancs-Manteaux, fut installé prieur de Jumiéges le premier de septembre de la même année par Dom Martial des Forges, visiteur de la province. Quoique l'histoire de ce grand

---

[1] Bouteilles, près de Dieppe.

homme appartienne en général à la congrégation, nous ne croyons pas pouvoir nous dispenser d'en dire quelque chose, parce qu'elle intéresse également les habitants de Jumiéges, et les religieux de l'abbaïe par des rapports intimes, le père Harel étant de Jumiéges et ayant été pendant trois ans prieur de l'abbaïe.

Il vint au monde le 31 mars 1592 dans la salle appelée de Charles VII, que les religieux avoient cédée à sa famille dans un temps de trouble, où tout le bourg de Jumiéges, tant hommes que femmes, s'étoit réfugié dans l'abbaïe. Quelques mémoires disent même que sa mère accoucha de lui dans l'église. Quoi qu'il en soit, dès ses plus tendres années, ses parents, remarquant en lui un naturel porté à la piété et un esprit vif et pénétrant, s'appliquèrent à cultiver de si heureuses dispositions par une bonne éducation. Après les études ordinaires ils l'envoyèrent à Bourges pour étudier en droit, et le firent passer avocat. Le jeune Harel en fit les fonctions au parlement de Rouen et y fit paroître avec éclat la force et la vivacité de son esprit. Il plaida même une cause contre une abbaïe de la congrégation, et il la gagna; mais la congrégation, en perdant sa cause, gagna plus qu'elle ne perdit, car l'avocat reconnut tant de droiture et remarqua quelque chose de si édifiant dans la conduite de ceux contre lesquels il avoit plaidé, que quelques jours après le gain du procès il demanda d'être reçu parmi eux. Il fut admis et renvoyé aux Blancs-Manteaux pour y faire son noviciat.

Notre novice fit paraître dès lors ce qu'on devoit

attendre un jour de lui, par sa ferveur, son zèle, son humilité, son obéissance et son exactitude à l'observance des règles, vertus qui depuis firent son caractère distinctif. Son attachement à sa vocation et le mépris qu'il faisoit de lui-même parurent surtout lorsque la contagion ayant obligé les supérieurs de transférer le noviciat des Blancs-Manteaux au prieuré de Saint-Nicolas de Nadon, dépendant de l'abbaïe de Saint-Faron de Meaux, non-seulement il demeura ferme dans le dessein de se consacrer à Dieu, mais qu'il demanda à servir ceux de ses confrères qui furent attaqués de la peste. La maladie ayant cessé, on le ramena aux Blancs-Manteaux, et il y prononça ses vœux avec une joie incroyable, le 7 janvier 1620. Depuis ce jour, il devint un modèle parfait de régularité et d'étude : ce qui porta les supérieurs à lui donner une chaire de philosophie au collége de Cluny, quoiqu'il ne fût pas encore prêtre. Il y fit voir la beauté de son esprit lorsqu'on l'obligea de présider à des thèses de théologie, qui, selon la coutume du collège, se soutenoient tous les dimanches de l'année : car encore qu'il n'eût jamais étudié en théologie, il se fit également admirer, et des externes et des écoliers du collège, dont il s'étoit contenté de lire les cahiers qu'ils avoient pris en Sorbonne quelques jours auparavant.

Après avoir achevé son cours de philosophie à Cluny, il fut envoyé à Corbie pour y étudier la théologie sous le père Dom Athanase de Mongin, dont le nom, la piété et l'érudition sont encore en bénédiction dans la congrégation. Il se comporta dans ses études comme s'il eût encore été novice, et cette occupation ne le détourna jamais d'aucune observance. Il ménageoit si bien ses moments qu'il avoit du temps pour l'étude et du temps pour vaquer à Dieu. Il devint aussi un savant théologien et un excellent religieux, unissant dans sa personne deux choses qui paroissent incompatibles, une grande science et une profonde humilité. Ce fut la vertu dans laquelle Dom Athanase Mongin, qui avoit un grand discernement des esprits, prit soin de le former, prévoyant ce qu'il pouvoit devenir un jour, et voulant munir son cœur de bonne heure par l'humilité, contre les écueils de l'élévation.

L'habile professeur ne s'étoit pas trompé dans l'idée avantageuse qu'il avoit conçue de son élève. Dès l'année 1626, Dom Harel, à peine sorti de ses études et ordonné prêtre, fut élu prieur de Corbie, et nommé en même temps pour enseigner la théologie à ses jeunes religieux. Son administration de Corbie ne fut pas celle d'un novice en fait de gouvernement. Il s'y comporta comme un sage et expérimenté supérieur, et entretint sa communauté dans une parfaite union et une exacte observance. Sa qualité de professeur de théologie ne lui fut jamais un prétexte pour se dispenser de l'office divin ni d'aucun exercice; sa dignité de prieur ne diminuoit rien de son humilité, et ne l'empêchoit point de s'occuper aux choses les plus humiliantes, qui n'étoient pas en petit nombre en ce temps-là. Cette sainte vertu ne l'empêcha cependant pas dans l'occasion de témoigner sa fermeté. C'est ce qui parut à l'égard du gouverneur de Corbie, qui vouloit avoir une clef du monastère, pour y entrer et sortir à sa volonté. Il en reçut des invectives très-vives, mais l'humble et ferme prieur sans s'arrêter aux injures lui fit voir l'injustice de sa prétention, et le força malgré lui de s'en désister. Quelque temps après, il eut l'honneur de recevoir le roi Louis XIII à Corbie, et de lui faire une harangue qui fut si goûtée par les seigneurs de la cour qu'ils se disoient les uns aux autres que c'étoit ainsi qu'il falloit parler aux rois.

Après six ans de gouvernement à Corbie, Dom Jean Harel fut transféré à Saint-Jean-d'Angely, pour y exercer les mêmes offices de prieur et de professeur. Dans l'un et dans l'autre de ces deux monastères, sa conduite fut toujours accompagnée de douceur et de fermeté. Il ne refusoit jamais rien de ce qu'il pouvoit accorder suivant les règles; mais il ne se relâchoit en rien sur ce qu'il croyoit devoir refuser. Tendre pour ses religieux, charitable pour les pauvres, compatissant pour les affligés, il souffroit dans sa propre personne tout ce qu'il leur voyoit endurer. Attentif pour les malades, il vouloit qu'on leur donnât tous les soulagements possibles; vigilant à faire remplir les obligations à ceux qui se portoient bien, il ne souffroit point que l'on se dispensât des exercices de régularité; studieux amateur de la solitude, il ne regardoit comme véritables moines que ceux qui la gardoient avec exactitude, et n'aimoient point les courses inutiles. Dans la nécessité où l'on se trouvoit à Saint-Jean-d'Angely, d'entendre les confessions des séculiers, il fallut obtenir les pouvoirs de l'évêque de Saintes ; le prélat voulut que les sujets qui seroient destinés pour ce saint ministère vinssent se présenter devant lui ; mais sur les représentations du prieur qui préféra d'être dispensé de cette charge plutôt que d'exposer ses religieux à un voyage qui ne pourroit que nuire à la vie spirituelle qu'ils avoient embrassée, il lui donna la permission d'approuver lui-même ceux qu'il trouveroit capables de s'acquitter dignement de cette fonction.

Au chapitre général de 1639 il fut élu assistant du du R. P. Dom Grégoire Tarisse. Cette nouvelle dignité ne fit que l'affermir davantage dans l'humilité, en évitant autant qu'il lui étoit possible les occasions de paroître, et cachant les grands talents que Dieu lui avoit donnés. Le père Tarisse qui étoit du Conseil du cardinal de Richelieu, l'ayant un jour mené avec lui, donna occasion de connaître dès la première fois le mérite et la capacité de son assistant. Après que toute l'assemblée eût parlé, on demanda au père Harel son sentiment sur l'affaire proposée ; il le donna d'une manière si délicate et si solide, qu'il les amena tous à son avis et fit l'admiration de tout le Conseil. Ses six années d'assistance révolues, il fut fait prieur des Blancs-Manteaux, puis de Jumiéges, pour les raisons que nous avons rapportées. Il profita de sa retraite pour vaquer à l'oraison, à l'instruction de ses religieux dans des conférences familières, et aux œuvres de pénitence. Il augmenta les pensions de quatre anciens qui vivoient encore et entra fort avant dans la confiance de l'archevêque de Rouen, avec lequel il commença plusieurs traités pour l'utilité du monastère, qu'il se proposoit de finir, lorsque le chapitre général de 1648 jeta les yeux sur lui pour le mettre à la tête de la congrégation que Dom Grégoire Tarisse n'étoit plus en état de gouverner à cause de ses infirmités.

Dom Jean Harel qui assistoit au chapitre comme député de sa province et comme définiteur, voyant les dispositions de ses confrères, pâlit à la première proposition qu'on lui en fit, et mit tout en œuvre pour faire valoir les talents de ceux qu'il croyoit mériter le gouvernement de la congrégation, afin de détourner les définiteurs du dessein qu'ils avoient de le lui déférer; mais ce fut inutilement, tous les suffrages se réunirent en sa faveur. Lorsqu'il s'entendit nommer dans le définitoire en qualité de supérieur général, il se prosterna le visage contre terre, en suppliant les définiteurs de faire un meilleur choix, et de ne lui point imposer une charge dont il se reconnoissoit incapable. N'ayant pu rien obtenir, il demanda permission d'aller un moment à sa chambre, et de retour, il se jeta de nouveau aux pieds des électeurs et réitéra ses instances; mais voyant qu'ils persistoient dans leur élection, il déclara qu'elle n'étoit pas canonique et qu'il s'y opposoit. Il releva pour ce sujet une petite formalité que l'on avoit omise, savoir que l'on avoit brûlé les billets d'élection, sans examiner le sien pour savoir s'il ne s'étoit pas donné sa voix à lui-même; espérant par là manifester sa répugnance, et faire changer le dessein de l'élire; pour le satisfaire, on fit un nouveau scrutin, dans lequel rien ne fut omis, et il fut élu pour la seconde fois. Alors se confiant dans le secours du Ciel, il fit le signe de la croix et continua comme auparavant à s'appliquer aux affaires du chapitre.

Etant général, il conserva toutes ses pratiques d'humilité, de simplicité, de retraite et de pauvreté. Il alloit au travail manuel, et il fut souvent trouvé dans cet habillement, qui le faisoit prendre pour un frère convers. Bien loin de s'annoncer comme supérieur général, il étoit charmé de pouvoir cacher sa qualité. C'est ce qu'il fit un jour chez le président de Maisons, en allant le remercier de quelques services rendus à la congrégation. Il se fit annoncer comme religieux de Saint-Germain-des-Prés, il ne parla de lui qu'en tierce personne, et causa un grand étonnement à ce digne magistrat quand il apprit que c'était le général lui-même qui lui avoit rendu visite. La même chose lui arriva dans l'abbaïe avec un évêque qu'il entretint longtemps sans se faire connoître. Mais quelque soin qu'il prît de se cacher, son humilité même lui attiroit des admirateurs et des visites bien contraires à ses dispositions. Lorsqu'il étoit connu, il faisoit son possible pour diminuer l'idée qu'on avoit de lui, et faire voir qu'on le connoissoit mal. C'est par un effet de cette même humilité qu'avec une science profonde et une facilité d'écrire et de parler au-dessus du commun, il n'a cependant rien laissé par écrit, quelque capable qu'il fût d'entreprendre les plus beaux ouvrages. Dans ses lettres mêmes, il affectoit de répondre en peu de mots et si précisément aux choses nécessaires, qu'on y remarquoit son industrie à cacher ce qu'il étoit.

Il eut de fâcheux événements à soutenir pendant son gouvernement, dans lesquels il fit paroître une force d'esprit admirable et une patience sans exemple. Sa foi vive lui faisoit voir en toutes choses la conduite de la Providence, à laquelle il se soumettoit si parfaitement, qu'on lui a reproché quelquefois d'être trop indifférent. L'expulsion des religieux de la congrégation du monastère de la Couture, et tout ce qui s'en suivit, étoit bien capable d'altérer la plus grande modération ; cependant il demeura calme au milieu de cet orage sans rien perdre de sa tranquillité, et se contentant de donner les ordres nécessaires, sans témoigner aucune inquiétude. Dans les affaires épineuses, il assembloit ses assistants, et après avoir conféré avec eux, il se retiroit dans sa solitude et rentroit dans son recueillement. Ce fut lui qui ordonna qu'on tiendroit trois fois la semaine une assemblée composée du général, des assistants et du secrétaire pour traiter des affaires spirituelles et temporelles de la congrégation.

Il la gouverna l'espace de douze ans avec une approbation universelle de tous les religieux, qui s'estimoient heureux de vivre sous un supérieur aussi doux, aussi humble, aussi affable, aussi égal et d'un mérite si distingué. Lui seul avoit de lui-même des sentiments tout opposés. Dans tous les chapitres, il avoit fait des instances accompagnées de larmes pour être déchargé de la supériorité, et jamais les définiteurs n'y avoient voulu entendre, mais enfin dans celui de 1660, il pressa si vivement, qu'à sa sollicitation, on élut en sa place Dom Bernard Audebert. Le père Harel crut alors être libre de suivre son penchant pour la solitude; il songeoit même à se retirer à Jumiéges; mais il se trouva bien éloigné de l'accomplissement de ses désirs, lorsqu'il s'entendit nommer prieur de Saint-Denis. Il se plaignit aux définiteurs du nouveau joug qu'on lui imposoit; mais toutes ses remontrances furent inutiles, et il fut obligé de commander par obéissance. Il vécut, étant prieur de Saint-Denis, comme il avoit fait étant général, dans la pratique de toutes les vertus. Toute la douceur qu'il trouvoit dans ce nouvel emploi étoit que, n'étant pas regardé par tant de personnes, il y en avoit moins qui eussent occasion de l'estimer.

Tous ses travaux se bornèrent à des conférences ou exhortations familières à ses religieux, tantôt sur la grandeur de l'Etre souverain, tantôt sur le néant de la créature. Lorsqu'il parloit de Dieu, c'étoit en des termes pleins de respect et avec des paroles toutes pleines de feu. Sur l'article de l'humilité, ce qu'il en disoit partoit d'un cœur tellement pénétré, que, s'attendrissant jusqu'aux larmes, il étoit souvent forcé d'interrompre, quelquefois même de finir son discours. C'est ce qu'ont déclaré plusieurs religieux qui avoient assisté à ses conférences, et qui ont témoigné en même temps qu'il embrâsoit leurs cœurs d'un feu tout divin. Il ne prêchoit pas moins efficacement par ses exemples que par ses paroles. Il étoit toujours le premier à tous les exercices soit de jour, soit de nuit, et ne pouvant satisfaire à ce point de la règle qui ordonne au supérieur de sonner l'office divin, il voulut néanmoins y satisfaire en partie en se chargeant d'éveiller les religieux pour l'office de nuit. Il allumoit les lampes, préparoit ce qui étoit nécessaire pour les matines, puis se mettant à genoux à sa place, il entroit dans un recueillement profond dont il falloit quelquefois le tirer pour commencer l'office. Quoiqu'il fût supérieur, il animoit toutes ses actions du mérite de l'obéissance. Tout ce qui se trouvoit écrit étoit pour lui comme la voix de son supérieur, et l'infraction des moindres observances lui étoit insupportable. Il disoit ordinairement que, tant que l'on seroit fidèle à ces petites pratiques, la congrégation se soutiendroit et que Dieu la feroit prospérer ; mais que si on les négligeoit, elle tomberoit infailliblement. La pénitence faisoit toutes ses délices, et l'amour de la pauvreté se faisoit remarquer dans tout ce qui étoit à son usage ; habits, ameublements, tout étoit pauvre. Il gardoit un silence si rigoureux, qu'à peine parloit-il dans la nécessité, principalement avant d'avoir célébré les Sts. Mystères ; il conversoit même très rarement pendant l'heure de la récréation, la solitude ayant une liaison essentielle avec le silence ; il ne sortoit presque jamais de sa chambre ; il falloit un ordre exprès des supérieurs pour qu'il allât à Paris, et lorsqu'il prévoyoit que quelques compagnies devoient arriver à Saint-Denis, il se rendoit à Argenteuil et y passoit la journée en prières.

Quelque temps avant sa mort, il eut un pressentiment que sa fin approchoit. Pour s'y disposer, il commença ses exercices des dix jours ; mais dès le second, étant à matines, il fut attaqué d'une fièvre violente, qui, jointe à une fluxion de poitrine, l'enleva au bout de cinq jours. Lorsqu'on lui apporta le St. Viatique, voyant tous ses religieux assemblés, il leur recommanda l'humilité, sans laquelle on ne peut entrer dans le royaume des cieux et l'obéissance qui en est le chemin. Il pria Dieu ensuite de leur donner et à lui sa bénédiction ; après quoi, il fit sur lui le signe de la Croix sans rien dire davantage, se ferma les yeux, et après une agonie d'une demi-heure, il expira doucement le 14 de mars 1665, vers les six heures du soir. Il mourut avec les regrets de ses religieux, qui perdoient en lui un père tendre, un pasteur vigilant, et un maître excellent de la vie spirituelle. Pour sa personne, c'étoit un homme fort bien fait, d'une grande taille, d'une complexion robuste, sans aucune infirmité considérable. Il avoit l'esprit vif et brillant, il étoit savant canoniste et possédoit parfaitement l'Ecriture sainte qui, depuis plusieurs années, étoit devenue son seul livre.

Nous avons déjà remarqué que depuis l'entrée de Dom Jean Harel à Jumiéges, en qualité de prieur, l'abbaïe perdit un de ses plus excellents sujets dans la personne de Dom Antoine-Maur Tassin, décédé le

4 décembre 1645. Treize mois après, elle fit une seconde perte, qui, pour lui être commune avec la congrégation et même avec la république des lettres, ne lui fut pas moins sensible. Le 2 février 1647, Dieu retira de ce monde pour le couronner d'une gloire immortelle, Dom Thomas Dufour, un de ces grands religieux, de ces savants profonds, de ces hommes irréprochables, dont on peut faire l'éloge en disant, avec le Sage, « qu'ayant peu vécu, ils ont rempli la course d'une longue vie, parce que leur âme étoit agréable à Dieu ». Il naquit à Fécamp, dans le pays de Caux, le 27 janvier 1613, trois mois après la mort de son père Gédéon, vicomte de Fécamp, qui étant né dans l'hérésie, rentra dans le sein de l'Eglise et fut un très zélé catholique, amateur des pauvres et des orphelins, versé dans la lecture des Saints Pères, bon canoniste et habile controversiste. Sa mère, Anne Vimars, fille du sieur Vimars, contrôleur au grenier à sel de la ville du Havre, étoit douée des vertus les plus recommandables à son sexe. Elle demeura veuve à l'âge de vingt-trois ans, chargée de cinq enfants, auxquels son mari avoit laissé peu de biens, beaucoup de dettes et de grandes affaires à démêler. Mais, comme elle étoit riche de son côté, elle ne voulut pas renoncer à sa succession ; elle fit honneur à tous ses engagements, débrouilla ses affaires et vécut avec ses enfants dans une grande économie, renonçant aux pompes et aux vanités du siècle et ne songeant qu'à leur donner une pieuse éducation.

Thomas, le plus jeune de tous, profita si bien des

instructions, qu'il ne lui donna jamais occasion de le reprendre. Lorsqu'il fut en état d'étudier, sa mère qui l'aimoit particulièrement, le confia à un saint prêtre, habile et savant dans les sciences humaines. La docilité du jeune étudiant, la vivacité de son esprit et sa grande mémoire firent juger dès lors qu'il seroit un jour l'honneur de sa famille. Ayant achevé ses humanités, il fut envoyé à Paris, où il employa la première année à l'étude de la langue hébraïque et des autres langues orientales, dans lesquelles il fit des progrès merveilleux. Il apprit l'hébreu sous un ancien professeur, qui, dans une occasion publique, fit son éloge comme du plus excellent écolier qu'il eût eu jusqu'alors, et d'un enfant né pour les langues orientales. A l'égard du siriaque et du caldéen, il l'apprit sans le secours d'aucun maître. La seconde année, il commença sa philosophie dans l'Université de Paris, n'étant encore âgé que de seize à dix-sept ans, et en même temps, du consentement du principal de son collège, il enseigna la langue hébraïque ce qu'il continua pendant toute sa philosophie, au bout de laquelle il étoit difficile de distinguer lequel étoit le plus habile philosophe du maître ou du disciple. Il composa des thèses en hébreu sur toute la philosophie, pour la soutenir en cette langue sans avoir de président et un petit Lexicon hébreu de tous les termes dont on se sert en philosophie. Il partageoit toutes ses heures hors de la classe en exercice de piété et dans l'étude des langues.

Ses thèses soutenues, il s'appliqua à l'étude de la

théologie, et devint si profond en cette science, que, disputant un jour sur une question qui venoit d'être expliquée, il poussa si loin ses arguments que le professeur fut obligé d'avouer que l'objection étoit plus forte que sa réponse. Sa seconde année de théologie achevée, il prit la résolution de se faire chartreux, étant pour lors âgé de vingt-un ans. Il fut envoyé à la Chartreuse du Mont Renauld, près de Noyon, où il fut reçu avec joie et admiré de tous les religieux pour son zèle et sa ferveur. Il y demeura six semaines avant qu'on lui parlât de prendre l'habit; mais lorsqu'on fut sur le point de le lui donner, le médecin, homme habile et expérimenté, jugea que les longues veilles, jointes au jeûne et à l'abstinence, le rendroient poumonique et qu'il deviendroit inutile et à charge à l'ordre; c'est pourquoi on le pria de se retirer. Il quitta sa chère solitude et toutes les douceurs spirituelles qu'il y goûtoit, dans un esprit de soumission à l'ordre de Dieu, sans rien perdre de la sérénité de son âme, et sans honte de reparaître dans le monde.

Sa mère qui étoit inconsolable de sa retraite, eut une joie extrême de le revoir, espérant que son fils, étant prêtre séculier, elle auroit la consolation de vivre avec lui; mais l'attrait de Thomas pour la solitude lui inspira d'autres desseins. Il résolut d'aller étudier à Harfleur pendant deux ans, pour donner à son tempérament le temps de se fortifier; après quoi, il se proposoit de quitter le monde et de se présenter pour être reçu dans quelque corps religieux, jusqu'à ce qu'un refus marqué lui fit connaître que c'étoit par la volonté de Dieu ; auquel cas, il entreroit dans l'état ecclésiastique séculier pour y vivre séparé du monde et sans bénéfices. Il n'eut point d'autre occupation à Harfleur que l'étude et l'oraison. Il passoit les jours et souvent les nuits entières sans se coucher ni se déshabiller, se contentant, lorsque le sommeil l'accabloit, de s'assoupir dans sa chaise, accoudé sur sa table, pendant une heure ou deux. Il reprenoit ensuite l'étude avec autant d'ardeur qu'auparavant. Sa grande lecture, ses collections, un abrégé de toute la théologie et plusieurs autres écrits qu'il fit en si peu de temps, surpassent toute créance. Lorsqu'il se couchoit, vers les deux ou trois heures après minuit, c'étoit sur des nattes ; il jeûnoit tous les vendredis de l'année, et, le reste du temps, il étoit très sobre. Comme Dieu lui avoit donné le don d'oraison, il passoit tous les jours deux heures à l'église dans cet exercice, sans parler des prières qu'il faisoit dans la retraite et dans sa chambre. Il communioit tous les jours et se confessoit deux ou trois fois la semaine de fautes si légères qu'on avoit peine à trouver en lui matière d'absolution. Souvent, il alloit visiter les pauvres malades pour les consoler, les instruire et les assister du peu qu'il avoit. Il étoit fort réservé dans ses discours, et ne parloit pas même des défauts publics de personne. S'il arrivoit qu'en sa présence il échappât à quelqu'un de dire du mal de quelqu'autre, à l'heure même, il le reprenoit ou se rendoit le défenseur de l'accusé, soit en l'excusant, soit en diminuant la faute. Jamais il ne voulut étudier le traité de la virginité, de peur de souiller la pureté de son cœur par une connoissance quoique théologique des fautes contraires.

Enfin, ne pouvant souffrir le séjour du monde, il alla se présenter au noviciat de Jumiéges, où il fut admis, étant âgé d'environ vingt-trois ans et consommé en toutes sortes de sciences et de vertus. Un savant théologien de ce temps-là et son ami intime, lui voyant prendre l'habit, s'écria : « Oh! que de lumières et de « sciences renfermées dans le cloître et cachées sous « l'habit religieux! Si, de quatre cents que nous « étions en Sorbonne, on eût fait choix des six meil- « leurs esprits pour les fondre en un seul, il n'eût pas « égalé M. Dufour. » Il passa l'année de son noviciat, non comme un novice, mais comme un ancien profès accompli dans la pratique de toutes les vertus religieuses; il fit profession le 10 août 1637, et le supérieur dit alors à un de ses frères qui s'y étoit rendu : « Votre frère est un ange et non pas un homme; il est « entré chez nous plus religieux que nous ne sommes « nous-mêmes. »

Quelque temps après sa profession, le père Dom Grégoire Tarisse, supérieur général de la congrégation, désirant appliquer ses religieux à l'étude de l'Ecriture sainte et persuadé qu'on ne pouvoit l'apprendre à fond que par l'intelligence des langues grecques et hébraïques, fit venir à Saint-Germain-des-Prés, Dom Thomas Dufour, et pour savoir au juste jusqu'où alloit sa science, il invita un jour à dîner M. de Muys, le plus habile professeur de langue hébraïque qui fût à Paris[1]. Après le repas, il le conduisit à la bibliothèque et le pria de conférer avec dom Thomas Dufour. M. de Muys lui fit d'abord quelques interrogations comme à un écolier, puis lui fit interpréter quelques chapitres aisés de la Bible, et voyant qu'il répondoit à tout, il le mit sur les grandes difficultés. Dom Dufour ayant pleinement satisfait à toutes avec autant d'humilité que de lumières, M. de Muys prit le père Tarisse en particulier et lui dit que ce religieux étoit un maître, qu'il ne croyoit pas qu'il y eût dans Paris un seul professeur aussi capable que lui, et qu'il pouvoit hardiment le mettre à enseigner les langues. Sur ce témoignage, on lui donna douze religieux, qu'il instruisit si parfaitement, qu'ils devinrent eux-mêmes en état d'enseigner les autres. Quelques années après, il composa une grammaire hébraïque qu'il fit imprimer par un ordre exprès du père général, qui, pour le perfectionner encore davantage dans l'hébreu, l'envoya demeurer à Avignon, où il y avoit beaucoup de Juifs, avec lesquels il pourroit conférer et s'instruire de plus en plus.

En ce temps-là on songeoit à imprimer la Polyglote de Le Fay, et l'on avoit cherché les plus habiles gens pour travailler à cet ouvrage. Ces Messieurs prièrent Dom Thomas Dufour de les aider. Comme il s'agissait

---

[1] Simon de Muis, archidiacre de Soissons, professeur royal en langue hébraïque à Paris, auteur d'un commentaire estimé sur les Psaumes et d'un livre intitulé : *Varia Sacra*; décédé en 1644. Ses œuvres ont été imprimées en 1650.

de la gloire de Dieu et de l'utilité publique, il y consentit avec l'agrément du père général ; mais voyant qu'on n'apportoit pas tout le soin nécessaire à corriger cet ouvrage pour le mettre dans la perfection dont il étoit susceptible, il ne voulut pas davantage assister aux conférences, pour éviter les contestations de ceux qui s'opposoient à ses sentiments ; et il s'excusa avec autant d'humilité que de prudence.

Sa religion et son humilité ne souffrirent point de ses études, ni de sa grande réputation. Se regardant comme le plus grand pécheur qui fût sur la terre, il croyoit que le monde ne seroit jamais assez tôt débarrassé d'un fardeau inutile comme lui. Après les matines, il restoit en oraison jusqu'à six heures. L'office de prime étant fini, il alloit dire la sainte Messe et reprenoit son oraison, ce qui ne l'empêchait pas d'avoir encore des heures destinées à la prière pendant le reste du jour. Les dernières années de sa vie, il réduisit toutes ses lectures à l'Ecriture sainte, aux ouvrages de Ste. Thérèse, de Ste. Gertrude et de Ste. Catherine de Gênes. Il demanda la permission de s'en retourner à Jumiéges, sa maison de profession, où le père général l'exhorta de travailler à un commentaire sur les psaumes. Il l'entreprit par obéissance, mais comme il ne voulait pas se relâcher de ses exercices de piété et de la règle, il ne put continuer cet ouvrage. A peine étoit-il au dixième psaume qu'il fut attaqué du poumon avec tant de violence, qu'il ne fit plus que languir. Le médecin lui annonça que cette maladie le conduiroit à la mort, et cette nouvelle, loin de l'affliger, excita sa reconnoissance pour Notre-Seigneur qui lui tenoit les portes de la mort fermées jusqu'à ce qu'il fût parfaitement converti. Enfin, sentant approcher son heureux trépas, il se munit de tous les sacrements, qu'il reçut avec toute la piété qu'on pouvoit attendre d'un homme qui avoit mené une si sainte vie. Dieu, pour achever de le purifier et de le sanctifier, lui donna une agonie qui dura huit jours, durant lesquels il ne cessa de témoigner son ardent désir de jouir de sa divine présence. Il mourut, ainsi que nous l'avons remarqué, le 2 février 1647, âgé seulement de trente-quatre ans, et fut enterré au cloître, du côté du chapitre. Dom Harel, qui reçut ses derniers soupirs écrivit de lui au père général en ces termes : « Il est « mort si saintement, qu'on ne sauroit rien souhaiter « de plus pour bien mourir. » Le nécrologe de Jumièges en parle ainsi : « Dom Thomas Dufour mourut l'an « 1647 ; le grand dégoût qu'il avoit de la vie présente, « l'aversion des remèdes qui la pouvoient prolonger, « le fervent désir de voir Dieu, alléguant qu'un pauvre « chien meurt d'envie de voir son maître, marquent ce « qu'il étoit, un fort bon religieux, fort intérieur et fort « vertueux. Il étoit grandement versé dans la connois« sance des langues orientales, comme on peut voir « dans la grammaire hébraïque qu'il a composée ; et « lorsqu'il fut surpris de la maladie dont il est mort, il « faisoit une exposition des psaumes, où l'on voit sa « piété et sa doctrine. »

Au mois de juin de l'année suivante, 1648, la congrégation tint son chapitre général à Vendôme, et nomma pour prieur de Jumiéges, Dom Martial des Forges, ancien visiteur de la province. Il commença son gouvernement par faire bâtir l'hôtel de la Poterne dans la ville de Rouen. Il travailla ensuite avec M. l'abbé pour le retrait de la baronnie de Norville et la démolition du logis abbatial, qui étoit abandonné et sans meubles depuis plus de cinquante ans. Mais comme ces traités ne furent exécutés que longtemps après, il n'est pas encore temps d'en parler.

Sur ces entrefaites une révolution extraordinaire et bizarre mit la France à deux doigts de sa perte. Les Frondeurs et les Mazarins, c'est-à-dire le peuple et le parlement de Paris, d'un côté, le cardinal Mazarin et la cour, de l'autre, causèrent cette révolution, dont les tristes effets s'étendirent bientôt de la capitale du royaume, assiégée au nom du roi par le prince de Condé, et défendue par le prince de Conti, protecteur du parlement et du peuple, dans presque toutes les provinces. Une partie de la Normandie suivit les mouvements de Paris et se laissa entraîner au torrent de la rébellion (*a*). Le comte d'Harcourt qui s'étoit déclaré pour le roi, y fut envoyé avec une petite armée pour la retenir ou pour la remettre dans l'obéissance. Il occupa le Pont-de-l'Arche sur la rivière de Seine, et avec sa troupe, soutenue du comte de Montgommery, du marquis de Canisy et de quelques autres seigneurs, il se maintint

---

(*a*) *Histoire de Louis XIV*, tome II.

dans cette place et fit quelques courses qui n'aboutirent qu'à des pillages et à la prise de quelques petites villes, telles que Quillebeuf et le Pont-Audemer, tandis que le duc de Longueville, venu au secours de la province, dont il étoit gouverneur, se jeta dans Rouen et conserva le reste de la Normandie au parti du parlement. Cependant, l'alarme étoit universelle, et comme rien ne pouvoit arrêter la cupidité du soldat dans l'une et dans l'autre armée, des familles entières abandonnèrent leurs maisons, et se réfugièrent avec leurs effets dans les lieux où elles crurent pouvoir être en sûreté. L'abbaïe de Jumiéges avoit des sauvegardes, non seulement du roi et de la reine régente, mais du comte d'Harcourt même et du duc de Longueville, chefs des deux partis dans la province : ce qui y attira un nombre presque infini de personnes de tout état et de tout sexe, qu'on logea aux plus petits frais possible dans tous les lieux de l'abbaïe qu'on put honnêtement leur céder. MM. de la Porte et Dubreuil avec leurs ménages furent logés dans le manoir abbatial, Mme la comtesse de Maulévrier avec toute sa famille occupa les infirmeries qui étoient alors entre le dortoir neuf et les bosquets. M. de Harden, sieur de la Marebroc et du Lendin, partagea, avec quelques autres gentilshommes, la salle de Charles VII et les hôtelleries. Les habitants de Jumiéges, d'Yainville et du Mesnil furent distribués dans les bois et chargés de monter la garde tour à tour aux portes du monastère, que l'on tint exactement fermées pendant près de trois mois ; mais cette précaution fut inutile : le comte d'Harcourt et le duc de Longueville tinrent la main à l'exécution de leurs sauvegardes ; pas un soldat ne se présenta pour entrer dans l'abbaïe, jusqu'au commencement d'avril que les troubles cessèrent, et que chacun se retira sans désordre avec ce qu'il avoit apporté. Quelques manuscrits nous apprennent que M. Mouret[1] ne profita point de cet avantage ; peut-être ne le voulut-il pas parce qu'il étoit en procès avec les religieux au sujet de leur pêche dans la rivière de Seine, dont il leur disputoit le droit au-delà du lit de cette rivière, du côté de son fief du Pont. Le procès duroit depuis plus d'un an, quoique la discussion des titres de part et d'autres n'exigeât pas tant de délais ; mais les troubles, dont nous venons de parler, n'avoient pas peu contribué à en retarder le jugement. Il fut enfin terminé, le 16 juin de cette année, par une sentence de la Table de marbre, qui maintint les religieux et leurs pêcheurs, non seulement dans la propriété de la rivière, mais dans le droit de tirer leurs filets à pied sec sur le fief du Pont et tout autre fief limitrophe dans l'étendue de leur pêche (a).

Cependant la congrégation de Saint-Maur s'étendoit et se formoit de jour en jour par l'introduction de ses religieux en plusieurs abbaïes du royaume. Henri de Bourbon, évêque de Metz et abbé de Fécamp, lui offrit la sienne du consentement des anciens ; et, toutes les

---

(a) Archives.

[1] Fief du Pont, sis à Anneville-sur-Seine.

choses réglées, Dom Jean Harel, supérieur général, donna commission au père visiteur d'aller avec Dom Martial des Forges et quelques religieux de Jumiéges prendre possession des lieux réguliers : ce qui fut exécuté le dernier jour de décembre de cette même année, vers les six heures du soir, en présence du grand prieur qui les introduisit, de quelques anciens et des officiers de la justice qui en dressèrent un procès-verbal. L'abbaïe de Jumiéges perdit à ce nouvel établissement son prieur et quatorze de ses religieux avec deux frères convers qui les avoient accompagnés et qui demeurèrent à Fécamp. On donna pour successeur à Dom Martial des Forges dans le gouvernement de Jumiéges Dom Benoît Bonté, qui fut lui-même remplacé, au chapitre général du mois de juin 1651, par Dom Jean-Baptiste de Boulogne, ci-devant prieur de Saint-Germer.

FRANÇOIS DE HARLAI, DE CHAMP-VALON, SOIXANTE-DIX-NEUVIÈME ABBÉ

Il y avoit près de trente mois que M. l'archevêque de Rouen avoit donné sa démission de l'abbaïe de Jumiéges en faveur de son neveu François de Harlai, fils d'Achilles, marquis de Champ-Valon, et d'Oudette de Vaudetar, dame de Norville. Peu de temps après, il résolut encore de se reposer sur lui du fardeau de son église ; mais craignant que quelques considérations humaines n'eussent plus de part à son choix que le mérite du sujet, il consulta l'assemblée du clergé, et, sur la réponse favorable qu'il en reçut, il envoya sa démission avec une lettre aux évêques assemblés, qui députèrent aussitôt vers la reine régente en faveur de l'abbé de Champ-Valon, qui fut nommé archevêque de Rouen, à l'âge de vingt-six ans. Le pape Innocent X confirma sa nomination par une bulle du 26 septembre 1651, et son nonce, assisté des évêques de Coutances et de Bayeux, le sacra et lui donna le *pallium* le 28 décembre suivant dans l'église des chartreux de Paris. Quelques jours après son sacre, le nouvel archevêque se rendit auprès du roi pour lui prêter le serment de fidélité, et de là, il vint à Rouen et prit possession le premier jour de février 1652. Le lendemain, fête de la *Purification*, il prêcha dans l'église métropolitaine, et le troisième jour du même mois, Dom Jean-Baptiste de Boulogne eut l'honneur de le saluer et de le complimenter dans son palais archiépiscopal, au nom de la communauté de Jumiéges.

Pendant que ceci se passoit à Rouen, l'ancien archevêque menoit à Gaillon une vie privée avec cinq ou six ecclésiastiques de ses amis, qui l'y avoient suivi et que l'amour de la solitude et des lettres y retint jusqu'à la mort. Le pieux prélat s'y prépara par toutes les mortifications que ses infirmités corporelles et son grand âge lui purent permettre de pratiquer, par la prière et par d'abondantes aumônes. Pour être plus en état d'en faire, il recevoit peu de compagnie, surtout de séculiers, avec lesquels il s'ennuyoit, ce qui lui arrivoit quelquefois avec ses ecclésiastiques mêmes, lorsqu'ils ne lui parloient pas de Dieu et de l'éternité après laquelle il soupiroit. Le monde étoit mort pour lui, et lui-même étoit mort au monde. Il ne s'informoit jamais de ce qui se passoit; il ne demandoit même pas des nouvelles de son diocèse, quoiqu'il y fut toujours très affectionné. Il se recommandoit aux prières de ceux qui le venoient voir; mais il écrivit à ce sujet au prieur de Jumiéges, le priant de lire sa lettre en chaire, et nous savons à n'en point douter que, dans une occasion, il dit, les larmes aux yeux, qu'il ne se mettoit pas en peine d'être oublié de tout le diocèse, pourvu que les religieux de Jumiéges se souvinssent de lui.

Ces sentiments de confiance et de prédilection pour les religieux de Jumiéges n'étoient point particuliers à ce digne prélat. François de Harlai, son neveu et son successeur, en les adoptant, a déclaré plus d'une fois qu'il n'y avoit qu'un Jumiéges dans son diocèse. Aussi le vit-on dès l'année 1650 se porter comme de lui-même avec une affection toute singulière à la ratification des traités de son oncle avec eux, tant pour le retrait de la seigneurie de Norville, au profit de leur mense conventuelle, que pour la démolition du logis abbatial, dont la situation les incommodoit. Si, en 1652, après la visite du Saint-Sacrement, qui lui étoit seule permise, aux termes de la lettre de Richelieu à son prédécesseur, il demanda jusqu'à trois fois d'être introduit dans le chapitre, ce ne fut point pour donner atteinte aux privilèges de la congrégation en appelant les religieux au scrutin ; mais pour avoir la consolation de leur parler et de les remercier de l'avoir reçu au son des cloches, avec la croix, l'eau bénite et l'encens, et de l'avoir conduit sous le dais jusqu'à l'autel, en chantant un répons convenable à sa dignité, pendant lequel on fit plusieurs décharges de fusils et de couleuvrines. Il s'en expliqua lui-même de la sorte, et l'on doit l'en croire sur parole. Ce qu'il dit en acquiesçant aux remontrances de Dom Jean-Baptiste Boulogne : « *Je n'in-« siste plus, c'est Jumiéges* », semble néanmoins donner à entendre qu'il croyoit avoir droit d'entrer au chapitre comme archevêque ; mais, quel que soit le sens de ces expressions, il est certain que, s'il crut se désister d'un droit réel, il ne le fit que par un sentiment d'estime pour les religieux de Jumiéges. Il leur en donna de nouvelles marques dès le lendemain, quatorzième jour d'avril, en conférant le sous-diaconat à un jeune religieux de la communauté, et ne voulant se servir que d'eux à l'autel en célébrant pontificalement les saints mystères, après lesquels il donna le sacrement de confirmation à un très grand nombre d'habitants de Jumiéges et des paroisses voisines. Il dîna ensuite au réfectoire, bénit la table, dit les grâces et partit pour Saint-Wandrille avec Dom Jean-Baptiste de Boulogne, auquel il témoigna de nouveau, pendant toute la route et à Saint-Wandrille même, la plus tendre et la plus vive reconnoissance de la réception qui lui avoit été faite.

Ce prélat aimoit véritablement Jumiéges et n'y étoit pas moins aimé. Il en parloit, non seulement avec plaisir, mais avec respect. Dans les compagnies, il en faisoit l'éloge en présence de ceux mêmes qui ne le connoissoient pas, avec une effusion de cœur qui leur faisoit sentir qu'il se plaisoit en ce lieu, et qui leur donnoit envie de le connoître. L'évêque de Conserans fut de ce nombre. Il fut si touché de ce que l'archevêque lui dit de Jumiéges, dans un voyage au Havre, vers la fin de septembre de la même année, qu'il voulut y passer à son retour pour se convaincre par lui-même. Il eut la joie en arrivant de voir distribuer les aumônes du jour à plus de quatre cents pauvres qui étoient venus de l'Orléanais et du Blésois par les fureurs de la guerre civile se cantonner à Jumiéges où ils furent nourris avec une charité qui fit l'admiration de tout le pays, et la matière des louanges les plus sincères de la part de ces pauvres affligés, pour lesquels on dépensa quinze mille francs pendant trois mois de séjour qu'ils firent à Jumiéges, non compris cent pistoles que les prélats attendris d'une si noble générosité laissèrent aux religieux en partant. Les habitants de Jumiéges ne souffrirent pas plus de la misère que les étrangers, mais Dieu les affligea au mois de novembre suivant d'un flux de sang, qui en fit périr plus d'un quart. Les religieux en furent eux-mêmes attaqués. Trois d'entre eux en moururent, et les autres furent longtemps à guérir.

L'archevêque de Rouen ne les vit point pendant tout ce temps-là, mais il demanda souvent de leurs nouvelles, et lorsqu'il sut que la maladie avoit cessé, il les en félicita par lettres et leur annonça qu'il les verroit comme l'année précédente après les fêtes de Pâques. Il fut reçu avec les cérémonies accoutumées, visita le Saint-Sacrement et donna la confirmation à une foule de peuple des paroisses voisines prévenues de son arrivée par deux pères Jésuites, qu'il avoit envoyés devant lui pour catéchiser dans tous les lieux de son diocèse où leurs services seroient nécessaires et agréés. Cette restriction si sage de la part d'un prélat qui connoissoit les curés de son diocèse et leur sollicitude pastorale n'eut point assez de vertu pour arrêter le zèle des deux missionnaires. Ils crurent leurs services nécessaires en tout lieu, et sans se mettre en peine s'ils étoient agréés, ils prêchèrent et catéchisèrent dans toutes les églises qui se trouvèrent sur leur passage. Arrivés à Jumiéges, ils firent ouvrir les portes de l'église paroissiale et sonner les cloches pour avertir le peuple; mais le curé, M. de la Brosse, de concert avec le prieur de l'abbaïe, qui les avoit priés de n'en rien faire, congédia l'assemblée sans donner le temps aux missionnaires de parler, et leur fit connoître par la prompte obéissance de ses brebis qu'il savoit les conduire lui-même et qu'elles entendoient sa voix. Ils n'en furent pas quittes pour cette légère mortification. M. l'archevêque, averti de leur procédé par le prieur, leur déclara qu'il n'entendoit pas qu'ils fissent offre de leurs services, ni même qu'ils se présentassent dans des lieux comme celui-ci, où le peuple ne manquoit pas d'instruction. Vraisemblablement, ils n'oublièrent pas ce que le prélat venoit de leur dire : au moins est-il constant qu'ils furent l'attendre à Caudebec, sans passer par Saint-Wandrille, où il alla descendre après avoir dîné à Jumiéges.

Au mois de juillet de la même année 1653 les religieux de Jumiéges firent l'échange de leur fief d'Epinai avec Charles Labbé, sieur de la Motte, pour deux maisons et onze acres de terre à Duclair, aux conditions que le fief d'Epinai relèveroit de l'abbaïe et que le contrat d'échange seroit homologué aux frais du sieur de la Motte; ce qui fut exécuté le 20 du mois d'août suivant, onze jours avant la mort de Dom Etienne Duval, l'un des huit anciens qui s'étoient le plus opposés à la réforme et le même qui, en 1639, fonda la confrérie du Rosaire dans l'église paroissiale de Saint-Valentin, où il est représenté avec l'habit qu'on portoit à Jumiéges avant que la congrégation de Saint-Maur y eut été introduite. Quelque temps avant sa mort, il se retira avec les réformés, et pour leur faire oublier les travers qu'il leur avoit suscité en plus d'une rencontre, plutôt par foiblesse d'esprit que par malice, il leur fit présent d'une somme de 1,200 livres, dont ils achetèrent un bâton de chantre du poids de 18 marcs, et deux encensoirs d'argent, qui leur furent envoyés de

Paris par le père Sébastien Dubust, dépositaire général des monastères de la congrégation. M. Seitre donna dans le même temps quatre chandeliers d'argent du prix de 800 livres pour le grand autel, et M. De la Fosse, bourgeois de Rouen, donna les deux autres avec une chasuble de moire d'argent, deux tuniques, un devant d'autel, deux crédences et le tableau de la chapelle de St. Benoist. Les religieux achetèrent de leurs deniers une croix d'argent du poids de onze marcs avec un ciboire et une boîte, dont on ne dit point l'usage, pesant l'un et l'autre 8 marcs.

Le premier de janvier de l'année suivante 1654, M. De la Fosse, dont nous venons de parler, acquit la terre du Tronc, située à Duclair, dans la mouvance de l'abbaïe. Ce fut pour les religieux, qui avoient déjà une fort belle terre dans le voisinage, un motif d'exercer leur droit de seigneur dominant. Ils le firent en effet, après en avoir obtenu la permission du père général et fait la politesse à M. de la Fosse qui leur remit son contrat d'acquisition le 3 février, en vertu d'une clameur féodale, moyennant une décharge de leur part de trente-huit mille livres de principal, dont ils lui payèrent le jour même une somme de vingt-une mille livres, et celle de dix-sept mille livres à son vendeur. Peu de temps après, ils acquirent douze acres de terre au même lieu et les réunirent à leur ferme du Tronc; mais depuis les nouveaux partages, on en a distrait neuf acres, qui ont été unies à la Cour du Mont, pour tenir lieu à l'abbé de Saint-Simon des deux tiers de quatre mille cinq cent livres que les religieux avoient touchées en 1652 pour le prix de l'aliénation de leurs vignes et héritages à Vaux, au profit des religieux de Saint-Nicaise de Meulan que M. Davanes avoit réformés cinq ans auparavant.

Dom Jean de Boulogne, sous lequel se passa ce que nous avons rapporté de plus mémorable depuis 1651 jusqu'au mois de février de cette année 1655, termina son administration à Jumiéges par une procession solennelle avec le chef de St. Valentin, de l'abbaïe à l'église paroissiale de son nom. Les quatre curés de la péninsule qui l'avoient demandée y assistèrent en surplis et en étole avec tous leurs paroissiens, et, quelques jours après, Dieu qui, comme dit l'Ecriture, ne se fâche pas comme les hommes, leur donna une pluie abondante qui fertilisa leurs campagnes et les préserva de la famine qu'une trop grande sécheresse leur faisoit appréhender. Ce fut, comme nous venons de dire, le dernier acte mémorable de Dom Jean-Baptiste de Boulogne.

Le chapitre général lui donna pour successeur Dom Mammole Geoffroi, qui travailla pendant six ans avec un zèle infatiguable à maintenir le bon ordre qu'il trouvoit établi, et à rendre ses religieux heureux autant qu'il lui étoit possible. Le 10 juillet, M. l'archevêque qu'il avoit eu l'honneur de saluer en passant par Rouen, vint à Jumiéges et fut reçu à la porte du cloître sans cérémonie. Il officia pontificalement à la messe et aux vêpres le jour de St. Benoît, et il en partit le dimanche matin pour retourner à Rouen, n'étant venu que pour la cérémonie, à laquelle le prieur l'avoit invité.

Quelque dessein que l'on eût d'entretenir la paix et la tranquillité au dedans et au dehors, il ne fut pas possible d'éviter entièrement les procès. Il y avoit presque toujours eu entre les religieux de Jumiéges et les fermiers généraux des entrées une contestation que l'intérêt faisoit renoître chaque année à l'occasion des vins et autres provisions provenant des fonds de l'abbaïe. Les premiers se prétendoient francs de tous droits de passage sur la rivière de Seine, tant au Pont-de-l'Arche qu'à Rouen, fondés sur les lettres-patentes du roi Philippe en 1210, contenant l'échange du Pont-de-l'Arche par eux fait avec sa Majesté, pour la terre et seigneurie de Conteville, aux charges, clauses et conditions que les religieux seroient exempts du péage des choses qui servent à leur usage ; les dites lettres confirmées en 1247 par St. Louis, en 1546 par Charles IX pour l'entrée de leurs vins seulement, en 1603 par Henri IV, en 1644 par Louis XIV pour toutes provisions de bouche en général, outre les arrêts d'enregistrement des dites lettres patentes et autres arrêts contradictoires tant du Conseil que de la Cour des Aides de Normandie en faveur de leurs priviléges et exemptions jusqu'en 1650. Les seconds, au contraire, soutenoient que ces privilèges avoient été révoqués par leurs baux, et c'est ce que prétendit avec plus d'obstination que les autres, le sieur Louis Fauveau, en vertu de son bail général, daté du premier avril, portant art. 2, que les droits d'entrées seront payés par tous les privilégiés, nonobstant et sans égard aux privilèges, exemptions, franchises et gratifications, ci-devant accordés, et que Sa Majesté trouve à propos de révoquer. Il n'osa cependant remuer jusqu'en 1655; mais alors entraîné par son naturel pour l'argent, il obtint un arrêt du Conseil par forclusion, qui ordonnoit que l'article second de son bail seroit exécuté, et que les religieux de Jumiéges et généralement tous les autres ecclésiastiques, religieux et religieuses, couvents, hôpitaux, nobles, officiers de la ville, faubourgs et banlieuë de Rouen, exempts et non exempts, privilégiés et non-privilégiés paieroient au sieur Fauveau les droits d'entrée pour les vins, cidres, poirés et autres boissons qu'ils feroient ci-après entrer, etc.

Le sieur Louis Fauveau qui vouloit absolument priver les religieux de Jumiéges de leurs franchises, leur fit signifier son arrêt le 16 décembre de la même année, avec sommation de lui payer mille dix-sept livres dix-huit sols huit deniers pour les droits des vins, cidres et autres boissons qu'ils avoient fait venir et entrer à Rouen, depuis le premier de janvier 1653 jusqu'au 16 décembre 1655. Mais les religieux, bien certains de leurs droits, ne leur ayant pas été accordés bien gratuitement, ainsi qu'aux autres maisons religieuses, présentèrent une requête au Conseil d'Etat du roi le 15 février 1656, tendant à ce qu'il plût à sa Majesté, sans avoir égard au Conseil de l'année dernière, les maintenir et garder en leur droit de faire passer franchement leurs vins et autres provisions de bouche provenant de leurs fonds et les décharger de tous droits d'entrée au Pont-de-l'Arche et à Rouen. Le même jour intervint arrêt portant que, sur les fins de cette requête, les parties écriroient et produiroient dans trois jours pour tout délai : ce qui fut exécuté, non en trois jours, mais en trois mois; en sorte que, le 17 mai suivant, tout considéré, le roi en son Conseil, faisant droit sur l'instance, maintint et garda les religieux de Jumiéges au droit de ne payer aucune entrée pour le passage des vins et autres provisions du cru de leur abbaïe, passant au Pont-de-l'Arche, Rouen et autres lieux ; fit défense au sieur Fauveau, à ses commis et préposés et à tous autres, de les y troubler, ni de prendre aucun droit, à peine de 500 livres d'amendes et de tous dépens, dommages et intérêts, et sans que le fermier des entrées puisse prétendre aucune diminution pour raison de ce privilège.

Vers le même temps, les religieux de Chelles envoyèrent aux religieux de Jumiéges une petite partie du crâne de Ste. Bathilde, leur commune bienfaitrice. Cette précieuse relique fut reçue avec la joie de toute la communauté et enchâssée, cette même année 1656, en une figure d'argent, haute de 14 pouces, montée sur un piédestal de bois couvert d'ébène dont frère Jean Bataille, originaire de Rouen, fit présent à l'église le 3 d'août, jour de sa profession.

Environ quatre mois après, Dieu récompensa d'une gloire immortelle les mérites d'un religieux de l'abbaïe, des plus saints et des plus consommés en toute sorie de vertus. Ce fut Dom Gabriel Theroude, né à Torcy, dans le diocèse de Rouen, vers l'an 1593. Dès ses plus tendres années, il se fit religieux à Jumiéges, qui passoit alors pour le monastère le plus régulier de la province de Normandie. Nous avons vu qu'on y conservoit encore un extérieur de régularité, mais il ne pouvoit se soutenir longtemps sans l'intérieur, et surtout sans la mortification qui en étoit entièrement baunie. Notre jeune religieux ne fut pas longtemps à s'apercevoir de ces défauts, et lorsque le prieur prit le parti d'introduire la réforme de St. Vannes dans sa maison, il fut un des premiers, avec Dom Jacques Mahieu, Dom Nicolas Barbelin et Dom Richard Prévôt, à y donner les mains et à l'embrasser sans craindre les insultes des opposants. Il les regardoit avec des yeux de compassion et prioit Dieu sans cesse de leur toucher le cœur, de leur ouvrir les yeux de l'esprit et de leur faire connoître les obligations de leur état. On peut dire que Dieu exauça ses prières, et que son exemple procura la conversion du plus grand nombre, les trois dont nous venons de parler, Dom Mathurin De la Haïe et Dom Ambroise Laffilé, avec quelques autres, ayant embrassé la réforme comme lui et s'étant rendus les imitateurs de sa vertu, comme ils l'étoient de son changement d'habit. Il passa tout le temps de son noviciat dans une grande ferveur. Son exactitude aux plus petits devoirs le rendit le modèle de tous ceux qui étoient entrés dans la même carrière, et quelque attention qu'eût son père, maître sur toutes ses actions, jamais il ne le trouva en défaut. Dieu lui avoit donné, avec les dons de la grâce, ceux de la nature, un riche naturel, une humeur douce, et des inclinations au bien, qui le faisoient aimer de tout le monde. Il avoit un goût particulier pour l'oraison; il en faisoit ses plus chères délices, et il n'en sortoit jamais que plus fortifié dans la résolution de se donner à Dieu sans partage et de mener une vie toute intérieure.

Après l'année de son noviciat, il fit sa profession le 10 décembre 1618, âgé de vingt-cinq ans. Cette nouvelle obligation qu'il venoit de contracter par ses vœux redoubla sa ferveur, et bientôt il arriva à la plus haute perfection, en sorte qu'on le regardoit dès lors comme un de ces saints religieux qui ont sanctifié le monastère de Jumiéges, en s'y sanctifiant eux-mêmes. Les supérieurs voulant répandre l'odeur de sa sainteté au delà des limites de la presqu'île, et le rendre utile à plusieurs le nommèrent en 1626 prieur du Bec, où l'on venoit d'établir la réforme, et lui donnèrent en même temps la charge de maître des novices. On ne pouvoit faire un choix plus judicieux, et quoique la congrégation eût de grands hommes, il eût été difficile de trouver en un autre les qualités que St. Benoît demande pour ces deux emplois dans un degré aussi éminent. Il étoit honnête, bienfaisant, affable, modeste et d'une douceur insinuante qui gagnoit tous les cœurs. Il fut universellement regretté des prêtres et des novices du Bec, lorsqu'en 1633, il fut nommé prieur de Bonne-

Nouvelle de Rouen, où il falloit un supérieur d'un mérite distingué pour ménager des amis et des protecteurs à la congrégation qui n'avoit pas encore l'abbaïe de Saint-Ouen; quelques-uns des principaux de la ville lui ayant demandé un jour, dans une visite qu'ils lui rendoient, des nouvelles d'Etat, il leur répondit simplement qu'il n'en savoit point; ils réitérèrent leur demande, et il leur fit la même réponse. Enfin, comme ils faisoient de nouvelles instances, il leur dit : « Puis-« que vous voulez, Messieurs, que je vous dise quelque « chose de nouveau, je vais vous faire part de ce que « j'ai appris aujourd'hui dans St. Ambroise, » et il leur rendit compte de sa lecture. Cette réponse simple et édifiante leur fit connoître quel étoit son caractère et leur inspira pour lui une vénération singulière. Comme il avoit toujours l'esprit occupé de Dieu, il ne pouvoit parler que de lui, et il s'étoit fait une loi d'oublier entièrement le monde et tout ce qui passe.

Au chapitre général de 1636 il fut élu visiteur de la province de France, et en 1639, visiteur de la Normandie et prieur de l'abbaïe du Bec. Ces deux grands emplois réunis dans sa personne, ne servirent qu'à faire connoître de plus en plus sa suffisance, son esprit et ses talents. Il s'acquit l'estime, la vénération et les cœurs de ses religieux, les porta par amour à la pratique de leurs devoirs, gouverna sa province avec prudence et fermeté et maintint l'observance dans sa pureté et sa vigueur. Après avoir exercé pendant six ans la charge de visiteur, on l'envoya prieur et maître des novices à Vendôme, où il demeura jusqu'en 1648. Il fut alors nommé prieur de Saint-Denis, en France, où il donna des preuves de sa probité et de sa vertu. Les religieuses bénédictines de Chelles l'élurent pour visiteur et reçurent de lui toute la satisfaction qu'elles pouvoient espérer. M. Molé, premier président du parlement de Paris, y avoit deux filles religieuses. Informé par elles du mérite du père Theroude, il lui rendit plusieurs visites à Saint-Denis et lui donna toutes les marques d'une amitié sincère, prenant plaisir à abaisser sa grandeur jusqu'à la cellule de ce religieux, et trouvant une consolation sensible à s'entretenir avec lui de la vanité du monde, de ses honneurs et de ses plaisirs. Dom Theroude s'étoit fait un recueil de sentences des Pères sur ce sujet et se l'étoit rendu familier par le fréquent usage; les livres de la Sagesse étoient aussi sa lecture ordinaire, il les portoit toujours avec lui et en faisoit la matière de ses méditations en campagne et le sujet de ses entretiens.

Les grands travaux qu'il avoit soufferts au service de la religion et l'austérité de sa pénitence altérèrent son tempérament et le firent penser à se retirer dans une solitude, pour ne s'y appliquer qu'à l'unique nécessaire. Ses infirmités ayant beaucoup augmenté sur la fin de son gouvernement à Saint-Denis, il conjura les supérieurs de lui accorder sa décharge. Pour remplir en quelque chose ses désirs et ne pas priver la congrégation d'un supérieur si expérimenté, le chapitre général de 1651 le nomma prieur des religieux de Chelles, où il étoit aimé et estimé et où il pouvoit prendre du soulagement sans préjudice de la régularité ; mais il préféra son repos à toutes ces considérations dont il se croyait indigne, parce qu'elles étoient accompagnées de l'honneur de la supériorité, et il supplia le régime de le laisser simple religieux pour se préparer à la mort. On ne put se refuser à ses instances si souvent réitérées, et il fut envoyé à Jumiéges où il avoit fait sa première et sa seconde profession.

Il ne se peut dire combien il fut consolé de cette résolution des supérieurs. Il regarda dès lors Jumiéges comme le lieu de son repos ; il n'eut plus d'autres pensées que celle de l'éternité ; il en parloit souvent et disoit : « Il faut se préparer au voyage de la terre « sainte ». Etant arrivé à Jumiéges, il oublia les grands emplois qu'il avoit eus, et pria son supérieur de lui donner le soin d'ôter les araignées du monastère, ce qu'il fit avec beaucoup d'humilité et très grand mépris de lui-même, tant que sa santé le lui put permettre. Elle fut fort chancelante le reste de sa vie, Dieu l'ayant voulu purifier par de fréquentes indispositions, que le serviteur soumis reçut toutes de sa main avec actions de grâces. Sa demeure la plus ordinaire fut l'infirmerie où il donna de grands exemples de patience et de conformité à la volonté de Jésus-Christ, souffrant de zèle et d'amour pour les exercices réguliers, tirant des forces de sa faiblesse même pour assister à la grand'messe et aux vêpres autant de fois qu'il n'étoit pas arrêté au lit.

Depuis son retour à Jumiéges, le noviciat, qui en avoit été retiré en 1639, y fut rétabli. Le bon père, qui avoit un amour tendre pour les novices, et qui en avoit élevé un grand nombre au Bec et à Vendôme, en fut extrêmement consolé. Il prenoit plaisir dans les récréations à les entretenir de choses saintes; il auroit souhaité les suivre de corps partout comme il les suivoit en esprit. Quand ils étoient au travail des mains, dans un lieu où il pouvoit les voir, il se faisoit un divertissement innocent de les regarder travailler avec ferveur; il s'unissoit à eux, offroit leur travail à Dieu et le prioit de le bénir. Il voulut assister pendant quelque temps aux conférences que leur faisoit Dom Mommole Geoffroi, leur père maître, afin de donner par sa présence du poids et de l'autorité à ce saint exercice. Enfin le temps étant venu auquel Dieu vouloit récompenser ses bonnes œuvres, il fut attaqué d'une fièvre continue, qui lui fit croire qu'il devoit se préparer à la mort dans le temps même que l'église se prépare à la naissance du fils de Dieu parmi les hommes. Le médecin l'ayant vu en porta ce jugement et le fit connoître au malade, qui loin de s'effrayer de cette nouvelle, en témoigna de la joie et dit au père prieur qui le vint voir quelques moments après : « *C'est cette fois, mon père, qu'il faut faire le voyage de la terre sainte.* » Le prieur lui ayant demandé s'il ne le disoit pas de tout son cœur : « *Oui,* répondit-il, *et j'ai eu de la joie en apprenant cette nouvelle. J'irai dans la maison du Seigneur; c'est mon espérance, je l'attends de la miséricorde de mon Dieu.* » La maladie augmentant, il demanda le Saint Viatique, qu'il reçut à genoux sur un oratoire et en froc, avec une piété digne de sa foi. Peu après on lui donna l'extrême-onction, et après l'avoir reçue, il demanda ses habits qu'on lui avoit ôtés pour faire les onctions avec plus de facilité, voulant paroître vêtu et non pas nu devant le Seigneur à son dernier moment. Quelques heures avant de mourir, il se découvrit la tête et s'inclinant vers le père prieur, il lui demanda sa bénédiction et s'endormit du sommeil des justes en présence de tous les religieux de la maison qui étoient en prières dans sa chambre, le 18 décembre 1656, le même jour et à la même heure qu'il avoit fait profession dans la congrégation de St. Maur, trente-huit ans auparavant. Il fut enterré dans le cloître du côté du chapitre.

Ainsi finit l'année 1656. La suivante commença par la réception de Henri d'Orléans, duc de Longueville, prince souverain de Neufchâtel et gouverneur de Normandie. Il fut reçu par le père prieur et la communauté en chapes, sous la grande porte de l'église d'où, après une courte harangue, on le conduisit au chœur, et de là à la salle des hôtes où M. Lallemand, maître des requêtes, le suivit avec M. le Procureur général et plusieurs conseillers du parlement de Rouen, le président de la Chambre des comptes, les grands maîtres et quelques officiers des eaux et forêts de la province. Ces Messieurs, croyant lui faire leur cour, avaient envoyé de la viande et du gibier ; mais le prince voulut faire maigre et protesta qu'il aimoit mieux ne jamais manger de viande que de donner atteinte aux constitutions de la congrégation de Saint-Maur, dans un lieu où il savoit par lui-même qu'elles étoient scrupuleusement observées. Il en usa de même au souper et pendant les trois jours qu'il demeura dans l'abbaïe. Ceux de sa suite firent gras, hors le monastère, où, de l'avis de Dom Mommole Geoffroi, le prince fit transporter tout ce qu'ils avoient envoyé, ne voulant pas même leur permettre comme étrangers de manger à l'infirmerie.

On n'observa pas le même cérémonial, l'année suivante, à la réception de M. l'évêque d'Olone, qui faisoit les visites du diocèse en l'absence de M. l'archevêque de Rouen. Le père prieur accompagné seulement de quatre religieux, conformément aux ordres du père général, que le prieur de Saint-Wandrille avoit consulté sur ce point, le reçut à la porte du cloître et le mena comme hôte à l'église ; mais il refusa de l'admettre à la visite du Saint-Sacrement que l'évêque s'étoit proposée et qu'il demanda de faire comme représentant la personne de M. l'Archevêque, à qui l'on ne pouvoit contester ce droit. Les religieux répondirent avec toute l'honnêteté possible qu'ils reconnoisssoient le droit de leur prélat, et qu'il en pourroit jouir quand il lui plairoit ; mais que ce droit n'étoit attaché qu'à sa personne, et qu'ils ne le croyaient pas de nature à être communiqué. L'évêque qui voyoit un notaire présent avec des témoins n'insista pas davantage, dans la crainte qu'on appelât au Saint-Siége de ce qu'il pourroit ordonner. On le conduisit à la salle, on lui fit un grand repas et il continua son voyage sans avoir été vu que du prieur et des quatre religieux qui l'avoient reçu à son arrivée, et dont le père général approuva la conduite par une lettre datée de Saint-Germain-des-Prés le 13 mai 1658.

Cette même année et la suivante, on mit pour près de quatre mille livres d'ornements à la sacristie, outre le présent que lui fit, à sa profession, frère Adrien Evrard d'un bénitier d'argent, pesant onze marcs six onces, et d'un reliquaire du poids de quatre marcs et demi, dans lequel on enchâssa une petite portion d'une côte de St. Laurent, dont M. d'Etages, aumônier ordinaire du roi en son artillerie, et depuis curé de Saint-Ouen-de-la-Salle-Cocquerel, au comté de Harcourt, avoit fait don à l'abbaïe en 1644. Il tenoit cette sainte relique, avec une partie de la mâchoire de St. Jérôme, qui ne fut enchâssée qu'en 1605, de la libéralité des moines de Saint-Mathias-de-Trèves, qui la lui avoient donnée après le siège de leur ville par les Français en 1632. M. d'Etages en dressa alors un procès-verbal que l'on conserve encore dans le trésor de Jumiéges.

Il y auroit quantité d'autres observations à faire à la louange des religieux de Jumiéges, sur l'embellissement de plusieurs chapelles dans la grande église, sur les réparations des lieux réguliers, sur la nouvelle forme des jardins et terrasses, et sur les plantations de toute espèce dans leur ferme et dans la forêt du Torp, qu'on avoit négligé de replanter depuis que le cardinal Charles de Bourbon l'avoit fait abattre pour se dédommager des frais d'une collation qu'il avoit donnée à Henri III en 1582. Mais nous n'insisterons pas sur ces objets dont le détail seroit ennuyeux, et nous passons à ce qui arriva de plus important sous le gouvernement de Dom Vincent de Marsolles, que le chapitre général établit prieur de Jumiéges au mois de juin de l'année 1660 à la place de Mommole Geoffroi, transféré par le même chapitre à Saint-Alire-de-Clermont. Ce dernier dont le nom mérite d'être consigné avec distinction dans les annales de l'abbaïe, pour en avoir procuré l'avantage pendant six ans qu'il la gouverna, avoit souvent assemblé la communauté avant son départ pour aviser aux moyens de prévenir toute contestation avec M. l'abbé au sujet de 60 mines de blé et de 760 livres de rentes en argent, dont la mense abbatiale étoit chargée envers les religieux par les concordats avec le cardinal de Ferrare et ses successeurs. Quelques religieux, en conséquence de ces assemblées capitulaires, avoient un pouvoir spécial et très étendu pour conclure avec M. l'Archevêque qui leur devoit les arrérages de cinq années; on étoit même convenu avec lui des articles d'une transaction; mais les conditions extraordinaires et compliquées empêchèrent qu'elle n'eût lieu. Dom Vincent de Marsolles, successeur de Dom Geoffroi, leva tous les obstacles à son arrivée, dans une visite qu'il fit à M. l'Archevêque; la transaction fut conclue le dernier jour de juin et homologuée le cinq juillet suivant; elle portoit en substance que M. l'abbé cédoit aux religieux les terres et seigneuries de Montihart et du Valbouet, situées dans les paroisses de Saint-Paër et d'Epinay ; qu'au moyen de cette cession, il demeuroit déchargé à l'avenir de 60 mines de blé et des 760 livres en argent, stipulées dans les concordats entre eux et ses prédécesseurs, et que pour le dédommager de la valeur de ces deux terres et seigneuries, beaucoup plus considérables que le prix de sa redevance, il avoit reçu de ses religieux une somme de 4,000 livres, outre la remise de cinq années d'arérages qui leur étoient dues et qui montoient à plus de 6,000 livres.

Cette première affaire finie, Dom Vincent de Marsolles songea sérieusement, quoique avec un extrême déplaisir, à faire exécuter l'arrêt du parlement de Toulouse de l'an 1656, contre Messire Jean du Fay, comte de Maulévrier, avec lequel on étoit en contestation depuis dix ans. Cette dispute tomboit particulièrement sur le patronage de la chapelle de Saint-Nicolas-du-Trait, érigée de temps immémorial en succursale de l'église de Saint-André-d'Yainville. Si cette chapelle étoit aussi ancienne que l'église principale, c'est que les religieux qui conféroient la cure d'Yainville, en vertu de cette restitution du duc Guillaume, avoient également droit de présenter à la chapelle qui n'en étoit que l'annexe et qui étoit bâtie sur leur fonds. Cependant, ils eurent la douleur, en 1650, de voir attaquer leur droit par un de leurs plus respectables voisins, malgré les chartes de Guillaume Longue-Epée, de Richard I, de Richard II, de Robert et de Guillaumele-Conquérant, ostensives des restitutions et donations faites à l'abbaïe de Jumiéges, parmi lesquelles on lui fit voir celle d'Yainville et du Trait ; malgré l'acte de renonciation de Jean de Melun et de Jeanne de Tancarville au droit de patronage de la dite chapelle ; malgré la déposition des habitants d'Yainville et du Trait, de Sainte-Marguerite et autres lieux circonvoisins ; malgré les aveux rendus au roi par les religieux de Jumiéges, et leurs présentations sans nombre à la cure d'Yainville et chapelle de Saint-Nicolas-du-Trait, comme ne formant qu'un seul titre de bénéfice ; malgré la sentence du baillage de Rouen qui déclare qu'en 1513, lors de l'érection des fonts baptismaux dans la chapelle de Saint-Nicolas-du-Trait, le comte de Laval avoit renoncé par écrit à la présentation à la dite chapelle, connoissant qu'elle appartenoit aux religieux de Jumiéges ; malgré la sentence de l'official de Rouen, qui condamne le sieur De la Rue à réformer la qualité de curé du Trait-Yainville, qu'il avoit substituée à celle de curé d'Yainville et de Saint-Nicolas-du-Trait son annexe ; malgré la sentence qui ordonne que, sur la requête des trésoriers et paroissiens de Saint-André d'Yainville, le curé de ladite paroisse et chapelain du Trait diroit la messe et service divin en l'église Saint-André les jours de Pâques, Pentecôte, Toussaint et fête du patron et enjoindroit à ses paroissiens du Trait d'y assister. La lumière brilloit dans les ténèbres ; mais M. du Fay, ne voulut point alors ouvrir les yeux à la lumière, et c'est ce qui occasionna l'arrêt du parlement de Toulouse dont nous avons parlé, et dont le père de Marsolles se vit obligé de poursuivre l'exécution sur l'avis qu'il reçut des nouvelles entreprises de M. le comte de Maulévrier à qui cet arrêt, quoique rendu contradictoirement, parut trop faible pour ruiner ses prétentions.

Il ne fut plus question néanmoins entre les contendants du droit de présentation à la chapelle de Saint-Nicolas. M. du Fay, en y renonçant forcément, se retrancha à la seule demande des droits honorifiques, comme seigneur châtelain et haut justicier du Trait; ou plutôt, avant de les demander, il les usurpa, fondé sur ce que la chapelle de Saint-Nicolas n'étoit autre qu'une chapelle de Saint-Martin donnée autrefois à l'abbaïe par Simon, comte d'Evreux, et Mathilde, son épouse, dont il tenoit la place. Il y avoit eu constamment une chapelle de Saint-Martin au Trait, dans laquelle le comte Simon, comme fondateur, pouvoit avoir les droits honorifiques, lorsque le prêtre de Saint-Nicolas la desservoit, mais cette chapelle n'a jamais été la même que celle de Saint-Nicolas. Le titre le porte expressément. Quoi qu'il en soit, M. du Fay, appuyé sur ce fondement ruineux, prit la qualité de patron honoraire dans les aveux qu'il se fit rendre à cause de sa châtellenie; il fit ôter l'image de Saint-Nicolas qui étoit au côté de l'évangile et fit mettre en la place l'image de Saint-Martin avec ses armes et une inscription au bas portant qu'il étoit patron de cette église; il fit mettre une ceinture funèbre autour de la chapelle, tant par dedans que par dehors et dresser un procès-verbal que le sergent n'osa signer, mais dans lequel il osa bien assurer que M. du Fay lui avoit fait remarquer ses armes gravées sur la queue du coq du clocher et d'autres endroits de l'église. Les religieux, informés de ces entreprises, en firent dresser un procès-verbal et assignèrent M. du Fay au grand Conseil, où il fut condamné, par arrêt du troisième jour de mars 1661, à faire ôter son titre, ses armes et son banc, avec défense de faire pareilles entreprises à l'avenir, et de jamais prendre la qualité de seigneur honoraire dans l'église du Trait. L'arrêt fut exécuté selon sa forme et teneur, sans délai et aux frais de M. du Fay, qui ne le trouva pas mauvais, soit qu'il reconnût alors de bonne foi que ses prétentions n'étoient pas fondées, soit qu'il voulût s'épargner les frais d'une signification, qui seroit entrée dans les dépens auxquels il étoit condamné, soit enfin qu'il se proposât de se rapprocher des religieux, pour les engager ensuite à lui céder les mêmes honneurs qu'ils lui avoient contestés, comme il arriva en effet quelques années après. Mais auxquels de ces motifs attribuer une soumission si prompte? Est-ce au premier? Est-ce au second? Est-ce au troisième? Est-ce à tous les trois ensemble, ou même à quelqu'un des trois? Quiconque ne lira sur ce point que ce qui se trouve dans les mémoires de l'abbaïe ne sera pas en état d'en juger sitôt. En attendant, nous nous contenterons d'observer que sur le registre des actes capitulaires du mois d'août 1662, il est porté que le même seigneur mit opposition à leur droit de pêche dans la rivière de Seine, le long de son fief du Trait, prétendant que leur pêche ne devoit s'étendre que jusqu'au *Nouveau monde* où se termine la seigneurie de Jumiéges et d'Yainville. C'eût été pour de mauvais esprits la matière d'un nouveau procès ; mais les religieux de Jumiéges n'aimoient pas les contestations. Ils firent voir par leurs titres à M. du Fay que leur droit de pêche s'étendoit non-seulement jusqu'au Trait, mais jusqu'à Bliquetuit, et il n'en fallut pas davantage pour terminer la dispute ; tout ce que M. de Maulévrier demanda de plus, ce fut une déclaration par laquelle les religieux reconnoîtroient que les bornes qui avoient été placées sur les bords de la rivière, ne leur attribuoient aucun droit de seigneurie sur les terres, mais sur les eaux et pêcheries qui se trouvoient dans l'étendue de son fief, ce qui lui fut accordé.

Il avoit eu la même complaisance pour eux, en 1657 et 1659, au sujet des limites de sa seigneurie, et des terres qu'il possédoit dans leur mouvance, en sorte qu'en 1664, trois ans après l'arrêt du grand Conseil, les religieux, pour entretenir l'union entre les deux maisons, consentirent de lui céder les droits honorifiques dans leur église du Trait, aux conditions que les armes de l'abbaïe seroient placées en lieu convenable à ses frais et dépens, et qu'il reconnoîtroit et feroit reconnoître par ses vassaux et habitants du Trait pour l'église principale la paroisse de Saint-André-d'Yainville aux quatre fêtes solennelles de Pâques, Pentecôte, Saint-

André et Noël suivant les anciens titres, arrêts et transactions sur ce intervenus. Ces conditions, *cessant lesquelles lesdittes concessions n'auroient point été faites*, furent proposées par M. de Maulévrier même, et signées des parties le 9 septembre de l'année 1664. Cependant on en souffre qu'Yainville ne soit plus que la succursale du Trait, que le curé ne vienne plus y officier aux trois fêtes solennelles, et que les habitants de son hameau ne fassent pas même la fête de Saint-André. Quoi qu'il en soit de cette tolérance, qui ne fera jamais un titre contre l'ancien usage, M. du Fay se montra fidèle à ses engagements et ami des religieux de Jumiéges jusqu'à solliciter leurs prières par des bienfaits. C'est ce que porte encore le livre des délibérations capitulaires, où il est fait mention en cette même année d'une donation, en pure et libérale aumône, au petit couvent, par M. de Maulévrier, d'une maison et masure proche le manoir seigneurial d'Yainville, avec trois vergées de prés dans le petit manoir.

Deux ans auparavant, Dieu avoit sentir aux religieux de Jumiéges les effets de sa puissance et de sa bonté par la guérison miraculeuse de plusieurs d'entre eux qu'une fièvre maligne avoit réduits à l'extrémité. Dom Nicolas Barbelin, l'un des anciens qui avoient embrassé la réforme, et cinq de ses confrères, tant prêtres que novices, étoient morts de cette maladie; ceux qui en étoient actuellement attaqués n'attendoient eux-mêmes que le trépas, sachant l'inutilité des remèdes employés par les plus habiles médecins, pour procurer la guérison de ceux qui les avoient précédés à l'infirmerie. Dom de Marsolles, leur prieur, n'en avoit pas une idée ; Dieu, dit un religieux contemporain et témoin oculaire, ne permettant pas qu'il eût sitôt recours à lui, afin de couronner les mérites de ceux qui avoient glorieusement fourni leur carrière, et d'apprendre aux moines parfaits à se détacher de plus en plus des choses de la terre par de salutaires réflexions sur la fragilité et l'instabilité de leurs jours, qu'une maladie imprévue pouvoit terminer lorsqu'ils y penseroient le moins. On continua d'employer les secours humains, mais aucun ne produisit l'effet qu'on en attendoit. L'inefficacité des remèdes fit enfin ouvrir les yeux : on se souvint quoique tard, continue le témoin que nous venons de citer, des merveilles que Dieu avoit autrefois opérées par les mérites de St. Valentin. On sollicita son intercession par des prières publiques, on fit une procession solennelle avec son chef autour des murs de l'abbaïe, et l'on ne se fut pas plutôt mis en marche que la violence du mal s'apaisa ; les malades devinrent convalescents et les convalescents furent parfaitement guéris.

On rapporte au temps de ces guérisons subites et des actions de grâces que les religieux en rendirent au souverain médecin des âmes et des corps, la translation des pariétaux, c'est-à-dire du troisième et quatrième des os de la tête de St. Léger, martyr et évêque d'Autun, et du crâne entier de St. Aicadre, second abbé de Jumiéges, d'une châsse de bois doré et un chef d'argent du poids de vingt-quatre marcs et demi, monté sur un piédestal d'ébène, dans lequel on inséra quelques autres ossements de saints, dont les noms sont demeurés inconnus. On y lit cependant celui de Marie. Dom Vincent de Marsolles, qui avoit présidé à cette cérémonie par ordre du père général, dressa un procès-verbal de ces saintes reliques et le fit mettre dans le trésor avec les noms de frère Charles Chrétien et de frère Pierre Sauvage, qui s'étoient joints ensemble pour faire présent à l'abbaïe de ce magnifique reliquaire le jour de leur profession.

La célèbre abbaïe de Saint-Ouën-de-Rouen étoit alors desservie par des religieux de la congrégation de Saint-Maur, qui, ne pouvant subsister de ses revenus à cause des pensions qu'ils étoient obligés de faire aux anciens, eurent recours au chapitre général pour être assistés par les monastères de la province. Celui de Jumiéges fut taxé à mille écus, comme il paroit par une quittance du cellérier de Saint-Ouën, en date du 30 décembre 1662. Il supporta cette charge pendant plus de douze ans, et s'en imposa même plusieurs autres par le seul désir de procurer la gloire de Dieu et de faire du bien à ceux qui le servent. Il en usa de même à l'égard des religieux de Beaumont-en-Auge et de Saint-Etienne-de-Caen, où la réforme fut introduite l'année suivante ; ce qui n'empêcha pas Dom Vincent de Marsolles d'écouter favorablement les représentations des habitants de Conihout sur la perte prochaine de leurs héritages le long de la rivière de Seine, si sa charité ne le portoit à faire arrêter par de bonnes digues les débordements de la rivière et la violence de la barre qui enlevoit jusqu'à leurs maisons. Le charitable prieur promit de les secourir, et l'effet suivit de près la promesse. Le 19 mai 1663, on fit marché avec un charpentier, moyennant quatre mille cent livres pour la construction d'une digue de quinze cents pieds de longueur, aux Hogues, où la barre faisoit ordinairement de plus grands ravages. Les premiers pieux furent plantés au mois de juin, et l'on travailla avec tant d'ardeur à cet ouvrage, qu'il fut achevé en moins de cinq mois. On répara les digues de la rue du Leudier et du fossé de Lérot dans les années suivantes; mais il en coûta peu aux religieux, le roi leur ayant accordé, au lieu des baliveaux qu'ils lui avoient demandés, une somme de cinq mille cinq cents livres sur la recette de ses bois dans le bailliage de Rouen.

Dom Vincent de Marsolles, secouru par la libéralité de M. Seître, prêtre du diocèse de Rouen, commença cette année son second triennat à Jumiéges par faire élever les murailles d'un corps de bâtiment à l'entrée du monastère pour y transporter la bibliothèque, qui avoit été conservée jusque-là dans une grande chambre au-dessus du vestibule entre le cloître et l'église de Saint-Pierre. Ce nouveau logement, beaucoup plus spacieux et plus dégagé que l'ancien, qu'on avoit été forcé d'abandonner parce qu'il n'étoit pas susceptible d'accroissement, est un des plus curieux et des plus riches monuments de la province, non-seulement pour le vaisseau, mais pour le nombre et la valeur des livres qu'il renferme. Sa longueur est de 100 pieds ; sa largeur de 30 pieds 10 pouces en dedans, non compris le cabinet, et sa hauteur de 15 pieds 3 pouces. Une des principales beautés de cet édifice est d'être bien percé. Dix croisées, chacune de 9 pieds 6 pouces de hauteur sur 6 pieds 10 pouces de large, règnent aux deux côtés et lui donnent une très grande clarté. Le pavé est de pierre de Caen et le plafond de bois de sapin. Deux grandes tablettes, à sept planches et hautes de douze pieds, occupent les extrémités de ce vaisseau dans toute sa longueur et même dans une partie de sa longueur ; neuf autres tablettes de même hauteur et larges seulement de 10 pieds 6 pouces remplissent l'espace d'entre les croisées et ont également sept rangées de livres, sans y comprendre les pupîtres de huit ou neuf pouces disposés entre la troisième et quatrième planche pour la commodité des lecteurs. Quant au fond de la bibliothèque, il n'excédoit pas alors le nombre de 600 volumes manuscrits, et les livres imprimés étoient presqu'en aussi petite quantité. Dom de Marsolles l'augmenta considérablement de son temps. Quelques-uns de ses successeurs ont marché sur ses traces et l'ont enrichi de plusieurs milliers de volumes ; mais celui qui l'a le plus augmenté et qui a le plus témoigné d'affection et de goût pour les bonnes lettres est Dom Louis-Charlemagne Fontaine, qui y a mis en onze ans plus de 3,000 volumes, tant in-folio qu'in-quarto et in-douze, en sorte qu'aujourd'hui, la bibliothèque est fournie de près de 1,000 livres imprimés en toutes sortes de langues ;

mais, d'un autre côté, elle a perdu près de 200 volumes manuscrits.

A quelque temps de là, l'abbaïe de Jumiéges fut privée d'un des plus saints religieux qu'elle eût encore renfermés dans son sein depuis l'introduction de la réforme. Nous parlons de Dom Pierre Barré, mort le 14 février 1665, après avoir été un modèle de vertu dans le siècle et dans le cloître. Dès sa plus tendre jeunesse, il fut porté à la piété et à l'étude, et il fit de si grands progrès dans l'une et dans l'autre, qu'à l'âge de vingt-cinq ans il fut nommé chanoine et curé de Chinon, en Touraine, lieu de sa naissance. C'étoit entrer de bonne heure dans le saint ministère; mais M. Barré, quoique jeune, avoit toute la sagesse et toute la maturité des vieillards. La connoissance et l'amour de ses devoirs étoient gravés dans son cœur, et il cherchoit à les communiquer à tout le monde. Dieu lui avoit donné des talents admirables pour la conduite des âmes et de plus grands encore pour la prédication, à laquelle il s'appliqua pendant vingt-cinq ans, avec un zèle et un succès qui lui acquirent la bienveillance de tous les peuples de la province et particulièrement des personnes de qualité, dont plusieurs, et entre autres M. le marquis de Beauvau, le prièrent de tenir leurs enfants sur les fonts du baptême.

L'estime qu'on avoit conçue pour M. Barré n'étoit pas fondée sur une lâche complaisance pour les grands. Il n'auroit pas été vrai disciple de Jésus-Christ, s'il eût agi par un principe si contraire à sa morale. Il traitoit les personnes de distinction avec respect et avec honneur; mais il ne laissoit pas de leur donner des avis et de les reprendre dans l'occasion avec une liberté qui, quoique assaisonnée d'égards, de cordialité et de tendresse, leur faisoit connoître ce qu'ils étoient et ce qu'ils devoient à Dieu. C'est ce qui parut un jour, lorsqu'après avoir célebré la sainte messe et faisant son action de grâces dans la sacristie, on vint l'avertir que le prince de Condé, gouverneur d'Anjou, l'attendoit dans l'église. Il ne quitta pas sa prière pour aller lui parler, et lorsque le prince impatient vint le trouver lui-même et voulut l'entretenir, le pieux ministre lui dit avec humilité que le temple de Dieu n'étoit pas un lieu convenable pour les entretiens avec les hommes, et que, s'il le trouvoit bon, ils iroient dans un autre endroit : ils sortirent l'un et l'autre, et ayant remarqué que le prince en passant devant le Saint-Sacrement ne lui avoit fait qu'une légère révérence, il lui représenta, non avec un air de suffisance, qui révolte souvent contre la vérité, et toujours contre ceux qui la disent, mais avec une liberté respectueuse et pleine de confiance, que le prince qui résidoit sur l'autel étoit son Seigneur, et qu'il lui devoit ses adorations en fléchissant les genoux. Le prince le fit sans paroître fâché de ses remontrances, et par sa docilité, il donna occasion au saint prêtre de lui parler de sa conscience, des dispositions pour approcher dignement du sacrement de pénitence et du choix d'un confesseur zélé, prudent et éclairé. Ces sages exhortations et ses bons avis furent d'une grande utilité au prince, peu de temps après, pendant sa détention : il conçut une haute estime pour celui qui les lui avoit donnés, il en parloit comme d'un saint et ne manquoit pas de se recommander à ses prières lorsqu'il envoyoit dans le pays ou qu'il en trouvoit quelqu'autre occasion.

En 1632, le curé de Chinon fut appelé à Loudun pour exorciser les religieuses Ursulines de cette ville, dont la possession, vraie ou supposée, partageoit tous les esprits. Les choses surprenantes et au-dessus de la force et de l'adresse humaine qui se passèrent à son arrivée le déterminèrent à croire la possession réelle. Il commença les exorcismes, et secouru de plusieurs ecclésiastiques et religieux qui lui furent associés dans la suite, il continua avec un zèle infatigable les pénibles fonctions de ce ministère à Loudun, à Chinon et à Bourgueil, jusqu'en 1638, qu'il fut tout à fait rendu à son peuple par l'archevêque de Tours.

Nous savons qu'un écrivain protestant s'est attaché uniquement, dans son histoire des diables de Loudun, à faire passer la possession des religieuses de cette ville pour un stratagème du cardinal de Richelieu et du père Joseph qui, selon lui, vouloient immoler Urbain Grandier à leur vengeance, et M. Barré, pour un méchant homme qui favorisoit leur passion. Nous savons aussi que d'autres écrivains modernes ont adopté ces sentiments, et l'auteur des causes célèbres a regardé le curé de Saint-Jacques de Chinon comme un homme atrabilaire, visionnaire taxé d'hypocrisie, et qui brûloit d'ambition de passer pour un saint (a). Nous savons

(a) Tome II, p. 370.

aussi qu'il en parle comme d'un homme d'intrigues et fauteur des possessions de Loudun et de Chinon, et que, pour ne le pas laisser seul impuni de tous les exorcistes, il ne fait pas difficulté d'avancer comme un fait certain qu'il fut privé de sa cure et de sa prébende, banni du diocèse de Tours et relégué au Mans, où il se tint caché jusqu'à la fin de sa vie (a). Mais, qui ne voit que tout ce récit n'est qu'une imposture, qui n'a d'autre fondement que l'animosité de l'historien protestant contre le cardinal de Richelieu, qui avoit été le principal fléau des Calvinistes? Si ce ministre eût voulu se venger d'Urbain Grandier, n'étoit-il pas assez puissant, dit le père Daniel, pour perdre un ennemi si faible en comparaison de lui, sans avoir recours à l'accusation de sortilége? S'il a engagé les religieuses de Loudun à dire qu'elles étoient possédées, et le sieur Barré à soutenir la possession, où sont les preuves? L'hérétique n'en donne aucune. Les écrivains modernes ayant puisé dans la source empoisonnée des Diables de Loudun sont réfutés avec l'auteur de cette histoire. Quant aux soupçons d'hypocrisie et d'intrigues formés ou adoptés par M. Galyot de Pitaval, auteur des causes célèbres, pour détruire l'idée de sainteté qu'on avoit du curé de Chinon, il est d'autant plus facile de s'en désabuser que M. Galyot de Pitaval semble insinuer qu'il ne faut (b) les envisager, ainsi que le secret de la possession que comme une conjecture qui lui paroît

(a) *Ibid.*, p. 521, 534 et suivantes.
(b) *Ibid.*, p. 367.

à la vérité très juste et bien fondée, mais qui, dans le vrai, n'est qu'une conjecture contre laquelle il permet de s'inscrire en faux, témoignant ne pas craindre l'événement de cette inscription. Nous ne dirons point, avec les auteurs de l'histoire manuscrite de la congrégation de Saint-Maur, que la vie irréprochable et apostolique que le sieur Barré avoit menée jusqu'alors fait sa justification : l'auteur des causes célèbres reconnoît qu'on en avoit une bonne opinion, et que cette idée avantageuse étoit capable de faire croire sur sa parole que la possession étoit réelle; mais nous ne pouvons nous empêcher de dire que le curé de Chinon, qu'on nous annonce comme déposé de sa cure et de sa prébende en 1638, possédoit encore l'une et l'autre à la fin de l'année 1640; que, pendant qu'on le dit relégué au Mans, en punition de ses intrigues et de ses impostures, il étoit au noviciat des bénédictins à Vendôme, où il fit profession le 19 mai 1642, et que, loin d'être mort au Mans, où l'on veut qu'il se soit tenu caché jusqu'à la fin de sa vie, il en passa les quinze derniers jours à Jumiéges où il mourut saintement en 1665. M. Galyot de Pitaval qui se pique d'avoir puisé (*a*) dans les meilleures sources, n'avoit certainement pas vu la matricule des religieux profès de la congrégation de Saint-Maur, ni le nécrologe de Jumiéges, qui ne sont pas des sources corrompues. Il n'auroit pas avancé avec tant de confiance que

---

(*a*) *Ibid.*, p. 352.

le lecteur seroit en état de juger sainement sur son rapport (a).

Quoi qu'il en soit, le serviteur de Dieu, après avoir prêché longtemps de parole le mépris du monde, voulut encore le prêcher d'exemple. Il le quitta à l'âge de soixante-deux ans et alla se faire religieux à Vendôme, où il prit l'habit et fit son noviciat avec le vénérable père Dom Claude Martin. Pour juger du sacrifice que fit alors M. Barré, il faut considérer qu'il avoit vécu dans le grand monde avec tout l'éclat et l'honneur qui peuvent flatter un ecclésiastique. Il avoit gouverné sa paroisse avec un zèle et un succès qui lui avoient acquis tous les cœurs de ses paroissiens. Il avoit rempli tout le pays de la bonne odeur de sa vie et de ses prédications ; il avoit du bien, et il en faisoit des libéralités aux pauvres. Il étoit maître de sa conduite, et elle étoit d'un rare exemple. En un mot, il ne lui manquoit rien pour être heureux. S'il avoit eu des ennemis en état de lui nuire, le cardinal de Richelieu, dont on suppose qu'il favorisoit la prétendue vengeance contre Grandier, l'auroit-il abandonné à leur discrétion? C'est une réflexion que M. Galiot de Pitaval auroit dû faire avant que d'écrire que M. Barré avoit été privé de sa cure et de sa prébende. Il quitta généreusement tous ces avantages pour s'enfermer dans un cloître et y mener la vie d'un enfant par la simplicité religieuse et le mépris des honneurs du siècle, dont Dieu lui découvroit de plus

(a) *Ibid.*, p. 332.

en plus les illusions. Quoique prêtre, curé, chanoine, et déjà avancé en âge, il soutint avec louange toutes les épreuves du noviciat. Il devint enfant avec les enfants, et ne se fit aucune peine de porter le chandelier ou l'encensoir avec un novice de dix-huit ou vingt ans. Le même zèle qui l'avoit fait briller dans le monde fit qu'il rechercha avec empressement tout ce qu'il y avoit de vil et de méprisable dans le monastère. Il prononça ses vœux avec une joie et une ferveur qu'on n'avoit encore remarquées dans aucun novice, et depuis le jour de sa profession il devint un homme tout pénétré de Dieu et des obligations d'un religieux.

Comme il s'étoit nourri toute sa vie des vérités divines, il n'eut pas de peine à les réduire en pratique dans le cloître. Son zèle pour le salut des âmes ne s'éteignit point pour avoir embrassé un état où le principal soin est de travailler à sa sanctification. Dieu lui ayant donné des talents pour la chaire, ses supérieurs l'obligèrent de les cultiver. Il le fit par obéissance et par inclination, surtout lorsqu'il s'agissoit de prêcher à des peuples qui avoient besoin d'instruction. Il ne discontinua pas cet emploi, malgré son grand âge, et ce fut toujours sans se relâcher d'aucune des austérités de la règle.

Etant un jour en chemin pour aller prêcher dans une paroisse dépendante de l'abbaïe de Jumièges, il tomba de cheval et se cassa la clavicule de l'épaule; la douleur fut violente, mais sa patience fut extrême. On le rapporta à l'abbaïe où il ne fit que bénir le saint nom de Dieu de ce que cet accident lui étoit arrivé en travaillant à lui gagner des âmes. Il souffrit l'opération sans proférer une seule parole et sans pousser le moindre soupir, tandis que ceux qui étoient présents frémissoient à la vue des maux qu'on lui faisoit endurer. Il avoit pour maxime qu'étant venu en religion pour faire pénitence, il n'y en avoit pas de plus salutaire que les maladies ou les accidents qui nous arrivent par un effet de la Providence. Il répétoit souvent qu'il étoit important de ne pas trop écouter la nature, qui est toujours portée à se flatter ; il regardoit l'infirmerie comme un lieu où l'on perd ordinairement le peu de mérites qu'on avoit acquis en santé. En conséquence, il l'appeloit la meurtrière de la vie intérieure et spirituelle ; et lorsqu'il y étoit, pour se débarasser des entretiens inutiles et colorés du spécieux prétexte de charité, il prenoit en main son bréviaire afin que ceux qui le venoient voir, le trouvant occupé, se retirassent sans l'interrompre.

Sitôt qu'il fut guéri de sa chute, il reprit les travaux de la prédication. Rien n'étoit capable de modérer son zèle ; il parloit d'une manière pathétique, touchante et proportionnée à la portée des auditeurs, en sorte qu'on voyoit clairement qu'il n'avoit d'autre désir que de gagner des âmes à Dieu. Aussi les pêcheurs les plus endurcis étoient touchés de componction, ils se jetoient à ses pieds pour confesser leurs désordres et entroient, sous sa conduite, dans la carrière de la pénitence. Lorsqu'il prêchoit dans une paroisse de campagne, son temps étoit partagé entre la célébration de la messe, la prédication de la parole de Dieu et le ministère de la confession, sans prendre aucune nourriture ; il revenoit ensuite à jeun au monastère sur les deux ou trois heures après-midi, et y puisoit dans la prière et dans la lecture de l'Ecriture sainte, de nouvelles forces et de nouvelles connaissances, pour recommencer quelquefois le lendemain son pénible ministère.

Après l'office de nuit, auquel il ne manqua jamais d'assister dans sa plus grande vieillesse, il demeuroit en prière et en oraison devant le saint-sacrement jusqu'à six heures où l'on disoit l'office de prime. Les vêpres finies, il restoit encore dans l'église jusqu'au souper ou jusqu'à la collation. Le reste de son temps étoit employé ou à la méditation ou à de saintes lectures dans sa chambre. Ainsi toute sa vie étoit comme une oraison continuelle, un recueillement et un silence perpétuels. Les jours mêmes accordés par la règle pour s'entretenir les uns avec les autres après le repas, il se retiroit à l'écart pour converser avec Dieu, et lorsqu'on le pressoit d'agir autrement, il répondoit que les conversations mutuelles étoient une indulgence et non une obligation ; qu'il s'y trouveroit cependant par obéissance, si on le lui ordonnoit, mais qu'il supplioit qu'on le laissât suivre son attrait pour le silence et la solitude. Il assista pendant plusieurs mois aux conférences que le prieur faisoit aux novices, avec une humilité et une ferveur admirables ; et, comme le prieur lui dit un jour qu'il pourroit faire quelque chose de mieux, il lui

répondit : « Le temps ne peut être mieux employé
« qu'à édifier le prochain ; je profite de ce que vous
« dites à ces jeunes gens. Plaise à Dieu me donner
« leur simplicité, et me renouveler par sa grâce et son
« amour. Je suis un vieux pécheur qui ai besoin de
« faire pénitence. J'espère que Dieu m'en fera la grâce
« par les prières de ces bons enfants, dont je prie
« Dieu de me donner la ferveur et les autres vertus. »

Il célébroit tous les jours la sainte messe, quelqu'incommodé qu'il pût être, à moins qu'il ne pût pas se soutenir. On l'a vu même être obligé de s'asseoir au commencement du canon pour reprendre ses forces afin de continuer le sacrifice. Il disoit que le fils de Dieu avoit célébré et consommé le sien sur la croix, ayant les pieds et les mains attachés avec des clous et la tête couronnée d'épines ; qu'il n'y avoit nulle comparaison entre les douleurs que Jésus-Christ avoit souffertes et celles qu'un mortel pouvoit endurer ; que cependant il falloit qu'il y eut du rapport des membres avec le Chef, et qu'il souhaitoit de tout son cœur mourir à l'autel pour être plus conforme à son divin maître. Ce fut dans ces dispositions que le jour même de sa mort, il célébra, quoiqu'avec une fièvre continue, qui annonçoit sa fin prochaine. Sa dévotion pour tous les mystères qui regardent la personne adorable du Fils de Dieu, étoit remarquable. Il passoit le temps de l'Avent dans un recueillement très-intime ; toutes ses méditations étoient sur ce divin mystère ; il entroit dans les sentiments et les désirs des saints patriarches, lorsqu'ils demandoient à Dieu, par les plus ferventes prières, la venue du Messie.

Le démon qu'il avoit combattu pendant toute sa vie et à qui il avoit enlevé tant d'âmes engagées dans l'iniquité, lui déclara une guerre cruelle sur la fin de ses jours. Il traça dans son esprit des images très vives de ce qu'il avoit autrefois entendu dans les confessions des personnes de l'un et de l'autre sexe, sans que cela eût fait alors sur lui la plus légère impression ; son corps atténué par l'âge, par la pénitence et par les travaux d'une vie apostolique, se mit de la partie ; tous ses sens se révoltèrent. Au milieu de ses agitations le saint vieillard ne trouva point d'autre remède, contre une tentation si honteuse, que dans l'humiliation et la simplicité avec laquelle il découvrit son état à son supérieur. Dieu ne permit ce combat que pour augmenter son triomphe. Son cœur, épuré par le feu de la tentation, comme l'or dans la fournaise, en sortit victorieux et plus digne de récompense. Enfin, Dieu couronna une si sainte vie par une sainte mort, le 14 février 1665, le quatre-vingt-cinquième an de son âge. Il est enterré au cloître du côté du réfectoire, au lieu où est gravé sur une pierre : « Le 14 février 1665. »

Le 22 mars de la même année mourut aussi à Jumiéges, frère Jacques Adalhard Wiard, religieux convers, natif de Péronne, au diocèse de Noyon. Il prit l'habit religieux à Corbie, et y fit profession le 2 de novembre 1625, âgé de 22 ans. Il se conserva toujours dans l'humilité de son état ; et comme c'est principalement aux humbles que Dieu donne ses grâces, il lui fit connoître l'heure de sa mort. Le jour que Dieu devoit le retirer de ce monde, il avertit le père prieur qu'il mourroit après la grand'messe, et le pria de le venir voir après avoir dit la sienne, et de ne point quitter son aube. Quoique Dom de Marsolles ne le crût pas si près de sa fin, il le vint voir par un esprit de charité, qui le rendoit complaisant à l'égard de tout le monde. Il ne le trouva pas plus mal que le matin, et il fit difficulté de lui donner l'extrême-onction, mais le malade l'y détermina en l'assurant qu'il n'avoit que le temps de lui administrer ce sacrement; et, en effet, il rendit l'esprit dans l'instant même que les assistants répondoient *amen* à la bénédiction que le père prieur lui donnoit. Il est enterré au cloître du côté du réfectoire où est gravé sur une pierre : « Le 22 mars 1665. »

Environ deux mois après la mort de frère Adalhart Wiard, M. l'archevêque de Rouen publia une ordonnance pour la signature du formulaire dressé par Alexandre VII et joint à sa bulle du 15 février 1665 contre les cinq propositions attribuées à Jansénius, et condamnées comme extraites de son livre intitulé *Augustinus*. La distinction du fait et du droit faisoit alors beaucoup de bruit en France. On vouloit bien condamner les cinq propositions ; mais plusieurs soutenoient qu'elles n'étoient pas dans Jansénius, et que sa doctrine étoit bien différente du sens qu'elles présentoient. Dom Bernard Audebert, supérieur général de la congrégation de Saint-Maur, appréhendant que dans cette diversité d'opinions, quelques religieux ne se laissassent entraîner au sentiment contraire à la décision du saint siège, écrivit à tous les supérieurs des monastères pour les exhorter à la soumission et au respect pour la bulle du saint père et le mandement des évêques, conformément à leurs volontés et aux règlements des chapitres généraux de la congrégation. La lettre est datée du 16 juillet 1665. Elle fut envoyée à Jumiéges avec la Déclaration du roi pour la signature du nouveau formulaire par tous les ecclésiastiques du royaume sans exception, même par les religieuses et les novices de l'un et de l'autre sexe avant leur profession. Dom de Marsolles attendit à en faire la lecture en public jusqu'à la fin d'août, afin de donner le temps à la réflexion et de ne rien précipiter dans une chose qui partageoit alors tous les esprits. D'ailleurs, on avoit trois mois pour se déterminer depuis la publication des mandements, et l'on ne vouloit pas se faire un mérite à Jumiéges de prévenir ce terme; mais quand il fut accompli, chaque religieux se fit un devoir de conscience de témoigner sa soumission et son acquiescement pour la décision du souverain pontife et pour l'ordonnance de l'archevêque de Rouen, au bas de laquelle étoit le formulaire que Dom Albert Marchand, visiteur de la congregation en Normandie, et Dom Vincent de Marsolles, avec 36 religieux de la communauté, tant prêtres que novices, signèrent avec joie, sans hésiter et bénissant Dieu de leur avoir fourni cette nouvelle occasion de donner des preuves de leur fidélité et de leur obéissance au chef de son Eglise.

Tout ce que nous avons rapporté jusqu'ici de Dom Vincent de Marsolles, n'est rien en comparaison de ce qu'en ont dit les historiographes de la congrégation de Saint-Maur, de qui nous empruntons quelques particularités de la vie de ce grand homme, dont un ami vient de nous envoyer le détail. Nous nous flattons qu'ils ne trouveront pas mauvais que nous les insérions dans l'histoire de l'abbaïe de Jumièges, où sa mémoire est encore en vénération. Ce seroit dommage qu'une si belle vie demeurât éternellement cachée dans le secret de la seule bibliothèque de Saint-Germain-des-Prés. Dom Vincent de Marsolles vint au monde à Dée, en Anjou, d'une bonne et sainte famille, vers le commencement de juillet 1616. Pour donner le jour à cet enfant de bénédiction il fallut ouvrir le côté de la mère. Ses parents, qui étoient vertueux, et qui, jusqu'alors, n'avoient pu élever d'enfants, vouèrent celui-ci à la Ste Vierge, et lui firent porter l'habit blanc en son honneur jusqu'à l'âge de sept ans, qu'il fut mis sous la conduite d'un bon prêtre, qui ne songea pas moins à former les mœurs de son élève qu'à lui cultiver l'esprit. Le jeune disciple parut avoir peu de facilité, et ne fit pas espérer d'abord de grands progrès dans les sciences ; mais il surmonta cette pesanteur d'esprit par une application infatigable, qui le rendit un des meilleurs humanistes de son temps. A l'âge de 15 ou 16 ans, il fut envoyé à la Flèche pour y étudier la philosophie sous les pères Jésuites, dont il ne se fit pas moins aimer et estimer que de ses condisciples pour sa science, sa douceur et sa prudence singulière.

Pendant ses études, il fit connaissance avec quelques religieux de Fontevrault qui étudioient à la Flèche. Le commerce qu'il eut avec eux lui fit naître le désir d'entrer dans leur ordre. Il y fut reçu avec joie de la part de l'abbé et des religieux qui lui donnèrent l'habit, malgré les protestations de sa mère, qui étoit accourue à Fontevrault au bruit de sa retraite. Il y fit profession à l'âge d'environ dix-neuf ans, et eut l'honneur d'y soutenir ses thèses de philosophie avec encore plus d'éclat et d'applaudissement qu'il n'avoit fait à la Flèche, en présence du duc de Vendôme, qui conçut dès lors pour ce jeune religieux, une estime dont il lui donna des marques dans toutes les occasions. Ses études achevées, l'évêque de Poitiers l'ordonna prêtre et le nomma confesseur. Le père de Marsolles se livra tout entier par obéissance aux pénibles fonctions de ce saint ministère ; mais il ne les exerça que dix-huit mois, ayant mieux aimé se retirer du consentement de l'abbesse de Fontevrault, que de demeurer plus long-temps dans un ordre où elle venoit d'obtenir toute juridiction sur les religieux.

De Fontevrault Dom de Marsolles vint à Paris dans le dessein d'entrer chez les chanoines réguliers ; mais lorsqu'il fut arrivé dans cette ville, il changea de résolution et prit la route de Bretagne, avec deux de ses confrères qui l'accompagnoient, et qu'il présenta au visiteur de la province pour être admis au noviciat dans la congrégation de Saint-Maur. Il y en avoit un pour lors à l'abbaïe de Saint-Melaine. Dom de Marsolles y fut envoyé à l'exclusion de ses deux confrères, dont la vertu, la sagesse et la maturité frappèrent moins le père visiteur, et il y fit profession le 7 septembre 1643, âgé de 27 ans. On ne le laissa, pour ainsi dire, que quelques jours dans l'obscurité d'une vie privée. Les talents admirables qu'il avoit reçus de Dieu pour l'éducation de la jeunesse le firent choisir dès l'année suivante pour sous-prieur et maître des novices à Saint-Melaine, où il se conduisit avec tant de zèle et de sagesse, que son nom devint célèbre dans toute la ville de Rennes, quoiqu'il ne fît jamais de visites et qu'il eût pour maximes, sous prétexte de ses occupations, d'abréger autant qu'il lui étoit possible, celles qu'on lui faisoit par honneur.

Les chapitres généraux le continuèrent dix-huit ans dans cet emploi, tant à Vendôme qu'à Saint-Remi de Reims et à Jumiéges, avec cette différence qu'il fut prieur et maître des novices en même temps, dans ces trois dernières maisons. Jamais on ne vit de novice plus exact dans la pratique de ses exercices, ni de supérieur plus zélé et plus attaché aux devoirs de sa charge. Il assistoit à tous les offices de jour et de nuit. Après matines, il renouveloit ses vœux, tant pour conserver le souvenir de ses engagements, que pour s'exciter à la vertu; à six heures et demie il disoit la sainte messe, à moins qu'il ne fût incommodé, et alors il ne manquoit point de l'entendre et d'y communier. Partout il étoit à la tête de ses religieux, dans les travaux humbles et pénibles, comme dans ceux qui l'étoient moins, lorsqu'il y avoit compagnie, comme lorsqu'il n'y en avoit point, ayant l'adresse de se retirer prudemment pour satisfaire son zèle et s'acquitter de ses obligations sans que personne pût s'en offenser. C'est le témoignage qu'en rendit un jour le père visiteur aux supérieurs assemblés dans une diète annuelle, ajoutant que son exemple et ses paroles soutenôient admirablement ses religieux dans la même exactitude, et qu'il ne croyoit pas que du temps de S. Benoît on gardât sa règle dans le monastère du Mont-Cassin, avec plus de ferveur et de promptitude qu'on l'observoit alors dans celui de Jumièges, sous la conduite de Dom Vincent de Marsolles.

L'humble et fervent prieur joignit aux talents que Dieu lui avoit donnés pour l'éducation de la jeunesse et le bon gouvernement d'une communauté l'exemple d'une vie pénitente et austère. Il mangeoit peu et ne buvoit que de l'eau. Il se couchoit toujours fort tard, et se relevoit souvent avant les matines, pour prier ou pour lire les saintes écritures, dans lesquelles il puisoit ordinairement toutes les vérités qu'il devoit enseigner aux autres, et qui donnèrent tant de consolation à la duchesse de Vendôme pendant sa retraite chez les religieuses du Calvaire, et au duc lui-même qui le venoit voir presque tous les jours par le seul désir d'apprendre de lui à aimer Dieu comme il faut l'aimer, et de lui ressembler en quelque chose à force de l'entretenir.

M. de Harlai, archevêque de Rouen et abbé de Jumièges, n'eut pas moins d'estime et de vénération pour Dom Vincent de Marsolles, que le duc et la duchesse de Vendôme avoient eu de confiance en lui. Il en parloit comme d'un saint et du plus grand maître de morale que Dieu eût donné à la congrégation de Saint-Maur. Il l'aimoit d'une affection singulière, et quoiqu'il fût lui-même un des grands hommes de son siècle, il ne rougissoit point de le consulter sur les affaires de son diocèse et de suivre ses avis. Les curés des environs, suivant l'exemple du prélat, avoient recours à lui dans leurs difficultés, et les laïques cherchoient les occasions de lui parler pour apprendre de lui à combattre le vice et à pratiquer la vertu; et les uns et les autres après l'avoir entendu s'en retournoient satisfaits et meilleurs.

Nous avons observé plus haut qu'il ne faisoit jamais de visites, qu'il abrégeoit celles qui lui étoient faites, et qu'il se retiroit des compagnies pour remplir ses devoirs aux heures marquées; nous ne devons pas oublier qu'il allioit le détachement de ses plus proches parents avec l'éloignement qu'il avoit pour le monde et que ce détachement alloit si loin, qu'il pourroit passer pour extrême, si la conduite des saints n'étoit différente du sentiment ordinaire des hommes. Il le fit connoître dans une visite qui lui fut faite par une de ses sœurs et par une nièce d'un mérite distingué, qui avoient entrepris un long voyage pour avoir la satisfaction de le voir. Il les reçut avec toute la politesse et la charité convenables, mais, en leur donnant congé dès le lendemain de leur arrivée, il leur dit, au péril de perdre leur amitié, qu'il ne s'étoit pas fait religieux pour être suivi de ses parents, qu'ils n'avoient nul besoin de lui, et que de son côté il ne demandoit que leurs prières. Il avoit encore eu moins d'égards pour son frère et sa belle-sœur quelque temps auparavant; car ayant su qu'ils étoient partis de Paris pour se rendre à Jumièges où il étoit prieur, il leur écrivit à Rouen pour les remercier de la peine qu'ils avoient prise, et il les pria, avec tant d'instances, de ne point passer outre, qu'ils furent obligés de retourner sur leurs pas pour ne lui point déplaire. Ils eurent la satisfaction de le voir à Saint-Denis et à Paris, peu de temps après, mais jamais il n'alla chez eux, ni ne leur donna à manger.

La charité ne perdoit rien au détachement universel de Dom de Marsolles pour sa famille et pour tout ce qui ne le portoit pas à Dieu. Il avoit des entrailles de miséricorde toujours ouvertes aux misérables et surtout aux pauvres, qu'il regardoit comme les premiers membres de Jésus-Christ. Il veilloit non-seulement à ce que les aumônes ordinaires fussent faites, il alloit dans les maisons des particuliers s'informer de leurs besoins et leur donnoit ce qui leur étoit nécessaire. Nous n'ajoutons qu'un mot, et ce mot fait l'éloge de sa charité, de son humilité et de sa religion, c'est que, pour n'être pas connu, il avoit déposé le secret d'une partie de ses libéralités dans le sein du curé de Jumiéges en faveur des pauvres honteux, et que, pour suppléer au défaut du travail, d'où la plupart des gens de campagne tirent leur subsistance, il faisoit distribuer, fêtes et dimanches, de l'argent ou du pain aux ouvriers, afin de les porter à passer ces saints jours sans murmure et dans les exercices d'une piété chrétienne recommandée par l'Eglise.

Telle étoit la vie de Dom Vincent de Marsolles, lorsqu'au mois de juin de l'année 1666, le chapitre général, dont il fut élu définiteur, le nomma prieur de Saint-Denis en France, où le père général eut occasion de le connoître et le désigna pour son successeur, comme il le fut en effet, six ans après par le choix unanime de tous les définiteurs. Le même chapitre qui l'avoit transféré à Saint-Denis, nomma pour prieur de Jumièges, Dom François Villemonteys, natif de Bersac, en Limousin, et profès de Saint-Augustin de Limoges, en 1644. C'étoit un homme de lettres, grand théologien, bon casuiste et d'une probité reconnue. Ses mœurs étoient douces, ses manières polies et honnêtes, sa vie pénitente et austère, jusqu'à porter le cilice tous les jours. Il fut employé de bonne heure à la conduite de la jeunesse et gouverna sagement plusieurs monastères, usant partout si sobrement du pouvoir que lui donnoit sa dignité, qu'on ne s'apercevoit presque pas qu'il fût prieur, conduite d'autant plus digne de louanges, qu'elle approche davantage de celle de

Jésus-Christ, qui étoit comme un serviteur au milieu de ses disciples (a).

Le nouveau prieur de Jumièges trouva sa communauté dans l'état de splendeur que le visiteur avoit loué quelques années auparavant, en faisant l'éloge de son prédécesseur devant les supérieurs assemblés. C'étoit l'idée qu'il s'en étoit formée, et sur laquelle il avoit dirigé sa marche immédiatement après le chapitre, croyant jamais arriver assez tôt pour se réunir à une si sainte communauté et se réjouir avec elle de l'honneur qu'on lui avoit fait de le mettre à sa tête. Il signala son arrivée par des témoignages d'estime et d'amitié à tous les religieux, et par un discours pathétique qu'il prononça le lendemain après la lecture de son obédience. Quinze jours après, il alla saluer M. l'archevêque de Rouen, et reçut l'honneur de sa visite le 27 du mois d'octobre suivant. Le prélat fut si charmé de sa conversation qu'il passa dix jours à Jumiéges, pendant lesquels il permit de démolir l'ancienne chapelle de Sainte-Madeleine, située au milieu du jardin, et devenue inutile depuis que les infirmeries avoient été détruites, et le logis abbatial transporté dans l'ancien bourg, sur un terrain acquis par les religieux, conformément aux traités de 1649 et de 1651 déjà cités. La grosse cloche fut fondue dans le même temps, et bénite par M. l'archevêque, qui lui donna le nom de Marie. Les quatre escaliers qui conduisoient au jardin et au petit bois,

---

(a) S. Luc, 22, 27.

ainsi que le petit bois même, sont aussi de cette même année, mais avant le départ de Dom de Marsolles.

Nous finirons l'année 1666 par l'histoire abrégée du retrait de la baronnie de Norville, pour lequel il s'étoit fait plusieurs traités entre MM. de Harlai et les religieux de Jumiéges, dans les années 1645 et 1649, dont nous avons remis à parler au temps de leur exécution. La baronnie de Norville, de la dépendance du monastère de Jumiéges, fut aliénée pour cause de subvention au profit du maréchal de Brissac, le 15 octobre 1563, pour une somme de dix mille deux cent vingt livres. C'est beaucoup moins que sa valeur, puisqu'au commencement du siècle suivant elle étoit affermée 1577 livres. Aussi le roi n'eut pas plutôt donné sa Déclaration du 13 juin 1641, par laquelle il permettoit aux ecclésiastiques de rentrer dans leurs biens aliénés, sous diverses conditions, que les religieux de Jumiéges, après avoir satisfait à la première par le paiement d'une somme de 1,409 livres 5 sols 4 deniers, pour le huitième denier et les deux sols pour livre, intentèrent leur action en retrait, tant en leur nom que pour M. du Cambout de Coislin, leur abbé. Le marquis de Saint-Luc jouissoit alors de la baronnie de Norville au nom de Mlle de Brissac, son épouse. Il y avoit trouvé des agréments dans les divers séjours qu'il y avoit faits, et il se flattoit de la conserver. Pour y réussir, ou du moins pour tenir les religieux en bride, il se présenta pour payer le huitième denier ; mais le porteur des quittances refusa de recevoir son argent, alléguant que les religieux l'avoient prévenu, et qu'il ne pouvoit donner deux quittances pour le même objet ; il s'adressa alors au lieutenant général de Rouen, député pour l'exécution de la Déclaration du roi dans la province de Normandie, et en obtint une commission en vertu de laquelle il fit assigner les religieux pour se voir condamner à lui abandonner la possession de la terre et seigneurie de Norville, en payant la taxe ordonnée par sa Majesté. Les religieux se défendirent contre un si puissant adversaire, uniquement appuyés sur la bonté de leur droit, et après bien des procédures au bailliage de Rouen, les parties furent renvoyées au Conseil privé par sentence du 14 août 1643.

L'affaire alloit y être jugée, lorsque la mort enleva le marquis de Saint-Luc. Cet accident ralentit pour quelque temps les poursuites des religieux, mais ne leur fit pas perdre l'espérance. Dès le 28 novembre 1644, ils obtinrent des lettres du grand sceau, et firent assigner le marquis de Saint-Luc, fils et héritier du feu maréchal, en reprise d'instance. Un nouveau contretemps les arrêta pour la seconde fois. M. de Harlai, successeur de M. du Cambout du Coislin, dans l'abbaïe de Jumiéges, voulut poursuivre le retrait en son nom, prétendant que la permission donnée par son prédécesseur ne pouvoit ni leur servir, ni préjudicier à son droit. Les religieux y consentirent pourvu qu'on leur tint compte de leurs déboursés ; mais le prélat n'avoit pas d'argent, ce qui le détermina à faire un traité avec eux, le 14 mars 1645, par lequel il leur transporta son droit jusqu'à ce qu'il fût en état de s'accommoder avec eux, et de les dédommager des frais qu'ils avoient faits et qu'ils auroient à faire dans la suite. Sa démission en faveur de l'abbé de Chanvallon, son neveu, donna lieu, quatre ans après, à de nouveaux arrangements. L'abbé de Chanvallon, ne pouvant ni rembourser les religieux des frais qu'ils avoient faits, ni poursuivre le retrait de la terre de Norville à ses dépens, leur céda, par une transaction du 2 janvier 1649, pour lui et ses successeurs, tout et tel droit qu'il pouvoit avoir sur la baronnie de Norville, et consentit qu'elle fût réunie, ou ce qui en tiendra lieu, suivant les accommodements qu'ils pourront faire avec les détenteurs, à leur mense conventuelle, à condition que, pour le dédommager, lui et ses successeurs, de la cession par lui faite au profit de leur communauté, et des matériaux de l'ancien logis abbatial qu'il leur abandonnoit par le même acte, avec le jardin contenant environ quatre-vingts perches, ils emploiroient jusqu'à la somme de 10,000 livres, pour la construction d'un nouveau logement à son usage, avec écuries, cour, basse-cour, jardin et clôtures en murs de pierre, dans le bourg de Jumiéges, au-dessus de leurs jardins. Cette transaction fut enregistrée au parlement de Rouen, le 22 mars 1651.

Ces précautions prises avec M. l'abbé, et une somme de cinq mille livres payée pour la conclusion du traité, les religieux de Jumiéges reprirent l'instance entre eux et le marquis de Saint-Luc, et firent de si fortes représentations à leurs juges que, le 6 mai 1653, il fut ordonné qu'ils rentreroient en possession de la terre et baronnie de Norville, circonstances et dépendances, en remboursant le marquis de Saint-Luc du prix principal de l'aliénation et des améliorations utiles et nécessaires, suivant l'état qu'il devoit leur en donner dans trois mois, ou, à son refus, en consignant la somme de dix mille deux cents livres, au moyen de laquelle le sieur marquis de Saint-Luc étoit tenu de vider la terre et seigneurie de Norville, et de leur rendre et restituer les fruits du jour de leur offre, et de plus condamné aux dépens. Mais comme cet arrêt avoit été rendu par forclusion, sans que le marquis de Saint-Luc se fût pourvu dans les délais de l'ordonnance, quoique sommé de le faire, s'il le jugeoit à propos, les religieux firent ordonner, en tant que besoin seroit, par un second arrêt du 13 février 1654, que le premier seroit compté comme contradictoire, et qu'ils seroient payés de deux mille soixante-six livres, pour leurs dépens jusqu'à ce jour.

Le marquis de Saint-Luc se voyant poursuivi, tant pour le paiement des dépens et restitutions de fruits, que pour laisser la possession libre de la terre de Norville, présenta requête au Conseil, prétendant que l'arrêt du 6 mai avoit été rendu au préjudice de ses lettres d'état, et dans un temps où le service du roi ne lui permettoit pas de répondre. Le Conseil l'écouta favorablement, lui donna main-levée des saisies qui avoient été faites, fit défense aux religieux de mettre l'arrêt à exécution et ordonna de les assigner de nouveau. Mais le sieur de Saint-Luc ne s'étant pas présenté, les religieux levèrent deux congés au greffe du Conseil et obtinrent, le 3 mars 1656, un troisième arrêt qui confirma celui du 6 mai 1653, et l'exécutoire de dépens du 13 février 1654. Il ne doutèrent plus que l'affaire ne fût finie, et en conséquence, ils consignèrent, le 17 août 1656, entre les mains du sieur Jacques De La Fosse, bourgeois de Rouen, la somme de dix mille livres, pour le prix principal de l'aliénation, et le même jour, il sommèrent le marquis de Saint-Luc de recevoir le remboursement. Mais ce seigneur, qui avoit senti toute la force de ce dernier arrêt, avoit entrepris, vers le 6 juillet, de leur en ravir le fruit et d'éluder les condamnations portées contre lui, par des lettres du grand sceau et autres lettres de restitution contre l'arrêt du 3 mars, et pour empêcher les religieux de le poursuivre au Conseil, il leur fit signifier de nouvelles lettres d'état datées du 18 août 1656.

Au milieu de tant d'obstacles, les religieux, persuadés qu'ils seroient faciles à lever, poursuivirent l'appointement en droit, et communiquèrent leurs pièces ; mais ils furent encore arrêtés par de nouvelles lettres d'état du 6 de février 1657 ; ce qui les obligea de présenter leur requête au roi et à son Conseil, aux fins de laquelle intervint arrêt le 2 mars de la même année, par lequel il fut ordonné que, sans s'arrêter aux dites lettres d'état, il seroit passé outre à l'instruction et jugement de l'instance. M. de Saint-Luc ne se présentant point, les religieux obtinrent trois forclusions, faute par lui d'avoir écrit et produit. A cette nouvelle, il obtint un arrêt sur requête, le 16 avril 1657, portant que, sans avoir égard aux dites forclusions, ses lettres d'état seroient exécutées ; sur quoi les religieux présentèrent aussi leur requête deux jours après, tendant à ce que, sans s'arrêter à l'arrêt obtenu par le sieur marquis de Saint-Luc, il fût passé outre au jugement de l'instance, ce qui leur fut accordé, en sorte que le 21 avril 1657, l'arrêt du 6 mai 1653 fut confirmé de nouveau, les religieux renvoyés en profession de la baronnie de Norville, et le sieur marquis de Saint-Luc condamné contradictoirement à la restitution des fruits et à tous les dépens.

Là, M. de Saint-Luc fut arrêté à son tour et l'on cessa toute procédure, parce qu'il chercha toujours depuis à s'accommoder avec les religieux. Il proposa différents projets que nous sommes forcés d'omettre pour ne pas entrer dans un trop grand détail. Nous observerons seulement que, le 25 mai 1662, il y eut une transaction entre le sieur de Saint-Luc et les religieux, par laquelle le marquis de Saint-Luc, pour demeurer paisible possesseur de la baronnie de Norville, céda aux religieux la propriété de ses prairies d'Yville, sous la réserve de les retirer dans l'espace de trois ans, en leur payant une somme de vingt-deux mille livres ; que cette somme leur fut, en effet, payée au temps de la vente de la terre d'Avenes et des prairies d'Yville, le 8 décembre 1666, et qu'ils employèrent une partie de ces vingt-deux mille livres à la construction du logis abbatial, conformément au traité fait entre eux et M. l'abbé en 1649, une autre partie à la construction de quelques maisons à Rouen, qui donnèrent lieu à l'ouverture de la rue de la Poterne qui n'avait été jusque-là qu'un cul-de-sac des deux côtés, et le surplus en acquisitions de plusieurs fonds de terre dans Jumiéges. Ce qui ne les mit pas à couvert d'une répétition de dix mille six cents livres, par M. de Saint-Simon, comme nous le dirons dans la suite, en parlant de ce digne successeur de M. de Harlai.

Il suffit présentement de remarquer qu'ils crurent avoir pris toutes leurs sûretés, et qu'ils se réjouirent sincèrement de n'être plus dans le cas d'avoir des contestations sur cela avec M. le marquis de Saint-Luc; mais leur joie fut troublée, peu de temps après, par un arrêt du Conseil, auquel il sembloit qu'ils ne devoient pas s'attendre. De temps immémorial, ils avoient joui de plusieurs privilèges dans la forêt de Brotonne. Les comtes de Meulan, qui en étoient seigneurs, leur avoient permis de prendre deux charretées de bois par jour pour leur provision. Dans la suite des temps, le comté de Meulan ayant été réuni à la couronne, on substitua deux arpents de bois par an aux deux charretées que les religieux avoient droit de couper par jour. Les choses demeurèrent en cet état jusqu'en 1612, que M. de Fleury, grand-maître des eaux et forêts de France, réduisit leur chauffage à cent vingts cordes de bois par an. C'étoit, de l'aveu des marchands, une diminution de plus de moitié. Ils la supportèrent avec patience et sans se plaindre; mais en 1641, le fils de M. Du Cambout de Coislin, gendre de M. Seguier, chancelier de France, ayant été nommé à l'abbaïe de Jumiéges, M. le chancelier, dont ils réclamèrent la faveur, les fit rétablir dans la possession des deux arpents, par arrêt du Conseil privé, rendu le 22 mars 1642, et confirmé par lettres-patentes de Louis XIV, en 1644. Les grands maîtres ne s'opposèrent point à l'exécution de l'arrêt, et ne firent point de remontrances au roi sur ses lettres-patentes; mais ce prince ayant donné, en 1645, une Déclaration par laquelle il ordonnoit des taxes sur les ecclésiastiques qui avoient des droits de chauffage, usages et coutumes dans ses forêts, ils prirent de là occasion de troubler de nouveau; mais M. de Harlaï, en ayant été averti, prévint les effets de leur mauvaise volonté, en payant la taxe ordonnée. On continua donc de leur délivrer les deux arpents à l'ordinaire, et on les traita même si favorablement dans la suite, qu'on leur accorda même quelquefois plus qu'ils ne demandoient. C'est ce qui paroît par les ordonnances de M. le baron de Torcy, grand-maître en exercice dans les années 1649 et 1652, pour la délivrance de deux arpents de bois à bâtir, au lieu d'un arpent que les religieux lui avoient demandé pour les réparations de leur ferme de Hauville, et pour la construction du nouveau logis abbatial. Les successeurs de M. de Torcy en usèrent à peu près de même dans les années suivantes. Mais en 1667 MM. les réformateurs généraux cassèrent l'arrêt du 22 mars 1642, et par un règlement qui fut confirmé, la même année, par le Conseil du roi, le droit des religieux, dans la forêt de Brotonne, fut réduit à cent vingt cordes de bois, pour les provisions, conformément à ce qui avoit été arrêté en 1612 par M. de Fleury. Les religieux et M. de Harlai lui-même s'opposèrent à ce règlement et en demandèrent plusieurs fois la cassation ; mais on les renvoya toujours à l'arrêt du Conseil qui l'avoit confirmé, et ce fut pour eux une nécessité de se soumettre.

Tandis qu'on supprimoit de la sorte une partie de leurs droits dans la forêt de Brotonne, M. Le Guerchois, seigneur de Sulmon[1] et autres lieux, augmenta leur domaine, à Jumiéges, de quelques pièces de terre et de la masure du Puit au Crât[2], de la valeur de 50 livres de rente, pour être inhumé auprès de son père, dans la chapelle de la Vierge. Cette donation est du 26 février 1667. Elle fut suivie, peu de temps après, de l'union du prieuré de Longueville à leur mense conventuelle, par sentence de M. de Maupas, évêque d'Evreux, datée du 7 janvier 1668. M. de Harlai avoit consenti à cette réunion, et le roi la confirma, au mois de février suivant, par lettres-patentes enregistrées au grand Conseil le 29 mars, et au parlement de Rouen, le onzième jour d'août de la même année.

Depuis deux ans ou environ que Dom François Villemonteys gouvernoit le monastère en qualité de prieur, il ne s'étoit appliqué qu'à ce qui concernoit le spirituel, comme étant la portion la plus essentielle et la première

---

[1] Sus le mont.
[2] Le Puits-au-Cras.

de ses obligations. Les officiers faisoient les affaires publiques, et le prieur, concentré dans sa chambre ou à la tête de sa communauté dans les exercices réguliers, se reposoit entièrement sur eux de l'administration du temporel : confiance aveugle, qu'on peut regarder comme l'époque et même la cause des dissensions qui mirent, en quelque sorte, tous les religieux aux mains, vers le mois de mai de cette année. Dom Robert Jamet faisoit l'office de cellérier, et Dom Hippolyte Quetel celui de procureur. Ils s'en acquitoient l'un et l'autre avec honneur, avec distinction, avec esprit. Une longue expérience les avoit rompus aux affaires, et le concert admirable qui régnoit entre eux les avoit fait triompher dans toutes leurs entreprises, et faisoit espérer un pareil succès à l'avenir. Mais cette parfaite intelligence ne dura que jusqu'au départ de Dom Vincent de Marsolles, dont le père Quetel, quoique subtil et délié, n'avoit pu tromper la vigilance. Voyant que le nouveau prieur se bornoit au spirituel et ne vouloit point entendre parler d'affaires, le procureur secoua le joug du cellérier dans la crainte que son autorité ne parût affoiblie en communiquant avec lui. Il semble même qu'il forma le dessein de réunir en lui seul les deux offices; au moins est-il certain qu'il travailla à pousser la patience du cellérier à bout par des entreprises grossièrement déguisées sur la portion des affaires commises à ses soins, et qu'il ne le ménagea pas dans les conversations avec ses confrères. De là cette division dans le cloître parmi les religieux, et cette fermentation des esprits si violente, que l'autorité du prieur, qui en fut informé trop tard, ne put suffire pour rétablir la tranquillité. Dom Villemonteys auroit pu arrêter le scandale par la déposition du procureur, qui attisoit le feu de la discorde; mais sachant que M. l'archevêque lui étoit favorable, il ne voulut point user de rigueur, et se contenta de faire son rapport au général de la congrégation, de ce qui se passoit. Celui-ci donna ordre aussitôt au visiteur des monastères de la province de se rendre à Jumièges, où le mal ne fut pas trouvé moins grand qu'on l'avoit annoncé. On en jugera par soi-même en lisant le règlement du visiteur que nous rapporterons ici tout entier dans les mêmes paroles.

« Nous, humble visiteur de la congrégation de Saint-
« Maur en la province de Normandie, nous étant trans-
« porté en ce monastère de Jumièges, suivant l'ordre
« du T. R. P. général, pour apporter quelque règle-
« ment aux affaires du dit monastère, touchant le
« temporel, et mettre ordre aux confusions que nous
« avons reconnu être dans l'administration du dit tem-
« porel, et à la mésintelligence que nous avons remar-
« qué s'être glissée entre les officiers à raison du
« mélange de leurs offices, avons, conformément aux
« déclarations, réglé celui du procureur selon qu'il
« s'ensuit : savoir qu'il poursuivra tous les procès
« selon l'ordre prescrit par les déclarations; qu'il fera
« sortir l'argent des fermiers et autres, quand il en
« aura aussi l'ordre du père cellérier; qu'il aura soin
« de toutes les réparations et réédifications qui sont

« hors du monastère, conformément aux dites décla-
« rations et aux règles particulières de sa charge,
« comme aussi de faire tenir les plaids et gaiges-plaiges
« en temps et lieu ; et sur ce qui nous a été représenté
« que Dom Hippolyte ne pouvoit seul faire entière-
« ment sa charge de procureur sans assistance, nous
« avons ordonné que le R. P. prieur nommera un reli-
« gieux de la communauté pour lui aider selon l'ordre
« que le dit R. P. prieur lui en donnera par écrit et
« qu'il lui spécifiera en particulier, mais spécialement
« pour avoir soin de faire rendre et blâmer les aveux,
« et faire tout ce qui sera de la charge du dit père
« procureur en son absence ; et pour le regard de faire
« valoir les fonds du monastère, comme vendanges,
« moissons, achat d'étoffes et autres choses, ce sera
« au père cellérier ou autre que le R. P. prieur y vou-
« dra employer à l'exclusion de Dom Hippolyte, tant à
« cause que cela ne regarde pas sa charge, que pour
« lui donner davantage de temps de vaquer à son
« devoir de religieux, et pour lui donner lieu d'exé-
« cuter plus librement et plus facilement les ordres de
« Mgr l'archevêque, quand il lui plaira l'en honorer
« conformément aux volontés de nos révérends pères
« supérieurs. En outre le dit Dom Hippolyte rapportera
« incessamment tous les titres qu'il peut avoir par
« devers lui, en quelque lieu que ce soit, pour les mettre
« entre les mains du garde-chartes par inventaire, et
« il achèvera au plus tôt, sans aucune tergiversation,
« le papier terrier qu'il a commencé depuis longtemps,

« pour le remettre entre les mains du père cellérier,
« avec les autres registres de recette, qu'il ne doit
« point garder.

« Fait et arrêté par nous en ce monastère de Saint-
« Pierre de Jumiéges, le 25° de juillet 1668.

« Signé : Frère Philippe Cadeau, visiteur. »

On ignore le détail des avis que donna le père visiteur aux deux officiers contendants et aux religieux qui avoient suivi leur parti ; mais on peut assurer qu'il les exhorta tous à la paix, et qu'il travailla efficacement à leur inspirer des sentiments de douceur et de modération. On en peut juger par la tranquillité qu'on vit reparaître dans le monastère, et que le prieur conserva avec grand soin jusqu'à la fin de son gouvernement, qui ne fut que de dix mois depuis le départ du père visiteur. Dom Silvestre Morel lui succéda au mois de juin de l'année suivante 1659, et gouverna six ans comme prieur et maître des novices, avec tant de sagesse et de zèle pour la manutention de la discipline que les religieux auroient souhaité que le chapitre lui eût permis de demeurer avec eux.

A peine le nouveau prieur avoit-il pris possession de sa charge, qu'il fit couvrir la bibliothèque en ardoises. Quelque temps après, il fit une dépense de deux mille cinq cents livres pour une châsse d'argent, dans laquelle il déposa, en présence des religieux et des quatre curés de le presqu'isle, les reliques de S. Filbert, dont les chanoines de Tournus, sur la rive droite de la

Saône, entre Châlons et Macon, avoient fait présent à l'abbaïe de Jumiéges en 1661. La cérémonie de cette translation est rapportée dans le procès-verbal au 14 de mars 1670, et l'on en fait tous les ans la fête à pareil jour. L'été suivant, François de Harlai, second du nom, archevêque de Rouen et abbé de Jumiéges, eut une maladie considérable qui plongea tout le diocèse dans la tristesse la plus amère. Toutes les églises s'efforçèrent à l'envi de marquer leur respect et leur affection pour cet illustre prélat; mais il n'y en eut point qui en donnât des marques plus sensibles que l'abbaïe de Jumièges, où l'on fit des prières publiques avec procession solennelle autour du chœur pendant dix jours. Pour rendre leurs prières plus efficaces, les religieux y joignirent les pratiques du jeûne et de la mortification, et lorsque le malade fut hors de danger, ils en rendirent grâce à Dieu par une messe de la Trinité, à laquelle ils invitèrent les curés de Jumiéges, du Mesnil, d'Yainville et du Trait.

Le 7 août de la même année, les religieux obtinrent un arrêt du parlement de Rouen, par lequel ils furent maintenus dans le droit de pêche sur la rivière de Seine, tant de leur côté que du côté du Lendin, dont François de Harden, sieur de la Marebroc, mari d'Anne Le Roi, fille et héritière de Charles Le Roi, fils de Jean seigneur du Lendin, s'étoit mis en possession. Il fut condamné aux dépens, et eut défense d'inquiéter à l'avenir les religieux, qui, de leur côté, furent obligés de payer à la demoiselle Le Roi, une somme de neuf cents livres, pour la dédommager du trait de leurs filets sur ses terres, qui leur avoit été accordé par le même arrêt, depuis la Foulerie jusqu'à la fontaine de Saint-Vast.

Vers le commencement du mois de septembre suivant, Jean Casimir, roi de Pologne et de Suède, qui s'étoit retiré en France après une abdication volontaire de la couronne, vint à Rouen et de là à Jumiéges. La communauté, en habit de chœur, le reçut à la porte du monastère, au son de toutes les cloches. Le père prieur lui fit une harangue au même lieu, et le roi fut ensuite conduit à l'église, où il entendit les vêpres. Lorsqu'elles furent finies, le père prieur, accompagné de son sous-prieur et de quelques religieux de la communauté, l'introduisit dans la salle des hôtes, où le souper fut servi par les officiers de sa majesté, qui partit le lendemain, fort satisfait du père prieur, auquel elle donna de grands témoignages de sa bonté ordinaire. La même nuit que le roi de Pologne coucha à Jumiéges, le tonnerre tomba sur la grange du Mesnil, qui avoit servi de salle à la belle Agnès, et causa un dommage de plus de trois mille livres.

Au printemps de l'année suivante, on exécuta le dessein déjà projeté d'augmenter les infirmeries d'un second étage. Elle n'avoient auparavant que trois chambres à l'extrémité de la salle des gardes de Charles VII, sur les fondements de la cuisine et d'une partie des appartements que le prince avoit choisis pour son logement, pendant que la belle Agnès Sorel faisoit son séjour au Mesnil, à une petite lieue de l'abbaïe.

Presqu'en même temps, on députa le père Quetel vers M. de Harlai, alors archevêque de Paris, pour la réception du nouveau logis abbatial, qu'on lui avoit fait élever, dans les années précédentes, hors l'enceinte du monastère, sur un fonds de terre que la communauté avoit acheté de différents particuliers. Le prélat envoya des experts pour en faire la visite, et sur leur rapport, il déchargea les religieux des engagements pris avec lui à l'occasion de ce nouvel édifice, auquel il reconnut qu'on avoit employé des sommes considérables et beaucoup au-dessus des conventions portées dans la transaction de 1647, dont, toutefois, il demanda à n'être jamais inquiété. Le père Quetel lui en donna une décharge le 5 avril 1673, et les religieux eurent la complaisance de la ratifier, quoique la dépense excédât de soixante-cinq mille livres les obligations qu'ils avoient contractées. Nous ne ferons point l'énumération des appartements qui se trouvent dans cette maison ; nous dirons seulement qu'elle a cent dix-sept pieds de long au dehors, et quarante et un de large, sur trente-six de haut, depuis le pavé jusqu'au toit, et que, mal à propos, les receveurs de M. l'abbé s'efforcèrent de lui faire donner le nom de château qu'elle ne méritera jamais par elle-même, quoique susceptible d'ornements.

Nous avons déjà dit qu'en 1641 et 1642 les habitants de Jumièges et du Mesnil avoient fait quelques traités avec les religieux pour se sauver des peines afflictives qu'ils avoient méritées par leur rébellion aux ordres du roi ; mais nous nous sommes contenté d'en indiquer les époques, sans en marquer l'occasion et les suites ; c'est à quoi nous alons maintenant nous appliquer. En 1639, le roi, qui jusqu'alors n'avoit perçu que les droits de nouvel-acquest, obligea toutes les communautés à amortir les héritages qu'elles possédoient. Les habitants de Jumiéges et du Mesnil, qui jouissoient, par accensement d'un sou par feu, de huit ou neuf cents acres de communes, firent d'abord une friponnerie en cédant la moitié de ce qu'ils possédoient. La chambre souveraine les taxa en conséquence de leur déclaration qu'elle croyoit juste, à une somme assez médiocre, 3,160 liv., 2 sols pour livres, qu'ils ne purent néanmoins payer sans emprunt. Ils eurent recours à tout ce qu'il y avoit de personnes aisées à Rouen et dans tout le pays ; mais personne ne voulut avoir affaire à ces habitants, que tout le monde connaissoit pour les plus chicaneurs et les plus malicieux de la province. Ne pouvant donc trouver de secours dans leur pressant besoin, ils s'adressèrent aux religieux, et offrirent de leur engager deux cent cinquante acres de leurs communes, pour les décharger de la taxe des frais faits en conséquence et généralement de tous droits d'amortissement et de franc-fief à l'avenir.

Cet engagement se fit le 28 janvier 1641, avec le procureur des religieux qui promit de le faire ratifier ; mais la communauté en chapitre le refusa sur la nouvelle d'une seconde taxe imposée (19,800 livres) à ces paysans, en punition de leur fourberie, dans la déclaration qu'ils avoient donnée de leurs communes. On plaida, aux requêtes du palais, sur la validité du contrat avec le procureur; on fit voir la mauvaise foi de ces paroissiens artificieux, et le contrat fut cassé par sentence des requêtes et par arrêt de la cour, où ils osèrent se pourvoir par appel. Cependant, on les poursuivoit pour le paiement de la somme de 19,808 livres, à laquelle ils avoient été taxés depuis la découverte de leur fausse déclaration; mais au lieu d'y satisfaire, ils eurent recours à la violence; et plusieurs d'entre eux furent décrétés de prise de corps et mis en prison. Les autres présentèrent requête à la communauté de Jumiéges, et offrirent de nouveau une partie de leurs communes.

On délibéra longtemps sur ces offres, et il est évident que la plupart des capitulants étoient portés à les rejeter par la crainte d'être surpris une seconde fois; mais la compassion triompha de leurs craintes, et le notaire étant entré dans l'assemblée, on fit un acte, par lequel les habitants de Jumiéges et du Mesnil abandonnèrent, aux religieux, 258 acres de pâtures en deux pièces, pour être déchargés envers le roi des droits d'amortissement et des frais faits en conséquence, par les préposés au recouvrement des dits droits. L'acte est du 29 octobre 1642. Le procureur de l'abbaïe partit le même jour pour Paris, et sollicita si heureusement la diminution de cette dernière taxe, qu'elle fut réduite à 1,200 liv. Les frais et dépens montèrent à trois mille cent cinquante livres quinze sols, que le procureur paya sur le champ, pour avoir la liberté des prisonniers.

Ces cœurs inflexibles et fermés à la reconnaissance, furent sensibles dans cette occasion. On les vit tous, humiliés devant leurs bienfaiteurs, faire leur éloge et publier que jamais vassaux n'avoient eu de si bons seigneurs. Mais leur gratitude dura peu. A peine 3 ans s'étoient écoulés qu'ils excitèrent le seigneur de la Mailleraie à inquiéter les religieux dans leur possession, sous prétexte qu'il avoit droit dans une de ces pâtures. Il fut néanmoins condamné par arrêt du 22 décembre 1649, et les religieux autorisés à clore de fossés la portion qui leur avoit été cédée par le contrat de 1642. Mais les habitants de Jumiéges et du Mesnil, loin de se repentir de leur ingratitude, abattirent, dans une semaine, l'ouvrage de plus de six mois ; et s'il fut achevé dans la suite, ce ne fut qu'après la mort d'un religieux qu'ils massacrèrent impitoyablement, pour leur avoir fait de salutaires remontrances. Tels étoient les habitants de Jumièges et du Mesnil, chicaneurs, ingrats, rebelles et homicides. Cette mort demeura néanmoins impunie, parce que les religieux ne voulurent faire aucune démarche pour découvrir les coupables, et que les paroissiens en corps vinrent implorer leur clémence avec la plus basse soumission, et les serments les plus solennels de fidélité pour l'avenir.

Ces troubles furent suivis, en effet, d'un calme profond, pendant lequel les religieux employèrent leur crédit et leurs amis pour faire remettre à ces pauvres habitants, quarante-cinq ou cinquante mille livres d'anciens arrérages de taille; pour leur faire diminuer par chacun an, dix ou onze mille livres du principal, et pour les exempter du logement des gens de guerre, dont la province étoit inondée. Mais ces mêmes habitants donnèrent bientôt des preuves de leur ingratitude. Dès le mois d'avril de l'année 1655, ils firent une procédure contre leurs libérateurs pour les obliger de payer à leur acquit, une somme de onze cent soixante-huit liv. onze sols, à laquelle ils avoient été taxés, pour le droit de nouveaux-acquêts, suivant la Déclaration du roi du 29 décembre 1652. Les religieux furent condamnés, et ils le furent sans doute avec raison, quoiqu'on n'exigeât ce droit que depuis 1633 jusqu'en 1639, où ils n'avoient encore contracté aucun engagement avec les paroissiens de Jumiéges; mais on ne peut lire sans étonnement les invectives que ces derniers répandirent contre eux, et les qualifications odieuses de tyrans et d'oppresseurs, dont ils s'efforcèrent de les noircir dans leur mémoire à la chambre souveraine. Quelle perfidie! quelle ingratitude!

Il la sentirent et s'humilièrent encore une fois devant leurs seigneurs, qu'ils laissèrent assez tranquilles pendant quinze ans. Mais en 1671, le roi ayant donné une Déclaration pour le retrait des communes, en payant le prix de l'aliénation avec les frais et loiaux coûts, ils saisirent cette occasion pour recommencer leurs violences; et après avoir rompu les fossés de clôture qu'on avoit faits autour des communes qu'ils avoient abandonnées par le contrat de 1642, ils menèrent leurs bestiaux paître dans la portion des religieux, sans autres formalités. Les religieux qui n'estimoient rien tant que la paix et la tranquilité, qu'ils étoient résolus de conserver autant qu'il leur seroit possible, ne se donnèrent aucune peine pour arrêter ces mutins. Ils supposèrent que leur intention étoit de se conformer aux termes de la Déclaration; mais voyant qu'ils s'en moquoient, ils firent saisir leurs bestiaux, et cette action donna lieu à M. de la Galissonnière, intendant de justice dans la province, de renvoyer ces habitants en possession de leurs communes, en rendant aux religieux, conformément aux mémoires qui leur seroient présentés, ce qu'ils avoient légitimement déboursé pour eux, tant en principal qu'en frais et loiaux couts. Cette sentence, qui est du 18 septembre 1671, ne fit aucune impression sur ces esprits rebelles. Ils continuèrent de jouir par force de leur usurpation, et les religieux n'ont jamais été remboursés, malgré leurs poursuites jusqu'en 1701 qu'ils les déchargèrent entièrement de cette dette, dont la demande devenoit inutile.

Les mémoires de l'abbaïe, pour les huit années qui suivirent la sentence de M. de La Galissonnière, ne font mention que de l'arpentage de la forêt de Jumiéges contenant douze cents arpents dix-huit perches, y compris les places vagues et les chemins; d'une indulgence plénière accordée, par le pape Clément X, à tous les fidèles qui visiteroient la chapelle de Saint-Filbert, à Rouen, le jour de sa fête, et qui se confesseroient et communieroient avec dévotion; d'une transaction forcée entre le prieur commendataire du prieuré du Bû-la-Viéville et M. de Bellebat, au sujet de la haute, moyenne et basse justice, d'une résignation de ce même prieuré, par le sieur de Bouchardeau à Dom Abraham Ferai, religieux de la congrégation de Saint-Maur, pour éviter les vexations du sieur de Bellebat ; d'un pouvoir donné, au procureur de l'abbaïe, par M. de Harlai, de faire toutes les réparations nécessaires aux chancels des églises qui en dépendoient, et dont le patronage lui appartenoit ; et d'un cours de théologie de 20 écoliers, en 1675 jusqu'en 1678, qui fut remplacé par un nouveau cours de philosophie, qui ne sortit de Jumiéges qu'après ses cinq années d'étude.

Il se passa peu de choses dans la suite qui ait rapport à notre histoire. Nous ne devons cependant pas omettre la mort du R. P. Dom Grégoire de Verthamont, ancien supérieur de Jumiéges, qui y mourut le 5 mai 1680. Il étoit d'une des premières familles de Limoges. A l'âge de dix-huit ans, il entra au noviciat de Noaillé, et y fit profession de la règle de Saint-Benoît, dans la congrégation de Sanit-Maur, le 23 de mai 1622. Il se distingua, dès le commencement, par son zèle pour la régularité et par sa science. Il enseigna la philosophie et la théologie en plusieurs monastères, où il fut supérieur et maître en même temps. D'abord il fut supérieur au Bec, ensuite à Saint-Serge d'Angers, à Jumiéges, à Saint-Jean-d'Angely, à Saint-Corneille de Compiègne, à Saint-Benoît-sur-Loire, à Saint-Fiacre-en-Brie et abbé de Saint-Sulpice de Bourges. Son mérite et sa capacité augmentant de plus en plus, il fut élevé à la dignité de visiteur de Normandie et de Bourgogne, qu'il n'accepta qu'avec une répugnance extrême, parce que son humilité et sa modestie lui persuadoient qu'elle étoit beaucoup au-dessus de lui. Il exerça toutes ces différentes charges avec honneur et succès, se faisant aimer par sa bonté, sa douceur et par des manières prévenantes, qui le rendoient attentif au besoin des autres et distrait sur les siens propres. Il fut un temps considérable qu'il ne faisoit qu'un repas par jour. Ses veilles étoient presque continuelles. Il n'épargnoit pas plus l'esprit que le corps. Un renoncement entier à sa propre volonté, et un profond mépris de lui-même, furent son caractère dominant. Dans le chapitre général de 1669, il demanda avec instances d'être déchargé de la supériorité, pour finir ses jours dans la retraite, et dans une entière application à Dieu. Il obtint sa demande quoiqu'avec peine, et la suite de sa vie, passée dans une parfaite obéissance, fit bien voir la sincérité de ses sentiments. Sur la fin de ses jours, il devint paralytique à Jumiéges, Dieu le permettant ainsi pour la sanctification de son serviteur, et pour l'édification de ses frères, auxquels il donna des exemples d'une patience invincible jusqu'à l'extrémité de sa vie. Il prenoit un singulier plaisir à entretenir ceux qui le venoient voir, sur des matières de piété. Quand il étoit seul, Dieu lui ayant laissé l'usage de la main droite et des yeux, il s'occupoit à la lecture des saints Pères, et lorsqu'il mourut, il composoit un commentaire sur les psaumes.

Il est enterré dans le cloître, du côté de la porte du monastère, proche le timbre, où est gravé sur une pierre : « 5 de mai 1680. »

Trois ans après mourut aussi Dom Jean-Baptiste Mouly. Il était de la noble famille de Mouelli au Puis Albert, dans le diocèse de Limoges ; mais par humilité, il déguisa un peu son nom et se fit appeler Mouly. Il n'avoit encore que vingt ans lorsqu'il se consacra à Dieu, dans le monastère de Saint-Augustin de Limoges, le 22e jour de juin 1624. Il étoit grand, bien fait et avoit de l'esprit et des manières. Avant d'être supérieur, il fut employé dans le temporel. Un jour, étant en campagne pour les affaires de la maison, il inspira de l'amour à la fille de l'auberge où il étoit descendu. Elle vint lorsqu'il étoit couché, pour le solliciter à satisfaire sa passion ; mais le chaste Joseph lui appliqua un soufflet de toutes ses forces et la chassa de sa chambre sans lui dire un seul mot. Il fut successivement prieur d'Evron, abbé de Saint-Alire de Clermont, prieur de la Chaize-Dieu, de Corbie, de Saint-Médard de Soissons et de Bonne-Nouvelle de Rouen. Etant à la Chaize-Dieu, il fit faire les grandes lampes d'argent pour l'église, deux bâtons de chantre, aussi d'argent, et plusieurs ornements pour les basses-messes. Il fit encore d'autres accommodements dans le monastère et quelques acquisitions. Pendant la disette qui arriva en 1651 et les deux années suivantes, il fit des aumônes considérables, et ne mit point de bornes à ses largesses. Dans le temps que la peste ravageoit la ville de Soissons, et que les pestiférés venoient de tous côtés implorer le secours de S. Sébastien, dont les reliques sont conservées dans l'église de Saint-Médard, le père général crut devoir envoyer à Dom Mouly, une permission d'interrompre l'abstinence, pour lui et sa communauté; mais aucun ne voulut s'en servir, et ils méritèrent, par cet acte de régularité, que Dieu les préservât tous de la contagion. Il n'y eut qu'un frère convers qui, étant entré dans la maison d'un pestiféré à l'insu du prieur, fut tout d'un coup attaqué. Il n'en voulut rien dire pour ne pas effrayer les religieux; mais il s'adressa au souverain médecin, par l'intercession de S. Sébastien qui le guérit. Dom Mouly, après avoir gouverné sagement pendant trente ans dans les principaux monastères de la congrégation, fut enfin déchargé de la supériorité, en 1672, et se retira à Jumiéges, où il vécut avec édification en simple religieux. Il y mourut en prédestiné, le 3 de juillet 1683.

Il est enterré dans le cloître du côté de la cour, à l'endroit où est gravé sur une pierre : « 3 juillet 1683. »

Le père Dom Pierre de Vieille-Chèze gouvernoit alors l'abbaïe de Jumiéges, en qualité de supérieur. Ses six années révolues, il fut envoyé, par le chapitre général de 1684, à Saint-Etienne de Caen, où il mourut un an après. Il était né à Saint-Maixent, dans le Poitou, d'une famille honnête et de parents vertueux. La ville étoit, pour lors, infectée de l'hérésie ; on y souffroit tout libertinage; on y toléroit toute débauche; mais le jeune Pierre, comme un autre Tobie, se comporta avec tant de sagesse et de prudence, que ni l'hérésie, ni le libertinage n'altérèrent jamais la pureté de ses sentiments et de son cœur. Après avoir fait ses humanités, il écouta la voix de Dieu, qui, pour le conserver dans l'innocence, lui inspira le dessein d'entrer dans la congrégation de Saint-Maur. Il fut reçu au noviciat de Saint-Augustin de Limoges, et il s'y conduisit avec tant de fidélité, d'exactitude, de régularité et de mortification, qu'on le regardoit plutôt comme un ancien profès que comme un jeune novice. Il prononça ses vœux avec une ferveur extraordinaire, le 27 mai 1652, n'étant encore âgé que de dix-neuf ans.

Le temps de ses études étant arrivé, ses supérieurs l'envoyèrent, avec cinq jeunes religieux de ses confrères, au collège des jésuites de Tournon, qui étoient obligés de nourrir et d'instruire six religieux de la congrégation. Cette obligation leur avoit été imposée par la communauté de Chaize-Dieu, en consentant à l'union d'un prieuré considérable de sa dépendance à leur collége. Le choix que les supérieurs faisoient pour remplir ces places, ne tomboit que sur des sujets de grande espérance, tant pour la vertu que pour les études. Le jeune de Vieille-Cheze répondit parfaitement à leur attente, et mérita qu'à la fin de ses études, sans l'obliger à l'année de récollection établie pour réparer le tort que les études font ordinairement à la piété et à l'observance régulière, le chapitre le nomma professeur de philosophie, et ensuite de théologie. Il eut toujours, pour ses écoliers, beaucoup de condescendance ;

il les instruisoit avec douceur, mais sans affaiblir son autorité. Il leur enseignoit la théologie par des cahiers solides, et la vertu par son exemple, en sorte que sa classe étoit autant une école de vertus que de sciences.

Pendant qu'il étoit prieur claustral et professeur de théologie, à Saint-Martin de Sées, Dom Bernard Hamelin, qui en étoit abbé, tomba dangereusement malade en 1665, et renvoya ses lettres d'institution. Le père général, de l'avis de ses assistants, mit à sa place le père de Vieille-Cheze, qui n'avoit alors que trente-trois ans. Cette nouvelle dignité ne le porta point à se dispenser d'enseigner la théologie, dont on ne le déchargea point, et il joignit dans sa personne les deux qualités de supérieur et de professeur, sans que les exercices de régularité et les travaux de maître fussent, en aucune manière, négligés. En ce temps-là, le célèbre abbé de la Trappe, Jean Armand Le Bouthiller de Rancé, vint à Saint-Martin et y demeura quelques jours pour se disposer à la cérémonie de sa bénédiction. Notre jeune abbé fut un de ses assistants, et lui donna tant de marques de son esprit et de sa piété, qu'il voulut prendre son avis sur la constitution et le nouveau régime de vie qu'il se proposoit d'établir à la Trappe, et qui a fait un si grand honneur à l'état monastique, un si grand bien à l'église, et un si grand objet d'édification pour le public. Dom de Vieille-Cheze estimoit beaucoup cette réforme, et particulièrement la retraite et l'éloignement du monde, la solitude et le rigoureux silence qui s'y observoient. Il désiroit

ardemment qu'on les pût introduire dans la congrégation, ou du moins dans quelques monastères de la campagne, et il disoit quelquefois à ses religieux : « Qui nous empêche d'être aussi retirés, aussi silen-
« cieux, aussi morts au monde et aussi fervents que
« ces saints religieux ? nous avons les mêmes obliga-
« tions, nous professons la même règle, et nous avons
« presqu'autant de moyens qu'eux de pratiquer toutes
« ces choses. »

Le triennat suivant, il fut fait prieur de Saint-Evroult, et professeur de théologie. Il exerça ces deux charges importantes pendant six ans, avec toute la satisfaction que l'on pouvoit espérer de lui. Il gouverna ensuite le monastère de Bonne-Nouvelle de Rouen, celui de Jumièges et de Saint-Etienne de Caen. Quoiqu'il ait été élevé assez jeune à la supériorité, et qu'il y ait vieilli, on ne l'a jamais vu se relâcher de la moindre observance. Il s'étoit fait un supérieur de son sous-prieur, dont il dépendoit pour la conduite, se soumettant à lui demander toutes les permissions que ses propres religieux lui demandoient à lui-même. La supériorité lui étoit insuportable, et il souhaitoit sincèrement d'en être déchargé. Il faisoit souvent réflexion sur le compte exact et rigoureux que les supérieurs rendront à Dieu, non-seulement du mal que font les religieux qui leur sont confiés, mais encore du bien qu'ils ne font pas par leur faute, soit pour ne les pas instruire ou pour ne les pas corriger. Il étoit effrayé de cette parole de S. Chrysostôme : *Difficile est eos qui præeunt, etiam si mille virtutibus fulgeant, posse salvos fieri;* et convaincu de son peu de mérite, il se regardoit comme un homme qui ne pouvoit être sauvé que par l'infinie miséricorde de Dieu. Cette pensée le portoit à envisager l'avancement spirituel de ses religieux, comme son principal devoir. Il y travailloit efficacement en commun et en particulier. Les conférences qu'il faisoit étoient simples, mais fortes, et les entretiens qu'il avoit en particulier étoient tendres et pleines d'onction. On ne sortoit point d'avec lui qu'on ne se sentît animé d'un nouveau désir de plaire à Dieu et de vivre selon l'esprit de la règle. Il encourageoit ses religieux et les exhortoit; il les pressoit doucement de tendre à la perfection de leur état, et, répandant pour ainsi dire son cœur dans le leur, il leur inspiroit les mêmes sentiments envers Dieu, dont le sien étoit plein. Les personnes même du monde étoient touchées de sa façon de parler de Dieu, des obligations du christianisme et de la nécessité de se sauver. En un mot, il ne laissoit jamais échapper l'occasion d'insinuer ses maximes aux uns et aux autres, et il le faisoit toujours d'une manière si douce et si honnête qu'il n'offensoit personne.

Mais si sa conversation étoit agréable aux séculiers, elle l'étoit encore plus à ses religieux. Ils les abordoit ou les recevoit avec une ouverture de cœur, qui leur donnoit la liberté de lui dire et de lui représenter tout ce qu'ils vouloient. Il étoit toujours prêt à les écouter et à les satisfaire. Souvent il leur disoit : « Mes « enfants, je ne suis point ici pour les personnes du

« dehors, mais pour vous. Soit de jour, soit de nuit,
« quand vous aurez besoin de moi, ne m'épargnez pas,
« en quelque compagnie que je sois ; je vous conjure
« de ne faire aucune difficulté de m'appeler, et je vous
« assure que je quitterai tout pour courir à vous, et en
« cela, ne craignez pas de me faire de la peine ou de
« l'ennui, *nam huc ad hoc veni.* » Ce n'étoit point de
vains compliments. Un jour qu'il étoit à table dans la
salle des hôtes avec deux seigneurs, on vint l'avertir
qu'un religieux demandoit à lui parler. Il sortit aussitôt
en faisant des excuses à la compagnie, et comme il fut
près d'une demi-heure, il dit en rentrant : « Par-
« donnez, Messieurs, s'il vous plaît, il a fallu satisfaire
« à quelques difficultés de mes religieux. Eh ! n'est-il
« pas juste qu'ayant tout quitté pour Dieu, ils trouvent
« tout en leur supérieur, qui leur tient la place de
« Dieu ? »

Sa vie étoit très austère ; il passoit l'Avent et le
Carême, ainsi que les jours de jeûne ecclésiastique et
plusieurs jours de la semaine sans manger de poisson ;
il ne buvoit jamais de vin, si ce n'étoit à la table des
hôtes, pour cacher ses austérités ; il ne faisoit point de
collation les jours de jeûne d'église ; et dans les jeûnes
de règle, lorsqu'il prévoyoit qu'il y auroit des hôtes
le soir, il faisoit la collation pendant le dîner de la
communauté. Cependant, sur la fin de sa vie, on lui
conseilla de prendre quelque chose le soir, et il le fit
par obéissance. Il ne lisoit jamais l'Ecriture sainte, la
sainte règle et la pratique de la règle qu'à genoux et

tête nue. Tous les exercices lui étoient précieux, et il ne manquoit à aucun que par une nécessité indispensable, quoiqu'il se couchât fort tard et quelquefois même à minuit pour des affaires extraordinaires. Lorsqu'il étoit au chœur en méditation, il avoit toujours les yeux attachés sur le Saint-Sacrement, ou élevés vers le ciel, le corps droit et immobile ; sa vue même inspiroit de la dévotion. Tous les ans il avoit soin de se renouveler par les exercices de dix jours, et pendant ce temps-là, il prioit un prêtre d'offrir chaque jour pour lui le saint sacrifice de la messe.

C'étoit aux prières et aux mérites de ses religieux qu'il attribuoit les grâces qu'il recevoit de la divine bonté, et non aux siens, se regardant comme un misérable pécheur indigne des faveurs que Dieu lui faisoit. Il conserva ces sentiments d'humilité jusqu'à la mort. Dans sa dernière maladie, quelqu'un lui ayant dit qu'il avoit bien du déplaisir de le voir réduit dans cet état, il répondit qu'on ne devoit pas s'en affliger, puisqu'il ne faisoit tous les jours qu'offenser Dieu, et quand il seroit mort, la religion seroit délivrée d'un bien mauvais religieux. Cette maladie fut une suite des fatigues qu'il avoit essuyées dans la visite des paroisses de l'exemption de S. Etienne. Dès qu'il se vit en danger, il demanda les sacrements, et déclara qu'il ne prendroit ni remèdes, ni nourriture, qu'il ne les eût reçus : après quoi il abandonna son corps aux médecins et son âme à Dieu, soit pour vivre, soit pour mourir, ne désirant ni l'un ni l'autre. Il consoloit lui-même ceux qui s'affli-

-geoient sur son état : « Je viens, leur disoit-il, de « visiter les autres ; Dieu me visite à mon tour ; priez-le, « non qu'il me rende la santé, mais que sa sainte « volonté s'accomplisse en moi. » Il souhaita que tous les religieux le vinssent voir les uns après les autres, pour lui parler de Dieu et lui dire quelque chose de l'Ecriture sainte. Peu de temps avant sa mort, son supérieur lui demanda s'il n'avoit rien sur la conscience qui lui fît de la peine : *Non, dit-il, si ce n'est d'avoir été supérieur.* L'autre lui ayant représenté qu'il avoit affaire à un bon père, il répondit en élevant les yeux au Ciel : *Ah! sans cela, que ferois-je et que deviendrois-je ?* Un moment après, il renouvela ses vœux, fit les protestations marquées dans le rituel, et expira d'une manière si douce qu'à peine s'en aperçut-on. Il fut regretté universellement. Plusieurs personnes de la première distinction vinrent au monastère témoigner la part qu'elles prenoient à la perte que faisoit la communauté. L'abbesse et les religieuses de la Trinité étoient inconsolables de ne lui avoir pas demandé sa bénédiction avant sa mort. Tout le monde accourut de la ville et des faubourgs pour voir le saint homme, lui faire toucher des linges, des livres de piété et des chapelets, et pour lui baiser les pieds et les mains. Plusieurs ecclésiastiques vinrent demander quelque chose qui eût été à son usage. C'est ainsi que Dieu se plaît à faire connoître, après la mort, ceux qui ont cherché, pendant leur vie, à se cacher aux yeux des hommes, pour l'amour de lui.

Six mois après, la congrégation perdit Dom Mommole Geoffroi, l'un de ses plus saints et de ses plus zélés supérieurs. Il naquit à Xaintes, le 17 septembre 1615, de parents infectés de l'hérésie; mais Dieu lui fit la grâce de le conserver, dès sa plus tendre jeunesse, dans la pureté et l'intégrité de la foi orthodoxe, et d'y persévérer jusqu'à la fin. Ayant perdu son père en bas âge, sa mère, qui avoit quitté le parti calvaniste, se chargea seule du soin de son éducation, et réussit si bien à lui faire connoître la vérité et les dangers du monde, qu'il résolut de les éviter en se consacrant à Dieu dans le cloître. Il entra au monastère de Saint-Eutrope de Xaintes de l'étroite observance de Cluny, et y fit profession le 20 octobre 1635. Vers ce temps-là, les monastères réformés de Cluny furent unis à la congrégation de Saint-Maur, et dès lors, le jeune Mommole donna une si grande idée de lui que Dom Anselme Guschemand, son supérieur et son maître de théologie, à Saint-Jean-d'Angely, dit plusieurs fois que Dieu habitoit dans son âme, qu'il étoit l'exemple de la communauté, qu'il ne se pouvoit rien ajouter à sa fidélité, et que, sans doute, il seroit un jour un des grands supérieurs de la congrégation. Après ses études, il fut envoyé à Saint-Augustin de Limoges, pour faire l'office de zélateur, et ensuite celui de prieur claustral, sous l'abbé Dom Marc Bastide, qui trouva en lui un homme selon son cœur, sur lequel il se reposa entièrement du spirituel et du temporel du monastère pendant deux ans qu'il fut malade. Dom Mommole fit paroître, durant ce temps-là, tant de sagesse dans sa conduite, qu'en 1647 il fut fait prieur de Solignac et directeur des jeunes profès qu'il avoit élevés novices à Saint-Augustin.

L'union de Cluny avec la congrégation de Saint-Maur ayant été rompue en 1645, Dom Mommole Geoffroi devoit retourner dans le lieu de sa profession; mais souhaitant de rester dans la congrégation, il obtint du pape un bref de translation daté du 15 mai 1648, et l'ayant présenté au R. P. général, il renouvela publiquement ses vœux dans l'abbaïe de Saint-Germain-des-Près, le 11 juillet de la même année; il fut envoyé prieur et maître des novices, à Saint-Remi de Reims. Pendant le temps qu'il y demeura, la France fut agitée de guerres civiles. L'armée ennemie approcha de Reims, et Dom Mommole, ayant remarqué que plusieurs chanceloient dans la fidélité qu'ils devoient au roi, monta en chaire, et parla devant une grande assemblée de peuple, avec beaucoup de force et d'éloquence, sur la fidélité des sujets envers leur prince. Pour les y porter plus efficacement, il fit faire de grandes aumônes aux pauvres, et par un travail continuel, tant de jour que de nuit, il faisoit la ronde autour de l'abbaïe, et encourageoit les sentinelles et les corps de gardes à bien faire leur devoir et à préserver la ville de surprise.

Au chapitre général de 1654, il fut transféré de Reims à Jumièges avec les mêmes qualités de prieur et de maître des novices, et six ans après il fut élu abbé de Saint-Alire de Clermont et directeur des jeunes profès. Il se trouvoit partout à leur tête, les animant autant par ses actions que par ses paroles. Il s'acquit une grande réputation auprès des personnes les plus distinguées de la ville, qui, venant lui rendre visite, le trouvoient souvent en habit de travail, occupé aux exercices les plus bas et les plus humiliants. Il fit paroître sa charité envers les jésuites de Montferrand qui se pratiquoient un nouvel établissement à Clermont. Il les reçut et garda leurs meubles à Saint-Alire jusqu'à ce qu'ils fussent paisibles possesseurs du collège, et il les assista de ses conseils en toute rencontre.

Après trois ans de supériorité à Saint-Alire, Dom Mommole fut fait visiteur successivement en trois provinces, Chezal-Benoît, Gascogne et France. Etant visiteur de Chezal-Benoît il donna un grand exemple de détachement de ses parents, n'ayant jamais voulu leur rendre visite à Xaintes pendant les six semaines de séjour qu'il fit à Saint-Jean-d'Angely, quoique son oncle, receveur de la ville, et plusieurs personnes des plus considérables de Xaintes fussent venus le prier avec instances de leur donner cette satisfaction. A la fin de ses neuf ans de gouvernement en qualité de visiteur, il fut élu prieur de Saint-Denis en France, et trois ans après assistant du R. P. Dom Vincent de Marsolles, supérieur général de la congrégation, emploi qu'il exerça six ans, après lesquels il fut nommé prieur de Saint-Denis pour la seconde fois.

En ce temps-là, le roi envoya un exempt de ses

gardes à Corbie pour se saisir de Dom Gabriel Gerberon; mais celui-ci ayant été averti prit la fuite et se retira en Hollande. La cour fut extrêmement irritée de cette évasion, et croyant que le prieur y avoit eu part, elle envoya le même exempt pour l'arrêter. Il trouva que par précaution il étoit également sorti de Corbie. Quoique ce fût pour venir lui-même en cour par des chemins détournés, on crut que c'étoit une fuite et la cour en témoigna son mécontentement. Dans une circonstance si fâcheuse, les supérieurs crurent qu'il falloit envoyer à Corbie une personne d'autorité pour informer contre le père Gerberon, et ils jetèrent les yeux sur Dom Mommole, prieur de Saint-Denis. Soumis aux ordres de ses supérieurs, quoiqu'il prévît les suites malheureuses d'une pareille commission, il se rendit à Corbie, déclara le sujet de son voyage à la communauté, fit les informations avec toute l'exactitude possible et envoya son procès-verbal en cour. Comme il ne s'y trouva point de disposition contre le père Gerberon, le ministère n'en fut pas content, et lorsque le père Mommole se présenta pour rendre compte de sa conduite, il fut reçu comme un homme qui avoit voulu favoriser le père Gerberon. Dom Mommole répondit devant le ministère avec fermeté et avec droiture qu'il avoit fait son devoir, et que s'il se trouvoit quelque défaut de formalité dans son procès-verbal, il consentoit d'être puni.

La congrégation étoit alors sans général par la mort du R. P. Dom Vincent de Marsolles, décédé le

5 septembre 1681 ; il fallut lui donner un successeur à la diète qui se tint à Saint-Germain-des-Prés, l'année suivante. Les assistants et les visiteurs étant assemblés commencèrent par élire un neuvième définiteur. Dom Mommole fut élu, et aussitôt on l'envoya chercher à Saint-Denis pour procéder avec les autres à l'élection d'un général. Toute l'assemblée jeta les yeux sur lui ; mais il fut le premier à déclarer que dans la circonstance des affaires de la congrégation il falloit en élire un autre qui fût agréable à la cour. On élut le R. P. Dom Benoît Brachet, qui peu de jours après reçut une lettre de cachet qui lui ordonnoit de déposer le prieur de Saint-Denis et quelques autres supérieurs. Dom Mommole reçut cette disgrâce avec une grande égalité d'esprit, et remercia Dieu de l'avoir déchargé d'un fardeau qu'il avoit porté si longtemps malgré lui, et dont il souhaitoit de se voir entièrement délivré pour vaquer à lui-même et se préparer à la mort. Les premiers supérieurs de la congrégation lui écrivirent pour lui témoigner combien ils étoient sensibles à ce qui lui étoit arrivé et lui offrir leurs monastères. Il répondit à tous qu'il mettoit cette disgrâce au nombre des plus grandes faveurs qu'il eût reçues de Dieu et refusa les offres qu'ils lui faisoient de leur maison, disant qu'il étoit bien aise de paroître le dernier dans un lieu où il avoit été si longtemps le premier. En effet, oubliant tout ce qu'il avoit été dans la congrégation, il se revêtit de l'esprit de simplicité et de soumission, assistant régulièrement à tous les offices divins de

jour et de nuit, et se faisant un devoir de remplir à son tour les charges du chœur, de la lecture et du service de table, sans que son âge avancé fût pour lui un prétexte de dispense. Durant les trois ou quatre années qu'il survécut à sa déposition, il ne sortit que deux fois du monastère pour aller voir un curé qui, étant au lit de la mort, souhaita de le voir. Il étoit toujours dans sa chambre uniquement occupé de Dieu et de son salut. Il ne parloit jamais le matin qu'après avoir dit la sainte messe, voulant que les prémices de ses lèvres fussent consacrées au Seigneur.

Le Carême de 1686, il fit une retraite extraordinaire qui fut suivie de quelques faiblesses, sans qu'il demandât aucun soulagement; mais, la troisième fête de Pâques, il fut saisi d'une oppression si violente, qu'il fut obligé de souffrir qu'on le conduisît à l'infirmerie. Les grandes douleurs étant apaisées, il revint au dortoir et suivit à son ordinaire les exercices réguliers; mais le vendredi suivant, dix-neuvième jour d'avril, il eut une oppression plus violente accompagnée d'un rhumatisme, et la fièvre s'étant jointe aux maux qu'il souffroit, il fut contraint de retourner à l'appartement des infirmes et de prendre des bouillons gras. Depuis ce jour il ne manqua jamais de dire la sainte messe jusqu'au 25 du même mois qu'on voulut l'en empêcher à cause de sa trop grande faiblesse. Encore fit-il tant d'instances, assurant que ce seroit la dernière qu'il célébreroit, qu'on fut obligé de le lui permettre. Son oppression s'étant augmentée, on lui déclara que sa maladie étoit mortelle : « Je me réjouis de ce que vous me dites, s'écria-t-il, j'irai dans la maison du seigneur. » Il demanda le saint Viatique, qu'il reçut avec de grands sentiments de piété, après une exhortation très touchante à la communauté, attendant avec patience l'heure qu'il plairoit à Dieu de l'appeler à lui. Le premier jour de mai, s'étant trouvé plus mal, on lui donna l'extrême-onction, et comme on achevoit la dernière onction il expira doucement, l'an 1686, universellement regretté de tous ceux qui avoient eu le bonheur de le voir et de vivre avec lui.

Vers le même temps, mourut à Jumièges Dom Robert Jamet, natif de Barneville, au diocèse de Rouen. A l'âge de 19 ans, il fit profession à Jumièges avec son frère Dom Filbert Jamet, le 17 janvier 1629. Ils avoient encore un frère aîné dans la congrégation nommé Dom Hombert Jamet qui, peu d'années auparavant, s'étoit consacré à Dieu. Dom Robert fut élevé à la supériorité; mais il versa tant de larmes à la nouvelle qu'il en reçut et demanda sa démission avec tant d'instances, qu'il fallut accorder à ses pleurs ce que son mérite demandoit qu'on lui refusât. Déchargé de la supériorité, on lui donna l'office de cellérier de Jumièges, qu'il exerça près de 40 ans avec édification. C'étoit un modèle de régularité, et son respect pour le silence étoit si grand, que dans sa vieillesse, étant obligé d'aller à l'infirmerie tous les matins pour y prendre quelque soulagement, il le prenoit en silence et sans jamais dire une seule parole aux autres malades, qu'il se contentoit de saluer d'une inclination, accompagnée d'un souris gracieux, qui marquoit la sérénité de son âme, et son affection pour eux. Il mourut le 30 mai de l'année 1686. Il est enterré dans le cloître du côté de la tour, vis-à-vis de la cinquième arcade, en allant de la porte du réfectoire à celle du cloître, à l'endroit où est gravé sur la tombe « 30 de mai 1686 ».

Au mois de février de l'année précédente, M. de Harlai, archevêque de Paris et abbé de Jumiéges, fit l'échange de la baronnie de Conteville, située au baillage et vicomté du Pont-Audemer contre le fief, terre et chatellenie du Lendin. Comme la baronnie de Conteville n'étoit affermée alors que de 45 livres, et que le fief du Lendin, outre le patronage de la cure, rapportoit 800 livres de rente, les religieux donnèrent leur consentement; ce qui n'empêcha pas qu'en 1728, M. de Saint-Simon, successeur de M. de Harlai, voyant que les biens de Conteville avoient augmenté de 5 à 6 mille livres de rente, par les soins de M. Cousin, procureur général honoraire aux requêtes de l'hôtel et grande chancellerie de France, ne le menaçât de retrait et n'en obtînt une somme de près de 5,000 livres à l'exclusion des religieux, qu'il avoit mis hors d'état de se joindre à lui dans cette affaire par les procès ruineux qu'il leur avoit suscités depuis sa nomination à l'abbaïe de Jumiéges. Dix-huit mois auparavant, M. de Harlai avait cédé par bail emphithéotique à François Mizerai le moulin de Gravigny, près d'Evreux, à condition que le preneur en paieroit certain loyer annuel, qu'il en feroit les réparations et reconstructions à ses dépens, et qu'il le remettroit aux religieux en bon état à la fin de son bail sans aucun dédommagement de leur part.

Dès ce temps-là et même auparavant, les vicaires perpétuels de la péninsule et de Duclair souffroient avec peine que les religieux de Jumiéges, en qualité de curés primitifs, officiassent dans leurs églises aux fêtes solennelles de patron. Le vicaire perpétuel de Duclair fut des premiers à lever l'étendard; mais l'affaire ayant été portée devant le bailli de Rouen, les religieux furent maintenus par sentence du 15 mai 1687 dans leur titre de curés primitifs et dans le droit d'en faire les fonctions aux fêtes principales de l'année et de percevoir tous les ans vingt livres de rente sur les fruits de sa cure avec les deux tiers des offrandes, les jours de Pâques, Noël et de la Purification de la Vierge. Les autres vicaires perpétuels n'osèrent remuer après cette sentence, et celui de Duclair s'y soumit sans doute; au moins voit-on par deux actes devant notaires, signés de sa main et des principaux habitants, qu'un religieux assisté de deux confrères célébra la messe et prêcha après l'évangile le jour de Saint-Denis, patron de l'église, dans la même année 1687 et la suivante 1688 (a).

La voûte de la nef de la grande église fut achevée dans le même temps par les soins de Dom Robert Du

---

(a) Archives.

Faucil, qui gouvernoit l'abbaïe depuis quatre ans en qualité de prieur. La charpente seule coûta quinze cents livres non compris 70 chênes qui furent abattus sur les fermes du Mesnil et d'Yainville, et l'on déboursa jusqu'à cinq mille livres pour le plafond et la sculpture qu'on fit mettre au-dessus de chaque pilier, afin que la voûte parût toute de pierre. Cette dépense, qui étoit considérable pour le temps, ne ralentit point le zèle du prieur pour la décoration de l'église. Voyant que la nef n'étoit pavée que de petits carreaux de terre cuite, il entreprit de la faire paver de pierres de taille; mais la négligence des ouvriers lui fit perdre la gloire de cette bonne œuvre, qui ne finit qu'en 1692, la seconde année de la supériorité de Dom Martin Filaud, que le chapitre général mit à sa place en 1690. Il y avoit alors quatre chapelles dans la nef avec un reste de fonts baptismaux, qui menaçoient ruine à cause de leur caducité. Nous en avons parlé ailleurs en rapportant l'histoire de la fondation de l'église paroissiale de Saint-Valentin; nous nous contenterons de dire ici que ce fut en cette année 1692 qu'on détruisit entièrement ces monuments d'antiquité.

Cependant les religieux de Jumiéges avoient toujours beaucoup à souffrir de la part de M. Hurault de L'Hôpital, seigneur de Bellebat, à cause de leur prieuré de Bû-la-Viéville, qu'il prétendoit relever de sa terre de Bû-le-Châtel. Julien de Fiesque, Charles et Guillaume de Bouchardeau, successivement prieurs de Bû-la-Viéville, avoient été contraints par les persécutions qu'il leur avoit faites de résigner leur bénéfice. Le dernier des trois ne voulant pas en trahir les intérêts, et ne pouvant trouver de fermiers à cause des surtaxes auxquelles M. de Bellebat, seigneur de Bû-le-Châtel, les faisoit imposer dans la répartition des tailles, fut forcé de prendre la régie de son prieuré pendant dix ans; mais étant tombé dans une maladie, qui diminua beaucoup ses forces, et intimidé d'ailleurs par les menaces qui lui étoient faites par M. de L'Hôpital, il fit avec lui une transaction en 1672, contre laquelle il se pourvut par lettres de rescision obtenues en la chancellerie, le premier juillet 1676. Les choses ainsi remises en leur premier état, M. de Bellebat ne songea plus qu'à se venger du prieur par des procès qu'il lui suscita et par des vexations inouïes qu'il exerça et fit exercer contre les vassaux de Bû-la-Viéville, pour les assujettir au droit de banalité, de moulin, de four, pressoir, corvées, et à la juridiction de Bû-le-Châtel, au préjudice du prieur et de ses officiers, jusque-là qu'il en fit tuer plusieurs par des soldats aux gardes déguisés en gardes-bois, qui furent punis de mort dans la suite.

Sous ces entrefaites, le sieur de Bouchardeau voulant éviter les vexations du sieur de Bellebat et réparer la faute qu'il avoit faite en transigeant avec lui contre les intérêts de M. l'abbé et des religieux de Jumiéges, qui étoient parties au procès en règlement de juges avant la transaction, résigna son bénéfice à Dom Abraham Ferai, religieux de Jumiéges. Celui-ci, après la prise de possession, fut saluer MM. de Bellebat père et fils, et les conjura de lui accorder leur bienveillance avec la paix ; mais sa démarche ne servit qu'à augmenter les vexations sur les vassaux de son prieuré, ce qui contraignit M. de Harlai, les religieux de Jumièges et le nouveau prieur de Bû à poursuivre le règlement de juges. M. de Bellebat eut pour lors une conférence avec M. l'abbé, où le procureur de l'abbaïe et celui du prieur de Bû se trouvèrent, la première semaine de Carême 1677. M. de Bellebat y étala son bon droit le mieux qu'il lui fut possible, et conclut par une supplique à M. l'abbé d'être le juge en cette affaire ; mais le prélat s'étant aperçu que cette politesse ne tendoit qu'à le séparer de ses religieux, répondit à propos qu'étant partie dans l'instance, il ne pouvoit en être juge. Les procureurs de l'abbaïe et du prieur de Bû proposèrent alors la voie du compromis, suivant leurs sommations verbales et par écrit. M. l'abbé demanda l'avis de M. de Bellebat, et au mois de septembre de la même année, M. de La Reynie, juge choisi et accepté par les parties, voyant que M. de Bellebat différoit de répondre après les délais, prononça un arrêt de renvoi au Châtelet sur les lettres de rescision de la transaction de 1672.

M. de Bellebat alla toujours son train et commit tant de violences contre l'ancien prieur et les habitants de Bû-la-Viéville, que M. l'abbé et les religieux de Jmiéges furent obligés d'en porter leurs plaintes au roi, qui renvoya l'affaire à la Cour des Aides par arrêt du

26 septembre 1677. Le procès y fut jugé pour ce qui concernoit les violences du sieur de Bellebat, le 21 juin 1681, et le sieur de Bellebat condamné en cinq cents livres d'aumônes applicables, moitié envers l'Hôtel-Dieu et l'autre moitié envers l'hôpital général de Paris, et à restituer aux habitants de la paroisse de Bû une somme de mille cinq cents livres dont il avoit déchargé ou fait décharger sur les rolles de tailles ceux qui tenoient ses fermes et moulins, etc., à la surcharge des autres contribuables. Le même arrêt le condamna en cinq cents livres d'amendes et aux dépens du procès solidairement avec trois de ses domestiques, dont il s'étoit servi pour commettre ses violences. Mais il n'en demeura pas là, et on le vit peu de temps après se pourvoir en cassation d'arrêt, tant au fond que pour être déchargé des dépens. S'il ne réussit pas dans ses prétentions, il eut au moins l'avantage, au Châtelet, de ne pas tout perdre dans le nouveau procès qu'il suscita au prieur de Bû et aux religieux de Jumiéges dans les années suivantes. La sentence est du 19 avril 1690. Il y est, à la vérité, débouté de l'inscription de faux qu'il avoit formée contre la transaction de 1158 dont nous avons parlé en son temps, et de ses prétentions sur la haute, moyenne et basse justice, dans toute l'étendue de Bû-la-Viéville, ainsi que de la banalité de moulin, de four, pressoir, etc., à laquelle il vouloit assujettir les vassaux du prieur; mais il fut maintenu dans la suzeraineté et ressort de la ville et justice du lieu, et, en qualité de seigneur suzerain, autorisé à faire achever la

litre et ceinture funèbre qu'il avoit fait commencer après le décès de son père, tant en dedans qu'en dehors de l'église paroissiale de Bû; à avoir un banc dans le chœur et à jouir des droits honorifiques. Quelque favorable que pût être au sieur de Bellebat la sentence dont nous parlons, on le vit encore former de nouveaux griefs pour la faire casser, mais comme nous ne trouvons pas la fin de cette procédure, et que les religieux de Jumiéges jouissent toujours de ce qui leur fut assigné par la sentence de 1690, il est vraisemblable que le sieur de Bellebat se désista de sa demande, ou qu'il en fut débouté par un nouvel arrêt.

La même année 1690, le chapitre général mit un cours de philosophie à Jumiéges, et au mois de février suivant, on commença à démolir les vieilles infirmeries situées au milieu du jardin sur la première terrasse. Environ huit mois après les religieux obtinrent une sentence des requêtes à Rouen, portant injonction au sieur Viel, curé de Saint-Valentin de Jumièges, d'aller avec la procession de sa paroisse prendre les religieux dans l'église de l'abbaïe, de les accompagner au lieu de la station les jours de Saint-Marc et des Rogations, et de ne les quitter qu'après les prières finies dans leur église, suivant l'usage ordinaire.

L'année 1693 fut remarquable par une espèce de maladie épidémique dont tout le royaume fut affligé. La province de Normandie perdit beaucoup plus de monde que toutes les autres, particulièrement à Rouen, à Caudebec et aux environs. Une maladie si terrible, dit l'auteur de la vie de S. Valentin, écrite deux ans après ce que nous rapportons, avoit réduit les bourgs et les villages en une solitude affreuse; plusieurs religieux de Saint-Wandrille en étoient morts, et ceux de Jumiéges ne s'attendoient à rien moins qu'à payer le tribut à leur tour, lorsque le père Filaud, qui avoit pour eux des entrailles de mère, voyant que les remèdes étoient partout inutiles, les exhorta à recourir à Dieu par l'intercession de S. Valentin, et à faire vœu de rebâtir sa chapelle, s'il daignoit les préserver de ce fléau par sa médiation auprès du souverain arbitre de la vie et de la mort de tous les hommes. On fit le vœu avec des prières et des stations pendant neuf jours, et Dieu se montra si propice qu'aucun religieux ne fut atteint de la maladie, tandis qu'elle fit un dégât horrible dans tout le pays.

Dom François Donay, que le chapitre général fit succéder cette année à Dom Martin Filaud, ayant appris la protection particulière de S. Valentin sur son abbaïe, fit faire aussitôt le dessin de la chapelle que son prédécesseur avoit fait vœu de bâtir, et comme ses religieux avoient une grande dévotion à S. Sébastien, dont on avoit eu autrefois une relique précieuse enchâssée dans un bras de vermeil, il fit ériger cette chapelle en l'honneur de ces deux illustres martyrs, dont le pouvoir est si merveilleux auprès de Dieu contre toutes sortes de maladies contagieuses. Elle subsiste encore aujourd'hui sous le jubé et est une des plus belles qui soit dans l'église. L'autel est enrichi de deux grandes figures de hauteur presque humaine et parfaitement bien faites, l'une de S. Valentin, et l'autre de S. Sébastien, ayant à leurs pieds une figure beaucoup plus petite pour représenter les malades guéris par ces deux saints. Les pilastres sont de marbre, et leurs chapiteaux ainsi que la base sont dorés.

Le miracle que nous venons de rapporter ne fut pas le seul que S. Valentin voulut bien demander à Dieu en faveur de ceux qui l'invoquoient. La famine étoit alors dans le pays ; ce qui obligea d'avoir recours à Dieu par des prières publiques pour apaiser sa colère et obtenir un prompt remède aux maux que la sécheresse annonçoit encore pour l'année suivante. On fit pour ce sujet une procession générale, où la châsse de S. Valentin fut portée à l'église paroissiale et autour des murs de l'abbaïe avec beaucoup de solennité. Les vicaires perpétuels de la presqu'isle, avec les curés de Bliquetuit, de Guerbaville et de Duclair, y assistèrent, suivis de leurs paroissiens, qui n'étoient pas moins intéressés que ceux de Jumiéges, du Mesnil et d'Yainville à faire une sainte violence au Ciel. La procession se fit le vingtième mai, jour de l'Ascension, après vêpres, et l'on remarqua que le soir même il tomba une pluie douce et abondante, cinq jours avant qu'il plût à Rouen, et huit jours avant que l'on fît à Paris la procession de Sainte-Geneviève pour le même sujet. La récolte ne fut cependant pas meilleure que l'année précédente, où la contagion avoit empêché de cultiver les terres ; mais la charité des religieux de

Jumiéges suppléa à ce qui manquoit à chacun. On convertit en pain jusqu'à quatre mille trois cent quatre vingt-neuf boisseaux de grain ; savoir : en froment deux mille quatre cent quinze boisseaux, en méteil dix sept cent soixante-seize, et en seigle cent quatre vingt-dix-huit, pour les pauvres de Jumièges, du Mesnil et d'Yainville, seulement, chaque boisseau estimé cent sols monnaie courante. Le cellérier paya en argent pour sa part des cotisations, en différentes paroisses, cinq mille sept cent vingt-sept livres, et tous les jours on distribua environ quatre cents écuelles de soupe, outre le pain blanc et le vin pour les malades, en sorte que les habitants rendirent témoignage qu'il seroit mort cinq cents personnes de plus, s'ils n'avoient été secourus par les religieux. Et, en effet, les autres paroisses perdirent un tiers de leurs habitants plus que les trois paroisses de Jumiéges, du Mesnil et d'Yainville.

Vers le commencement du mois d'août de l'année suivante 1695, François de Harlai, archevêque de Paris et abbé de Jumiéges, mourut d'apoplexie dans son palais archiépiscopal. L'abbaïe demeura en économat pour le soulagement des nouveaux convertis.

Le Nécrologe de Jumiéges fait mention de deux religieux décédés pendant le cours de cette même année, dont le premier est le père Dom Jean Garet (a). Il étoit

---

(a) D. Garet, mort le 24 septembre 1694. Il est enterré dans le cloître, le 3e du côté de l'église, à l'endroit où est gravé : « 24 septembre 1694. »

né au Havre-de-Grâce vers l'an 1627, et fit profession à Vendôme le 17 mars 1647, à l'âge de vingt ans. Il fut employé après ses études dans les offices temporels, et il s'y distingua par un fond' de probité et de régularité dans les moindres observances. Comme il faisoit exactement ses lectures spirituelles, le commentaire de Cassiodore sur les psaumes lui tomba un jour entre les mains. Il y prit goût, et comme l'édition étoit fort défectueuse, il résolut de la retoucher et de la corriger sur les manuscrits pour la donner au public plus parfaite. Il consulta pour ce sujet le père d'Achery, qui approuva son dessein et lui donna de bons avis pour l'exécuter utilement. Dom Jean Garet en profita, et à mesure qu'il avançoit, il envoya son travail à Dom Luc d'Achery, pour en recevoir l'approbation ou la censure. Dom Luc d'Achery, content de ses premiers efforts, lui conseilla d'entreprendre l'édition entière, et il n'eut pas de peine à le lui persuader. Son emploi extérieur pouvoit seul l'en détourner; mais pour le rendre plus libre, le père général donna ordre à son supérieur de l'en décharger. Alors se voyant maître de son temps, Dom Garet se donna tout entier à son édition. Il ramassa tout ce qu'il put de manuscrits et d'anciennes éditions, corrigea les textes corrompus, et par son assiduité il rendit son travail en état d'être imprimé à Rouen, en 1679, sous la protection de M. Le Tellier, chancelier de France. Il partagea tous les ouvrages de Cassiodore en deux parties, dont la première contient les douze livres de ses lettres, son histoire tripartite, une chronique et l'histoire des Goths, qui n'est qu'un abrégé; la seconde comprend ses commentaires sur les psaumes et les anciens ouvrages de ce grand homme, auquel on a attribué un commentaire sur le Cantique des Cantiques, que le père Garet prouve très bien n'être point de lui. Dans sa préface il explique et éclaircit les endroits qui souffrent quelques difficultés, et à la fin il reconnoît que Dom Nourri l'a un peu aidé. Nous croyons cependant que toute la part que celui-ci a eue dans cette belle édition ne consiste qu'à avoir eu soin de l'impression. Dom Garet donne, à la suite de sa préface, la vie de Cassiodore avec une dissertation qui prouve que cet illustre sénateur romain a été religieux bénédictin, contre le sentiment de Baronius. Quoi qu'il en soit, le public lui est très redevable de son travail sur Cassiodore, et la congrégation des bons exemples qu'il lui a donnés.

Un mois ou environ après, mourut aussi, le 22 janvier 1605, Dom Basile de Saint-Germain, né à Anneville, dans le diocèse de Coutances, vers l'an 1618. Il entra dans la congrégation de Saint-Maur à l'âge de 16 ans, et fit profession à Jumiéges le 19 juin 1636. Ce fut un religieux des plus pénitents et des plus accomplis. Il fut supérieur en différents monastères, jusqu'à ce qu'étant devenu aveugle, on fut obligé de le décharger. Il se retira à Jumiéges, où il supporta son affliction pendant plus de 20 ans, sans jamais rien relâcher de ses pratiques de pénitence, ni d'aucun exercice régulier. Tous les jours avant que l'on commençât l'office de matines, il faisoit une demi-heure d'oraison devant le Saint-Sacrement, et lorsqu'elles étoient finies, il reprenoit son oraison, ne s'occupant uniquement que de Dieu, sans prendre aucun repos. Son zèle pour l'office divin étoit si grand que les fièvres les plus aiguës ne pouvoient l'empêcher d'y assister. Pendant le jour les novices ou quelques jeunes religieux venoient lui faire des lectures de piété. Il ne buvoit point de vin et ne mangeoit que du gros pain. Dans son extrême vieillesse on eut beaucoup de peine à l'engager de venir à l'infirmerie, où il garda l'abstinence. Il y mourut saintement, muni des sacrements et universellement regretté de la communauté de Jumiéges. Il est enterré dans le cloître, le quatrième du côté de l'église, à l'endroit où est gravé : « le 23ᵉ janvier 1695. »

En ce temps-là, dame Angélique Fabert, femme de François de Harcourt, marquis de Beuvron, lieutenant général des armées du roi et gouverneur du Vieux-Palais à Rouen, poursuivoit le décret de la terre de la Mailleraie, à deux lieues de Jumiéges. Les religieux y avoient mis opposition dès le mois d'août de l'année 1687, pour la conservation de leurs droits seigneuriaux sur plusieurs pièces de terre relevant de leur baronnie. L'affaire fut portée à la vicomté de Pont-Audemer, qui les reçut opposants, non-seulement au décret, mais à l'extension de fief que la dame Fabert prétendoit avoir dans Heurtauville, et au droit de passage sur la rivière de Seine entre Caudebec et Jumiéges, comme étant seuls seigneurs des eaux depuis Bliquetuit jusqu'à

Duclair. Les choses examinées, l'on trouva leur opposition raisonnable, ce qui fit juger en leur faveur, le 17 septembre 1695.

Les 6 années suivantes fournissent peu de matière à notre histoire. Les mémoires de l'abbaïe font seulement mention d'un cours de philosophie en 1696, sous la discipline de Dom François Letellier, et d'un cours de théologie en 1699. Au mois de juin de la même année, Dom François du Vivier, qui étoit alors prieur de Jumiéges, fut élu visiteur des maisons religieuses de la province de Bourgogne, et eut pour successeur à Jumiéges Dom Dieudonné Buisson, natif de Blois et profès de Vendôme. C'étoit un religieux fort grave, retiré, intérieur et pénitent.

Avant que de venir à Jumiéges, il avoit été abbé de Chezal-Benoît, prieur de Saint-Jacut, de Saint-Mélaine de Rennes, de Saint-Etienne de Caen, et visiteur de Bourgogne et de Normandie. Son mérite parut avec éclat dans tous ces différents emplois. Il veilloit surtout avec un soin extrême à maintenir la bonne observance, à laquelle il exhortoit un chacun par son exemple et par ses paroles, même dans les chapitres généraux où il fut presque toujours député. Il ne se chauffoit jamais, et il s'abstenoit de poisson et de vin pendant toute l'année, à moins que l'obéissance ou ses infirmités ne le contraignissent d'apporter quelques relâchements à ses austérités. Sa charité pour les malades et pour les pauvres étoit sans bornes. Il faisoit distribuer aux derniers toutes les abstinences de ses religieux, auxquels il avoit le talent d'inspirer l'amour qu'il avoit lui-même pour la pénitence. Il étoit prudent, ferme et ennemi du mensonge, lorsqu'il attaquoit la réputation d'autrui. Il en donna des marques en Bourgogne et en Normandie, où il exigea de quelques calomniateurs les preuves de ce qu'ils avoient avancé, et faute de le faire, il en fit un exemple qui intimida leurs semblables.

L'église de Jumiéges avoit alors besoin d'une réparation qui, pour n'être pas essentielle, attira néanmoins l'attention du nouveau prieur. La seconde, troisième et quatrième des grosses cloches étoient cassées et n'avoient encore pu être refondues. Dom Dieudonné Buisson traita pour ce sujet avec un fondeur fort expérimenté en son art, et, dès le mois d'octobre de la même année, ces trois cloches furent fondues avec tant d'habileté de la part du fondeur qu'elles se trouvèrent parfaitement d'accord avec la première. Mais ce qui fait plus d'honneur à la mémoire de Dom Dieudonné Buisson, c'est le zèle avec lequel il se prêta à l'exécution du dessein depuis longtemps projeté de construire un nouveau dortoir pour loger les religieux plus commodément et dans un même lieu. Un ancien bâtiment qui menaçoit ruine ayant été détruit en 1700, il fit dresser le plan d'un nouvel édifice de cinquante-cinq toises de longueur sur huit de largeur, dans lequel on put pratiquer 49 chambres de religieux. En conséquence de ce plan, Dom Marc Souché, cellérier du monastère, fut chargé de traiter avec un architecte de Rouen, nommé Jacques Bayeux, et le 29 janvier 1701, il s'engagea de lui fournir tous les matériaux nécessaires, et de lui donner dix livres dix sols pour chaque toise d'ouvrage, tant pleine que vide, outre sa nourriture et son logement dans l'abbaïe. La première pierre fut bénite par le père prieur le 9 avril suivant, et posée le même jour par le plus pauvre de la paroisse, qu'on revêtit tout à neuf, et l'aumône générale de la semaine fut augmentée de moitié afin d'attirer la bénédiction du Ciel sur l'ouvrage et sur les ouvriers. En 1704, l'édifice étoit élevé à quinze pieds de terre, et l'on se proposoit d'y mettre cinquante ouvriers à l'ouverture de la campagne suivante; mais on fut obligé de l'interrompre pour travailler aux réparations de la nef, dont la charpente étoit éloignée de plus de deux pieds de la tour du chœur, et penchée du côté du portail, en sorte que le pignon menaçoit ruine, et que venant à tomber, la voûte, l'orgue et un côté du cloître eussent été écrasés par sa chute. Des réparations de l'église on passa à celles de plusieurs fermes de l'abbaïe, où l'ouragan du 28 décembre 1705 avoit causé pour plus de six mille livres de dommages. L'année suivante, la communauté fit l'acquisition de tous les domaines de M. Le Guerchois dans les paroisses de Jumiéges et d'Yainville avec la haute justice, pour trente mille livres qui furent payées comptant, et quatre mille livres pour le droit d'amortissement. Cette dernière somme ne fut payée qu'en 1711, à peu près dans le même temps que le Conseil d'Etat rendit un arrêt en faveur des religieux, portant défenses au curé de Joui et à tous autres de poursuivre ou intenter aucune action pour de nouveaux droits tant que l'abbaïe seroit en économat. Depuis quinze ans qu'elle y étoit demeurée, les religieux de Jumiéges, suivant leur ancienne profession, n'avoient point manqué de présenter à tous les bénéfices de sa dépendance qui avoient vaqué. Mais, en 1706 et dans les années suivantes, MM. Colbert et d'Aubigné, successivement archevêques de Rouen, refusèrent la collation à leurs présentés, prétendant que, pendant la vacance du siége abbatial, ils avoient droit de conférer librement et de plein droit les bénéfices qui étoient du partage de l'abbé. Après plusieurs plaidoyers, tant au Pont-Audemer qu'à Rouen, l'affaire fut portée aux Requêtes du Palais à Paris, et la preuve de droit et de possession si bien établie par les avocats des religieux que, le 7 mars 1712, la cour rendit une sentence en leur faveur, et condamna le seigneur archevêque de Rouen et son pourvu aux dépens et à la restitution des fruits envers leur présenté. Il y a eu depuis un arrêt sur requête qui adjuge aux évêques le droit de présenter, pendant la vacance du siège abbatial.

Après la fête de Pâques qui, cette année 1712, arriva le 27 mars, le sieur Bayeux fut averti de se rendre à Jumiéges pour continuer le dortoir qu'on avoit totalement abandonné depuis huit ans. Il y arriva, en effet, au commencement d'avril, mais avec si peu d'ouvriers pendant toute la campagne et dans les suivantes, que le dortoir n'étoit encore logeable qu'en partie en 1720, où l'on fut contraint de l'interrompre de nouveau pour faire face à l'abbé de Saint-Simon, l'un des plus grands persécuteurs de l'ordre monastique. Enfin, en 1729, on reprit l'ouvrage, et les religieux eurent la satisfaction de pouvoir y loger commodément en 1732. Il seroit à souhaiter qu'on eût eu plus d'exactitude à marquer ce que le bâtiment a coûté ; mais les officiers de ce temps-là ne l'ont point fait pour des raisons que nous ignorons, et tout ce que nous pouvons dire se réduit à ce seul point, qu'il est un des plus beaux et des plus magnifiques qu'on ait refait à neuf dans la congrégation.

Pendant que les religieux de Jumiéges employaient l'argent de leurs épargnes à la construction de ce superbe édifice, M. Chevalier, seigneur de la Blandinière, les remboursa d'un capital de deux mille livres, que leurs prédécesseurs avoient prêtées au sieur Charles de la Blandinière, son aïeul, par contrat du 28 avril 1633. Il leur étoit libre de s'en servir pour fournir aux frais d'un ouvrage qu'ils n'avoient déjà que trop interrompu ; mais un bourgeois de Rouen, nommé Vauquelin, ayant mis en vente sa terre du Pavillon, située dans la paroisse de Duclair, ils aimèrent mieux l'acheter que de diminuer leur revenu, et c'est ainsi que la petite terre du Pavillon fut acquise au profit de l'abbaïe le 3 mars 1713.

CLAUDE DE SAINT-SIMON, QUATRE-VINGTIÈME ABBÉ

L'abbaïe de Jumiéges, vacante depuis 1695, étoit

demeurée en économat, et les revenus de la mense abbatiale appliqués, ainsi que nous l'avons dit ailleurs, aux besoins des nouveaux convertis, lorsque le 20 janvier 1716, il plut à sa majesté ou plutôt au duc d'Orléans, régent du royaume, pendant la minorité de Louis XV, de remplir le siège vacant par la nomination de messire Claude de Saint-Simon, clerc tonsuré du diocèse de Paris. Il étoit alors âgé de vingt ans et huit mois, étant né le 20 septembre 1695, du légitime mariage d'Eustache-Titus de Saint-Simon, avec Claire-Eugénie d'Auterive, fille de Guillaume d'Auterive, baron de Villesecq et de Sausan. Ayant obtenu ses bulles du pape Clément XI le 5 mars 1719, il prit possession par procureur le 30 avril de l'année suivante 1720, après avoir donné aux religieux de l'abbaïe, avec lesquels il vivoit en commun depuis sa nomination, des marques de bienveillance qui leur faisoient espérer, non seulement de ressentir un jour les effets de sa protection, mais de le voir bientôt porter leur habit et les gouverner comme abbé régulier. La suite fit bien voir qu'il les avoit trompés; mais nous passons légèrement sur cet article pour ne pas condamner un mort, dont la fin nous apprend que Dieu a jugé les justices mêmes. Ce qui nous empêche de mettre sous les yeux du lecteur plusieurs traits de sa vie, ne voulant parler de lui qu'autant que nous y serons forcé pour continuer ce qui regarde l'histoire de Jumiéges.

Comme l'abbé de Saint-Simon, qui n'étoit que le sixième enfant du marquis de ce nom, avoit peu de patrimoine, quoiqu'il fût resté seul avec le cinquième de ses frères, qu'il obligea même, malgré les réclamations de sa mère, d'entrer dans l'ordre de Malte après la cassation de ses vœux parmi les chanoines réguliers de Saint-Augustin, en l'abbaïe de Saint-Victor à Paris, il ne s'appliqua uniquement qu'à s'enrichir des biens de Jumiéges.

Pour cet effet, il fit casser le concordat fait en 1545 avec le cardinal de Ferrare, qui avoit toujours subsisté sans changement jusqu'à lui. Il demanda de nouveaux partages, obtint de la cour des commissaires pour juger souverainement de ses différends avec les religieux; il fit si bien par son crédit et ses ruses que, par un nouveau partage, fait en 1722, il enleva sur les lots des religieux huit mille deux cents livres de rente plus que ses prédécesseurs n'avoient eu, sans parler de trente mille livres qu'il fallut emprunter pour réparer les fermes dont l'économat avoit joui pendant près de vingt ans. Pour achever de ruiner les religieux, ainsi qu'il le prétendoit et le disoit hautement, il obtint, en 1723, un arrêt du Conseil pour une descente du grand maître des eaux-et-forêts dans les bois de Jumiéges qui lui étoient échus en partage, et les rendit responsables de tous les délits qui y avoient été commis depuis le concordat. Il porta si loin la chicane et les violences, qu'on fut obligé d'informer juridiquement contre sa conduite au bailliage de Rouen, devant le lieutenant criminel, pour injures et voies de fait contre le cellérier de l'abbaïe, qu'il avoit osé frapper d'un coup de canne;

mais le procès criminel fut civilisé et renvoyé par devant les commissaires à la requête du duc de Saint-Simon, qui menaçoit le prieur et le cellérier de lettres de cachet, en sorte que, pour prévenir ce nouveau genre d'injustice et de persécution, les deux religieux aimèrent mieux se retirer d'eux-mêmes, l'un à Fécamp et l'autre à Bourgueil.

Cependant on travailloit à force aux réparations des fermes de M. l'abbé, dont la mauvaise humeur contre les moines augmentoit de jour en jour par le défaut d'occasions de leur faire autant de peines qu'il l'auroit souhaité. On en vint à bout en 1729; mais ce n'étoit pas assez que ces réparations fussent faites, il falloit encore les faire recevoir, et ce fut le plus difficile. M. de Saint-Simon n'avoit plus que ce moyen de se faire redouter : il le mit en usage, et l'on ne put le gagner que par une somme de quinze mille livres qu'il osa demander, et qu'on fut assez faible pour lui donner, avec le droit de percevoir, sa vie durant, le premier esturgeon et le premier saumon qui seroient pris chaque année dans la rivière de Seine dont la pêche appartient aux religieux.

Toutes ces pertes jointes à douze mille livres de dettes manuelles et à soixante-six mille livres d'emprunt pour achever le dortoir, où les armes de M. de Saint-Simon furent posées, obligèrent le chapitre général à réduire la communauté à vingt religieux et à transférer le noviciat à Saint-Wandrille, où il demeura jusqu'en 1739, qu'un autre chapitre le rétablit à Jumiéges, où il a toujours été depuis sous la conduite de Dom Jean Lefèvre, l'espace de sept ans; de Dom Thimothée Verel, l'espace de deux ans; de Dom Pierre Faudemer, pendant quatre ans; de Dom Augustin Leclerc, pendant deux ans, et de Dom Louis-Charlemagne Fontaine, pendant 13 années.

Le jour de la Toussaint de l'année 1740, on fit servir pour la première fois un ornement de cinq chapes avec la chasuble et les deux tuniques à fond de moire doublé d'argent, orfrois, galon et franges d'or, qui a coûté deux mille quatre cent cinquante livres. Dans le même temps la province fut affligée d'une famine si générale qu'on voyoit tous les jours à la porte du monastère six ou sept cents pauvres, auxquels on fournit du pain abondamment jusqu'au mois de janvier, que commença la cotisation des propriétaires et gens aisés en faveur des pauvres de chaque paroisse conformément à l'arrêt du parlement de Rouen pour toute la province, ce qui dura jusqu'au mois d'août 1741.

Huit ans après on fit reconstruire à neuf le chancel de l'église du Trait dont les religieux avoient alors les grosses dîmes depuis l'option de la portion congrue par le sieur Carbonnier, en 1740. L'ouvrage coûta en frais et faux frais près de seize cents livres. Depuis ce temps, le sieur Herbet, successeur du sieur Carbonnier, a redemandé les dîmes, et se les est fait adjuger par sentence du bailliage de Rouen, en date du premier mars 1752, sur laquelle on a transigé en 1754 avec le sieur Pierre-Théodore Mouchard, successeur du sieur

Herbet, en la manière suivante : savoir, que le dit sieur curé et ses successeurs jouiront seuls à l'avenir de toutes les dîmes du Trait, annexe de Saint-André-d'Yainville, sans en rien excepter, même du Trait de Gravençon et du clos de Saint-Martin ; et les religieux, de leur part, jouiront seuls de toutes les dîmes d'Yainville, même des novales, des dîmes de fruits, laines et autres dîmes domestiques que le sieur curé percevoit au dit lieu d'Yainville ; pour le dédommagement desquelles dîmes de laines, fruits et autres dîmes domestiques, les religieux, outre la compensation faite du Trait de Gravençon à lui cédé, lui paieront annuellement et à ses successeurs une pension de cent livres aux termes de Noël et de Saint-Jean-Baptiste, à condition que le dit sieur curé et ses successeurs continueront, comme ils y sont obligés, de faire desservir, à leurs frais et sans aucune contribution de la part des religieux, les églises d'Yainville et du Trait pour la célébration du service divin et administration des sacrements, et qu'il demeurera chargé des réparations du manoir presbitéral d'Yainville, après qu'il aura été mis en état.

Peu de temps avant cette transaction, M. de Saint-Simon obtint un arrêt du parlement de Rouen, qui l'autorise de percevoir les droits de coutume dans les foires et marchés de Duclair, conformément à la pancarte générale de la province, et de louer les étaux tant de dessous les halles que dans le marché par le prix qui sera convenu entre ses préposés et les marchands, etc. L'arrêt est du 27 mars 1749. Les religieux de Jumiéges avoient pour lors gagné un grand procès contre les habitants d'Oisy, qui leur disputoient la propriété des landes ou bruyères de la même paroisse. On en a défriché dans la suite une portion, et on y a fait construire dans un même corps de bâtiment une maison manable, des écuries et des étables, avec une grange séparée du reste de l'édifice. Le fermier du prieuré de Bû gagna aussi en 1752 un procès au grand Conseil contre les paroissiens pour la dîme du vin en essence. Ils ne payoient auparavant que huit sols par arpent; aujourd'hui le fermier, au droit du prieur, perçoit le vingtième pot. Les années suivantes fournissent peu de matière intéressante à notre histoire, si ce n'est en réparations tant à l'église et à la bibliothèque, qu'à différentes fermes dont quelques-unes ont été relevées de fond en comble. Celle de Longueville en particulier a coûté quarante mille livres.

Au mois de mars de l'année 1755, la communauté rentra en possession du prieuré de Dammarie au Perche, sur la résignation de M. de Chaussepied de Puis Martin, auquel on a fait pendant quinze mois une pension de neuf cents livres. Cette même année, la communauté voulant terminer le procès qu'elle avoit avec M. du Mesnil-Morin au sujet d'un fief d'O, qu'il prétendoit avoir dans la paroisse du Vieuxfumé, dépendante de l'abbaïe, lui céda le fief, terre et seigneurie de ladite paroisse avec la vavassorie Guillemette, assise en la paroisse de Condé-sur-Laison, pour en jouir noblement sous la baronnie d'Oisy, dont ces mêmes objets font partie. La communauté se réserva le domaine non fieffé qu'elle avoit toujours possédé dans Vieuxfumé pour être amorti et incorporé à son fief et baronnie d'Oisy, ainsi que trente acres de terre cédées par le sieur Morin dans ladite paroisse de Vieuxfumé, avec le droit de se placer dans le banc seigneurial, le cas arrivant que quelqu'un des religieux de Jumiéges assistât à l'office divin dans l'église paroissiale, et d'y jouir de la prééminence, au moyen desquelles cessions et réserves le sieur Morin, outre les terres ci-dessus abandonnées, s'oblige par un acte authentique, à relever, pour le fief de Vieuxfumé, de la baronnie d'Oisy, par vingt livres de rente foncière et seigneuriale et tous autres droits et devoirs seigneuriaux accoutumés.

FRANÇOIS-CAMILLE DE LORRAINE, QUATRE-VINGT-UNIÈME ABBÉ.

Voilà à peu près tout ce que l'on peut dire de l'abbaïe de Jumiéges, dont nous ne nous sommes proposé que d'ébaucher l'histoire depuis sa fondation en 654 jusqu'en 1760, où nous la terminons par la nomination que le roi fit, le 23 mars de la même année, du prince François-Camille de Lorraine, prêtre du diocèse de Paris et grand prévost du chapitre de Strasbourg, pour jouir du temporel de cette illustre abbaïe.

FIN

ÉPITAPHES

Epitaphium Enervatorum quiescentium in Templo Sancti Petri Gemmeticensis.

Hic in honore Dei requiescit stirps Clodovei
    Patris bellica gens bella salutis agens;
Ad votum matris Batildis pœnituêre
    Pro proprio scelere proque labore patris.

Epitaphium Domini Engelberti alias Ensulberti quiescentis in Claustro coram gravi culpa, scultum in lapide qui impressatur muro prope fenestram illius gravis culpæ.

Hic humatus in tumulo requiescit devotus
Deo pio : qui nomine vocatur Engelbertus.
Hic sub normâ almi Benedicti sanctam expetiit
Ducere vitam in sacri cœnobii Gemmeticensis
Loco, qui ejusdem cœnobii piissimus extitit Decanus;
Pio disponente Deo, insignis claruit abbas
In sacro cœnobio, quod vocatur Fontinella,
Ubi excellentissima Beati Vandregelisi
Clarescunt digna merita. Igitur
Supra dictus Abbas sacrum nutriens
Clerum et Basilicas Dei restaurans,
Atque ornans hospitalitatem cum
Eleemosinarum largitione præcipuè,
Sectans jejuniis atque orationibus,
Cum sanctarum meditatione Scripturarum,
Assiduè vacans feliciter ab hujus
Ærumnis sæculi migravit ad astra
Poli decimo calendas octobris
Anno ab Incarnatione Domini
Nongentesimo nonagesimo tertio atque
Anno sexto decenno vernali luna exeunte

Secunda

Qui legis hunc titulum mortis reminiscere casum,
Supplex exora Deum ut sit propitius per ævum.
Ergo perfruatur anima ipsius gloria
Sempiterna in choro Angelorum. Amen.

---

14 janvier 1036.

Epitaphium Domni Alberti ex Monacho Gemmeticensis Abbatis Miciasensis quiescentis ad dexteram sanctuarii Gemmeticensis ad sedes ejusdem.

Itic jacet Albertus quondam Regalia spernens,
Prudens atque pius, tantum cœlestia cernens,
Mundi divitias cum Regali ditione
Gemmeticæ primas sprevit pro Relligione.
Namque Dei forma monachorum venit amore
Hic post sub normâ pastorum fulsit honore.
Luceat ante Deum, careat magnoque dolore
Usque modo per eum Domini sunt dona valore.

Epitaphium sepulturæ Domini Roberti Cantuariensis archiepiscopi quiescentis ad latus sinistrum sanctuarii majoris œdis (1).

Quem tegit iste lapis fuit Abbas Gemmeticensis
    Robertus nostro tempore magnus homo.
Urbs populosa, tuus, Londonia, denique Præsul
    Extitit, artæi clarus in orbe soli.
Cantua Pontificem tandem suscepit eundem
    Anglica terra tui quæ caput est populi
Ad Domini tandem quam cernis edidit ædem;
    Pro merito fidei vivat in æde Dei. Amen.

(1) A la marge de ce titre, il y a : 1127, 27 octobre.

Epitaphium Domni Ursi quondam Abbatis Gemmeticensis quiescentis in Capitulo ante Aquilam seu Pulpitum ejusdem loci.

> Hac sub mole jacet Abbas pius Urso sepultus ;
> Luctus non modicus fratribus et populo.
> Hic res Ecclesiæ rexit sic intus et extra
> Ut nullis causam murmuris inde daret.
> Victum et vestitum præbebat sufficienter
> Sanis et infirmis sicut opus fuerat.
> Mitibus ille fuit mitis, rigidusque superbis
> Devius in nullo tramite justitiæ.

1300.

Epitaphium Joannis Abbatis Detot quiescentis in Capellâ Beatæ Mariæ.

> Hîc jacet ille bonus cœli terræque colonus
> Abbas Joannes Detot quem Christi gratia de'tot
> Curis exemit. Deus hunc quem morte redemit
> Collocet in cœlis. Prudens fuit atque fidelis. Amen.

1331.

Epitaphium sepulturæ Domni Guiellemi VI de Becqueto quondam Gemmeticensis Abbatis quiescentis in Sacello sancti Joannis Evangelistæ.

> Anno millesimo trecentesimo duodeno
> A mundo pleno, semel annum de duodeno
> Subtrahe, tunc scire finemque potes reperire
> Hujus qui divæ mortis non possit abire
> In pœnas ; quare ? quia cellas tunc renovare
> Fecit : pro quâ re cœlos valeat penetrare.
> Guillelmus de Becqueto requiescat in paradiso.

1314.

Epitaphium Domni Matthæi Cornet quiescentis in Sacello B. V. Mariæ.

Hic coram populo Diœcesis Rothomagensis,
Qui jacet in tumulo fuit Abbas Gemmeticensis
Matthæus Cornet dictus, in cœlis sit Benedictus,
Nunquam sit victus a quoquam, nec maledictus.
Temporibus primis et cunctis nos sociavit,
Gravem famem clarus tribus annis non toleravit,
Istius ante pedes post Ecclesiæ super ædes
Struxit. Ob hoc ne des, Deus, huic pœnas neque lœdas,
Et quia plura bona multis dedit ipse decenter,
Summa sibi dona dominus det competenter,
Et multis precibus succurrat Virgo Maria
Nominet a civibus polorum concio dya.
Annum Millenum trecentenum duodenum
Bis jungas plenum tantum fuit hic caro fænum
Ante dies Julii nocteque quindecima
Corporis proprii transivit hæc omnia.
Christe, refrigerium da sibi non minimum.

Epitaphium Domini Gaufridi Abbas Gemmeticensis quiescentis in Capellâ S^{ti} Stephani.

Gaufridus Pignes gratus Abbas fuit iste probatus
Quondam Prelatus Domino servire paratus,
Nec fuit incertus olim de morte repertus,
Nam semper ereptus jacet hic de funere cœtus.
Semper egentes, esurientes hic recreavit
Atque valentes undique gentes semper amavit.
Iste vagantes seu male stantes non toleravit
Sed revertentes nec variantes hos relevavit.
Pridem Gaufridus Maii per bis semel idus
Fuitque placidus Monachis fuit et bene fidus.
Annum millenum trecentissimum duodenum
Jungas ter plenum dicens caro fœnum
Hujus figurare fidem valeat et reserare
Omnibus his clare qui gaudeat hinc recitare

Iste sacerdotum cupiens persolvere votum
Christo devotum se reddidit undique totum
Istius Abbatis animam tu fons pietatis
Suscipe cum natis in Christo vere renatis.

1349.

Epitaphium Domni Guillelmi Juvenis Abbatis Gemmeticensis quiescentis in Sacello S^{ti} Petri in latere dextro.

Anno milleno trecenteno quoque deno
Nono tricesimo moriens Abbas bonus imo
Domnus G. amœnis Juvenis qui facere gessit
Res disponendas sexto denoque Calendas
Octobris bellâ jacet de jure capellâ.
Illius extat opus de corpore jure suo rus
Hancque domum rite pro toto tempore vitæ
Rexit quod numerum nescivit copia rerum.
In sermone ratusque fuit factis meditatus
Abbas præfatus mundo multis adamatus.
Hic humili cessit semper tumidosque repressit
Moribus ornatus. Sit in cœlis ipse beatus. Amen.

1362.

Epitaphium Domni Joannis Le Bourrache alias de Duclaro quiescentis in Sacello sancti Stephani.

Joannes de Duclaro jacet hic sub pulvere raro.
Quondam Prælatus fuit, hic a plebe vocatus.
Annis millenis trecentenis duodenis
Cum quinquagenis, hunc solvit dicito plenis (1)
Carnis : attendas quarto migrasse calendas
Septembris Vere Deus, illius miserere. Amen.

(1) N'offre pas de sens plausible. Peut-être hunc *solvi* dicito *pœnis?*

Epitaphium Magistri Joannis de Sancto Dionisio quiescentis ad altare Innocentium, in Sacello sancti Petri.

Concio Gemmetica tam pietatis amica,
Fle, quia fatidica subiit tua lumina stica
Nam tuus abbas te dans vitæ dogmata castæ
Linquit amabilis quem sancti Patris Dyonisii.
Doctor erat et speculum rationis,
Virga superborum, fervens in amore piorum.
Luce sub octavâ Martis hunc pertulit Elma
M. C. ter L. que (1) ter, id est novies queat almus haberi.

Amen.

1389.

Epitaphium Magistri Joannis Deforis quiescentis ante altare S^{ti} Andreæ.

Rothomagi natus fuit abbas Joannes
Deforis ac doctor civili canonicoque
Magister in artibus historicusque Poëta
Atque Theologus, in studiis omnibus aptus fuit
Canonicus fuit Ebroicensis, postque resignat
Omnibus et sancti Benedicti Relligione
Ingressus degit hoc cœnobio tumulatus.
Anno milleno centeno ter et octuageno.
Nono post Pascha Jovis ab hâc luce recessit
Et ejus fama tu qui legis hoc Epigramma.
Ut vox in Rhama lacrymas fundens, piè clama.
Vermiculos post hos titulos, pater abbas, sequeris,
Quo titulosus eras, plus vermiculosus haberis.
Per tua suffragia virgo pia sis moderamen
Ad sua peccata, sibi gaudia det Deus. Amen.

(1) Quinquagintaque ter.

1418.

Epitaphium Reverendi Patris Domni Dubosq Abb. Gemmeticensis quiescentis sub arcu Capellæ Beatæ Mariæ Virginis.

ÆTERNÆ MEMORIÆ

R. in Christo Patris .D. Simonis Dubosq
Quem intra Rothomagense S. Audoeni monasterium
Humilitas primum addidit,
Et honorum contemptus quos per Patruelem
N. Dubosq Bajocensem Episcopum Franciæ Cancellarium
Et Computorum Cameræ præsidem
Amplissimos ipsi adfuturos constabat.
Eum plurima eruditio juris Pontificii Laurea donavit.
   Virtutum splendor
Ut abbatem unanimi consensu sibi præficerent
Cerisiacensibus monachis persuasit
Et Cerisiacensibus eripiens compulit Gemmeticenses
Quibus nec omnino permissus est.
Bono siquidem rei pub. et Ecclesiæ necessarius
   Pro utriusque negotiis
Ad summum Pontificem legatus mittitur.
Inter Patres Pisani, Romani et Constanciencis
   Concilii connumeratur.
Eximias animi dotes in isto maximè prodidit
Ad quod totius provinciæ suffragiis accesserat.
Pastorales ejus virtutes communicata
   Per summum Pontificem
  Pontificalia insignia significata
  Ad decessores transmissa.
Eos ad memoriam revocant et imitationem.
Tandem cum hoc Monasterium annos
Duo de triginta piè administrasset,
Obiit die 14ª septembris anni 1418.
Vir illustrissimus Annas Ludovicus Dubosq
Eques ex Normanvilla toparcha
   Et eodem sanguine cretus,
Gloriæ Bosciorum stemmati partæ
   Ut responderet,
Monumentum hoc posuit anno 1685.

1431.

Epitaphium Magistri Nicolai Ruffi quiescentis in Sacello Sanctorum Leobini et Nicolai.

Hic jacet Reverendus Pater Bonæ Memoriæ
Magister Nicolaus Rufus decretorum Doctor Eximius,
Hujus sacri cœnobii quondam Monachus professus
In civitate Rothomagensi claris natalibus ortus,
Priùs de Cruce sancti Leufridi postea hujus præfati
Cœnobii pastor, qui post laudabilem administrationem
Obiit anno Domini millesimo quadringentesimo
Tricesimo primo decimo quinto Calendas Julii.
Orate pro anima ejus et requiescat in Pace. Amen.

1526.

Epitaphium Domni Joannis Durand Abbatis quiescentis in ingressu chori ante Candelabrum.

Domnus Joannes Durand hâc oblitur urnâ
 Qui vigil istius Pastor ovilis erat.
Qui dum vixit eo spectavit creditus ipsi
 Arriperet vitæ grex melioris iter.

Epitaphe qui se trouve gravée sur le tombeau en marbre noir d'Agnès De Sorel ou de Surelle, dans la chapelle de la Vierge.

Fulgor Apollineus rutilantis Luxque Dianæ
 Quam jubaris radiis clarificare solent,
Nunc tegit ops et opem negat atrox Iridis arcus
 Dum Furiæ primœ tela superveniunt.
Nunc Elegis dictare decet planctuque sonoro
 Letitiam pellat turtureus gemitus.
Libera dum quondam quæ subveniebat egenis
 Ecclesiisque modo cogitur ægra mori.
O Mors sæva nimis quæ jam juvenilibus annis
 Abstulit a terris membra serena suis.
Manibus ad tumulum cuncti celebretis honores
 Effundendo preces quas nisi parca sinit.
Quæ titulis decorata fuit decoratur amictu :
 In laudis titulum picta ducissa jacet.

> Occubuére simul sensus species et honestas,
>   Dum decor Agnetis occubuisse datur.
> Solas virtutes, meritum, famamque relinquens
>   Corpus cum specie mors miseranda rapit.
> Præmia sunt mortis luctus, querimonia, tellus
>   Huic ergo celebres fundite, quæso, preces.

Elle n'est plus cette beauté ravissante que les deux astres brillants du jour et de la nuit prenoient plaisir à éclairer tour à tour. Alecto cette furie aveugle l'a percée de ses traits. Iris l'a vue succomber, Iris lui a refusé le tribut de ses larmes. La terre jalouse de posséder ce riche dépôt nous le ravit pour toujours. Prêtez-nous vos accens lugubres, plaintive Elégie! loin d'ici tout ce qui ressent la joie! Que nos gémissemens, nos soupirs servent à exprimer la vivacité de nos regrets. Le destin soumet à sa loi rigoureuse celle qui enrichissoit de ses libéralités les pauvres et les églises. Mort cruelle! tu l'as enlevée dans le printemps de son âge cette rose naissant trop tôt hélas! s'est évanouie. Pleurez terres enchantées, pleurez bosquets fleuris; en perdant la maîtresse de vos bocages vous perdez votre plus bel ornement; accourons tous à son tombeau, venons honorer ses mânes, ne lui refusons pas le secours de nos prières, unique ressource que lui a laissé la Parque en l'immolant à sa fureur. Un drap mortuaire qui couvre ses cendres, une tombe érigée en son honneur ou l'on aperçoit encore quelque faible image de ce qu'elle étoit, voilà ce qui lui reste de tant de titres pompeux, marques périssables de sa grandeur. Agnès a perdu toutes ses grâces; avec elles se sont éclipsés le sentiment, la beauté, la vertu, la réputation, le mérite et l'honneur de notre duchesse sont les livres qui la rendent immortelle; les agréments du corps sont passés avec lui; la mort se paye de nos sanglots, nos larmes, de cette terre qui ouvre ses entrailles pour recevoir sa victime. A la vue de ce monument, passans, priez pour celle que nous y cherchons en vain.

ÉPITAPHES LE GUERCHOIS

Première épitaphe.

D. O. M.

Hic jacet vir nobilis Hector Le Guerchois, dominus de la Garenne, in supremâ Normanniæ curiâ clarissimus et spectabilis advocatus regis generalis qui sanctissimo et religiosissimo gemeticensi monasterio devotus, in eo sepulturam suam elegit. Decessit die veneris, quarto martii anno Domini millesimo sexcentesimo vigesimo secundo ætatis suæ sexagesimo secundo.

Deuxième épitaphe.

Adsta, viator, geme et ora.

Gemma præfulgens è toga nemesis decidit, alteri gemmæ inserta est dum in Gemmeticum cecidit lapis angularis palatii Astreæ Rotomagensis, defecit Petrus Le Guerchois, regis ac legis oraculum obmutuit, Hectoris patris funeri superstes triginta annis totidem munus gessit. Tandem 8 octobris corpus ejus quievit ubi cor semper reclinavit. Dignus tali asilo, protector pauperum et asilum fuit. O gloriosum jam corpus, quod sanctorum cineribus involvi meruit! Hâc stipatus turbâ magnæ tubæ sonum non expectat modo sed cupit. Interim fausta precare, viator, tibi consule et abi; noli ambigere de annis ejus, æternos potius meditare, si urges. Anno Verbi incarnati 1600 vitam accepit, 52° posuit. Die 8 octobris domum æternitatis suæ intravit. Illi hodie, cras tibi.

Troisième épitaphe.

D. O. M.

Sta, viator, lege et luge.

Hic jacet vir illustrissimus Petrus Le Guerchois eques, dominus de la Garenne, Autretot, Sainte-Colombe, et avitæ et paternæ dignitatis a prima adolescentiâ hæres. Hanc, annos viginti natus, sustinuit eâ eloquentiâ quam totus stupens senatus suspiceret, suspicerent peritiores, pauci æmularentur, mirarentur omnes. Post emensos in hâc palestrâ annos fermé triginta, a Ludovico magno magni sit instar elogii, unicum regiæ voluntatis organum, publicæ securitatis vindex et parens, sequester juris, legum custos, Procurator generalis renunciatus, facundiâ, integritate, æquitate partes illas ita implevit, ut vix ulli secundus. Cui virtus citra fucum, gravitas sine fastu, innocentia animi cum eâ constantiâ quam non opes ant potentia frangerent, non favor aut gratia emollirent. Qui denique ita semper Dei, regis ac provinciæ leges coluit, servavit, exegit, quasi legibus ipsis, imo legum autori brevi rationem redditurus. Obiit anno M. D. C. XCII, die II februarii, liberis sex masculis 2, 4 fœminis ex piiss. (imâ) et nobiliss. (imâ) uxore Barbâ De Becdelièvre d'Hocqueville relictis, quæ una cum sobole optimo conjugi hoc monumentum mœrens posuit. Tu viator, æternam ei felicitatem adprecare.

NOTICE
SUR
L'ABBAYE DE JUMIÈGES

Tout ce qui vient à nous avec la double majesté des siècles et des souvenirs religieux a droit à notre respectueuse attention. L'abbaye de Jumièges, qui a subsisté pendant onze siècles comme une école de foi, un centre littéraire, un foyer de civilisation, et qui a été mêlée à tous les grands mouvements de notre vie nationale, mérite de vivre dans la mémoire des hommes et de trouver un historien. L'a-t-elle rencontré dans le religieux inconnu dont nous avons, au nom de la Société de l'Histoire de Normandie, publié le manuscrit? Nous n'oserions l'affirmer. Nous dérogeons, nous le savons, aux usages reçus en ne faisant pas d'abord l'éloge du livre dont nous avons accepté l'édition. Nous avons une idée trop juste de notre mission pour ne pas parler selon notre conscience. Elle nous commande de faire des réserves sur la valeur de l'ouvrage.

Ce n'est pas une histoire dans la vérité et l'ampleur de ce mot, c'est une chronique fidèle, consciencieuse, impartiale des menus faits de l'abbaye. L'auteur n'a pas su mettre en relief les grands côtés de son sujet; il n'a pas montré les services rendus à la civilisation chrétienne, à la France, à la Normandie par cette belle institution monastique, longtemps florissante, quelque fois affaiblie par le malheur des temps, mais en somme toujours utile et bienfaisante. Il a eu la vue courte; elle ne s'est pas étendue au-delà des limites de son monastère. Il parle à peine des faits considérables de l'Eglise catholique où son abbaye a été mêlée, à peine aussi des événements de l'histoire de France et de celle de notre province. Il est resté à l'intérieur du cloître, sans un regard jeté au dehors. La vie personnelle des abbés, le développement matériel de l'abbaye, les agrandissements de territoire, les procès, les affaires domestiques occupent dans ses préoccupations la place principale. Sans doute, il nous donne de précieux renseignements sur les saints personnages, les vies édifiantes, les études et les travaux littéraires, la vie cénobitique de Jumièges, et nous appellerons tout à l'heure l'attention sur cette partie importante et très louable de son œuvre ; mais nous le disons pour décharger tout de suite notre cœur, on n'a pas dans nos volumes la belle, la pleine, l'édifiante histoire de la grande abbaye de Saint-Pierre de Jumièges. Elle est encore écrire.

Pourquoi alors avoir publié le manuscrit de notre bénédictin ? La Société de l'Histoire de Normandie ne fait pas de livres ; elle met au jour les documents inédits ou devenus rares, pour servir aux recherches des érudits et aux travaux des historiens. Le manuscrit de Jumièges est un de ces documents. Au point de vue de l'érudition, ce document est de premier ordre. Tout ce qui intéresse l'histoire particulière du monastère, ses abbés, ses principaux religieux, ses chartes, ses archives, ses domaines, ses droits féodaux, ses relations avec le pays et les particuliers, ses vicissitudes, ses monuments, ses annales, en un mot, tout a été précieusement et fidèlement recueilli par l'auteur de nos volumes. On y puisera, pour l'histoire locale, la topographie, la géographie, la connaissance des mœurs et des usages du passé, des renseignements utiles, peu connus, nouveaux même sur certains points. C'en est assez pour justifier notre publication.

Jumièges n'avait pas eu jusqu'ici d'histoire proprement dite. Pour incomplète, pour étroite que soit la nôtre, elle est préférable au silence. Il est vrai, M. Deshayes a publié en 1829 [1] un abrégé de notre manuscrit. La première partie de son *histoire* n'est autre que la copie souvent littérale du manuscrit de notre bénédictin. M. Deshayes s'est contenté de dire dans sa Préface qu'il avait puisé ses renseignements « dans des manuscrits échappés aux Omar de 1793 et dont l'authenticité ne peut être contestée. » Il aurait dû dire, pour être tout à fait sincère, qu'il n'a puisé que dans ce seul manuscrit, dont il a reproduit mot à mot des pages entières, des chapitres entiers, se contentant seulement d'abréger quelques développements, et de modifier certaines expressions. On en aura la preuve en comparant les deux ouvrages. M. Deshayes a intercalé quelquefois des réflexions de son cru, et certes elles n'ajoutent pas à la valeur de son livre. C'est précisément parce que M. Deshayes a reproduit imparfaitement le travail de notre bénédictin qu'il était nécessaire de faire connaître ce travail dans sa forme première et intégrale.

Quel est l'auteur de notre manuscrit ?

Disons d'abord un mot du manuscrit lui-même. Il nous a été prêté par la Bibliothèque nationale, où il est

---

[1] Rouen. Baudry, imprimeur du roi, 1829.

ainsi coté : 1. Acq. nouv. fr. n° 4170. Il provient de la bibliothèque de l'abbaye de Jumièges, comme en témoigne la mention écrite sur le titre de la première page par le bibliothécaire de l'abbaye : « Monasterii sancti Petri Gemmeticensis, ordinis S. Benedicti, congregationis S. Mauri 1764. R. 6952. » Il était en 1818 en la possession de M. de la Foye, ancien avocat au Parlement de Rouen, qui a écrit cette note : « Ce manuscrit de l'histoire de l'abbaye de Jumièges est la seconde copie faite sur l'original et est devenu lui-même original, s'il est vrai, comme Dom Outin, ancien religieux et bibliothécaire de cette abbaye, me l'a assuré depuis la Révolution, que cet original du même format et papier que celui-ci ait disparu en 1790 de la fameuse bibliothèque de ce monastère... Je ne me souviens plus du nom ou des noms du religieux qui en est l'auteur, mais Dom Outin et Dom Courdemanche m'ont assuré qu'ils avaient été chargés par leurs chefs de revoir ce travail et d'en vérifier les citations sur les anciens historiens, ce que le premier avait fait seul. »

Ce manuscrit est bien une copie faite d'ailleurs avec soin, sur un autre manuscrit, probablement celui conservé aujourd'hui à Jumièges, chez Mme Lepel-Cointet, et qui nous paraît être l'original. Il y a quelques variantes sans importance dans notre manuscrit et qui indiquent un travail postérieur.

C'est M. Léopold Delisle, l'une des gloires de l'érudition française, l'un des membres éminents de notre Société, qui nous avait signalé l'existence de ce manuscrit et nous l'a communiqué avec sa bienveillance accoutumée. Le conseil d'administration en ordonna l'édition en 1882. Elle a été poursuivie sans relâche jusqu'à cette année, où le troisième et dernier volume a vu le jour. Nous avons accompagné le texte de notes peu nombreuses, n'étant pas de ceux qui prétendent apprendre aux lecteurs « qu'il y a sept jours dans la semaine et que la Seine coule à Paris. » Nous avons donné quelques indications utiles selon nous, et fait des remarques destinées à élucider le texte ou à le compléter. Nous avons été aidé dans notre tâche par M. de Beaurepaire, dont nous ne pouvons jamais prononcer le nom sans exprimer en même temps notre reconnaissance et notre admiration, par M. l'abbé Sauvage, qui a bien voulu nous prêter pour le premier volume, avec une bonne grâce et une cordialité parfaites, le secours de son érudition variée et étendue. D'ailleurs ce qui importe, en de telles publications, c'est la sincérité et la correction du texte original; le reste, c'est-à-dire les réflexions ou annotations de l'éditeur, est sans grande conséquence.

Les lumières de nos amis et nos recherches personnelles n'ont pu nous faire découvrir le nom de l'auteur de ce manuscrit. C'est un religieux bénédictin de Jumièges qui l'a composé par obéissance, comme il nous l'apprend dans la préface de son travail. « L'abbaye de Jumièges, dit-il, n'étant en rien inférieure aux plus célèbres monastères de l'ordre de Saint-Benoit, qui ont eu leurs historiens, on est surpris avec raison *qu'aucun de ses enfants* n'ait encore donné ou publié une idée suivie de ce qu'il peut y avoir d'utile et d'intéressant dans son histoire. Les plus anciens auteurs comme les modernes avaient frayé le chemin, et rien n'était plus sûr que de pouvoir suppléer à leurs omissions par des preuves authentiques, qui se trouvent en grand nombre dans ses archives, et qui n'était pas venues à la connaissance des écrivains du dehors, peuvent néanmoins servir à relever l'éclat et la gloire de cette auguste maison. C'EST DANS CETTE VUE QUE JE ME SUIS LAISSÉ IMPOSER L'OBLIGATION D'Y TRAVAILLER, persuadé que si mes recherches sont inutiles à mes frères, elles serviront du moins par la miséricorde de Dieu à m'instruire moi-même, et à me préserver de l'oisiveté. »

Il ajoute avec la plus touchante humilité : « L'histoire, telle qu'elle paraît, n'étoit pas dans mon premier dessein ; j'aurois sans doute eu plus de peine à l'entreprendre ; mon intention n'étoit d'abord que de recueillir dans les histoires imprimées et dans les manuscrits que je trouverois, tout ce qu'on avait pu dire sur l'histoire de Jumièges, et de laisser à ceux à qui Dieu a donné plus d'intelligence et de lumières le soin de l'arranger et de lui donner la forme. Si je devois toucher les difficultés, ce n'étoit que pour les faire apercevoir, non pour les discuter, moins encore pour les résoudre ; mais la divine providence en a disposé autrement. J'ay été assujetti non seulement à faire les recherches, mais à leur donner une suite autant digne de la matière qu'il m'a été possible. JE M'Y SUIS SOUMIS ; c'est donc une tâche qu'il faut remplir. »

L'histoire commence avec les origines de l'abbaye et finit en 1760. Toutefois la mention, en appendice, du décès de plusieurs religieux dont le dernier eut lieu en 1774, prouve que l'auteur travaillait encore à son œuvre en 1775. Dom Outin et Dom Courdemanche ont assuré à M. de la Foye qu'ils avaient été chargés par leurs supérieurs de revoir ce travail et d'en vérifier les citations sur les anciens historiens, ce que Dom Outin avait fait seul. Tous nos efforts pour percer le voile dont s'est enveloppé notre historien ont été vains. Notre honorable confrère et ami, M. l'abbé Tougard, en mentionnant le manuscrit original dans sa savante géographie de la Seine-Inférieure, a émis l'opinion qu'il pouvait être l'œuvre de Dom Dubust, mais sans s'expliquer autrement. Rien ne nous autorise à confirmer cette attribution, émise d'ailleurs sous la forme dubitative.

Nous avons reproduit scrupuleusement, il est à peine besoin de le dire, le texte de notre historien ; nous avons supprimé seulement dans l'orthographe certaines lettres doubles et des lettres majuscules, substitué l's à l'x dans plusieurs mots, et corrigé quelquefois la ponctuation.

On a dans ces trois volumes les éléments d'une bonne histoire de Jumièges, car l'auteur s'est constamment appuyé sur les pièces originales, les chartes et les archives de l'abbaye alors sous ses yeux. S'il a accueilli parfois certaines légendes et traditions populaires avec lesquelles la critique n'a rien à voir, on reconnaîtra que pour ce qui concerne les annales de l'abbaye, la vie des abbés, l'administration et les mouvances des biens conventuels, les relations avec les rois et les communes, les faits intérieurs et extérieurs de quelque importance, il a consulté et cité les sources. Il avait la sincérité et la sûreté de l'érudition de son ordre, et son œuvre n'est pas indigne de celles de ses maîtres, les grands bénédictins du xvii° et du xviii° siècle, qui ont été l'honneur de la science et les vrais pères de l'histoire nationale.

Résumons brièvement son œuvre.

L'abbaye de Jumièges fut fondée par saint Philibert avec la protection de Clovis II et de la reine Bathilde, en 654, dans le milieu de ce septième siècle, l'âge d'or des institutions monastiques. « Entre les terribles invasions barbares du sixième et du huitième siècle, Dieu, dit le cardinal Pitra, semble se réserver le septième tout entier, pour réparer le passé et préparer l'avenir. Il frappe du pied le sol chrétien, et en fait jaillir des milliers de monastères, d'écoles, de grands évêques et de saints [1] ». Saint Philibert avait été formé à la grande école des fils de saint Benoit, dans le monastère de Rebais ; il devint à son tour le père de nombreuses générations bénédictines à Jumièges, à Noirmoutiers,

---

[1] Acta. SS. ordinis St Bened. præfat. — Vie de St Léger.

à Quinçey (près Poitiers) pour les hommes ; à Pavilly et à Montivillers pour les femmes, et laissa partout où il passa la forte empreinte de son action apostolique. On n'a plus à glorifier aujourd'hui les bienfaits de l'ordre de Saint-Benoit et des abbayes en Europe. « Affirmer que les bénédictins ont pendant plusieurs siècles nourri et éclairé l'Europe, c'est là, dit M. Lenormant, un lieu commun, c'est une chose dont les historiens conviennent, quelles que soient d'ailleurs leur origine et leur opinion [1] ».

L'Europe leur doit en grande partie sa culture intellectuelle et sa civilisation matérielle. « Les bénédictins, dit M. Guizot, ont défriché l'Europe en grand, associant l'agriculture à la prédication. Une colonie, un essaim de moines peu nombreux d'abord, se transportaient dans des lieux incultes, souvent au milieu d'une population encore païenne, en Germanie, par exemple, en Bretagne, et là, missionnaires et laboureurs à la fois, ils accomplissaient leur double tâche avec autant de péril que de fatigue. »

Le monument de vérité, de justice et de reconnaissance que le comte de Montalembert a élevé, dans *les*

---

[1] Univ. Cath. Octobre 1849. — Hist. de la civilisation en Europe.

Moines d'Occident, à l'honneur de l'ordre de Saint-Benoît, rend désormais toute apologie inutile et toute louange superflue. »

L'abbaye de Jumièges est un nouvel exemple de l'action civilisatrice des moines bénédictins. Saint Philibert commence sa fondation avec soixante religieux. Ils défrichent la péninsule gémétique et en font une des terres les plus fertiles et les plus riches de l'opulente Normandie, et en même temps ils prêchent l'Evangile aux populations retombées dans l'ignorance à la suite des longues incursions des barbares. « Leur mission, dit avec raison l'auteur de notre manuscrit, fut le salut de la Neustrie. La province retentit de la voix de ces hommes apostoliques, qui, jusque-là, n'avaient été attentifs qu'à travailler à leur propre satisfaction, et le Tout-Puissant répandit tant de bénédictions sur leurs travaux spirituels qu'en moins de dix ans ils eurent la consolation, non seulement d'annoncer Jésus-Christ dans la Neustrie et dans les environs, mais de voir augmenter leur communauté de huit cents religieux, tous convertis par la force de leurs discours et par la sainteté de leur vie [1] ».

---

[1] Hist. de Jumièges, t. I. p. 22.

Ce grand nombre de moines étonnera ceux qui ne connaissent pas l'état social au viie siècle. Les monastères étaient des asiles de foi, de paix et de travail. L'abbaye bénédictine avait inscrit sur sa porte cette devise, ce mot consolateur : Pax, qui résumait toutes les aspirations des âmes, en ce temps si troublé, si agité, entre les invasions barbares et les luttes de la féodalité.

Pax. Cette douce et divine parole exerça sur la société d'alors une attraction irrésistible. Sur tous les points du territoire, au Nord, au Midi, à l'Est à l'Ouest, on vit accourir dans les asiles de la prière et du travail, des hommes de tous les rangs et de tous les âges, heureux d'abriter leur vie et de la sanctifier à l'ombre des cloîtres. Ils rendirent à la société et à la patrie, entre beaucoup d'autres bienfaits, un service qu'on n'a pas assez mis en lumière. Ils furent les vrais fondateurs des communes. « Là où il y a communauté, il y a commune, a dit Victor Hugo ; là où il y a commune, il y a le droit. Le monastère est le produit de la formule : Egalité, Fraternité. »

Les premiers temps de Jumièges furent heureux. Ces légions de moines travaillent et prient ; ils mettent en honneur la culture de la terre et le labeur manuel ; ils remplacent les forêts sauvages par des moissons, les jachères et les landes par des cultures ; ils dessèchent les marais, tracent des routes, bâtissent des églises, ouvrent des écoles, fondent des hôpitaux. En même temps ils sauvent les lettres humaines en copiant patiemment les œuvres immortelles des maîtres de la pensée, de la langue, du goût antiques. Sous saint Aicadre, Jumièges est une grande colonie : elle compte 900 religieux et 1,500 serviteurs. Cet abbé « y entretint dans le goût et la culture des lettres ceux qu'il trouva en état de s'y appliquer. » Le règne glorieux de Charlemagne est une époque de prospérité pour toutes les institutions monastiques. Jumièges fournit à Louis le Débonnaire un chancelier éminent, l'abbé Hélisacar, qui le réconcilia avec ses frères dans l'assemblée d'Attigny (822). Mais voici venir les hommes du Nord, ces terribles ravageurs qui mettront tout l'Ouest et le Centre à feu et à sang. Ils sont à Jumièges en 851, ils pillent et brûlent le monastère, ne laissant debout que les principaux murs de l'église. Les moines sont en fuite, l'abbaye devient un désert, et comme le repaire de tous les animaux sauvages. La désolation dura plus de soixante ans. Le traité de Saint-Clair-sur-Epte rendit la paix et la sécurité à la Normandie. Les moines de

Jumièges étaient presque tous passés de vie à trépas ; deux seulement, restes précieux de tant de serviteurs de Dieu, partirent de Haspres, où ils s'étaient réfugiés et vinrent à Jumièges revoir les ruines de leur ancien couvent. Ils ne peuvent retenir leurs larmes à la vue du spectacle désolant qui s'offre à eux. Ils pénètrent à travers les ronces et les épines jusqu'à la place du grand autel ; ils le lavent pieusement, forment au-dessus un berceau avec les branches des arbres voisins, et se mettent à prier. C'est par l'autel que tout ressuscite dans la société chrétienne; l'autel de Jumièges fut son second berceau. Les bons moines bâtirent tout auprès une petite cabane pour abriter leur vieillesse. Ils en étaient là, quand un jour le duc Guillaume-Longue-Epée vint chasser dans la forêt de Jumièges (928). Les vastes ruines de l'abbaye ne purent échapper à ses yeux. Il s'avança de ce côté et ayant aperçu les deux moines occupés à arracher du bois, il leur demanda d'où ils étaient venus là, ce qu'ils y faisaient, et ce qu'avait été autrefois ce désert, où il voyait encore les restes de tant et de si grands édifices. Les moines lui racontèrent la lamentable histoire. Cette entrevue fut le signal de la résurrection. Le duc Guillaume prit l'affaire à cœur, envoya de Rouen une troupe d'ouvriers qui firent sortir des décombres une nouvelle abbaye. Des religieux appelés de Saint-Cyprien de Poitiers, sous la conduite de l'abbé Martin, prirent possession de Jumièges (930).

La restauration de l'abbaye s'accomplit heureusement. Nous sommes au XIe siècle, sous l'abbé Thierry. Le tableau suivant est à contempler ; il repose les yeux et donne une juste idée d'un monastère bénédictin. « L'abbé occupoit ses religieux suivant leurs talents. Les uns vaquoient à la prière et assistoient aux offices de jour et de nuit ; les autres travailloient des mains, ou s'appliquoient à l'étude de l'Ecriture sainte des Pères qu'ils transcrivoient, et dont l'abbé voioit les copies, en quoy il suivoit la maxime de ses prédécesseurs, qui avoient toujours entretenu des écoles à Jumièges. Il y en avoit d'intérieures pour les moines et d'extérieures pour les séculiers qui y étoient reçus sans distinction du pauvre ou du riche. Souvent même les pauvres étoient nourris des aumônes du monastère. Jumièges réformé et appliqué à la culture des lettres communiquait aux autres monastères la discipline qu'on y suivait et les sciences qu'on y enseignait. »

La grande église de Notre-Dame de Jumièges sortait de terre en ce siècle et y était consacrée solennellement le 1er juillet 1067 par le bienheureux Maurille, archevêque de Rouen, en présence du duc de Normandie; de Jean d'Avranches alors évêque de cette ville, de Guillaume de Coutances, d'Hugues de Lisieux, de Beaudoin d'Evreux, d'une foule immense. L'abbaye est à son apogée. Avec les grandes constructions, les grands hommes. Nous appelons de ce nom l'historien Guillaume de Jumièges, l'un des pères de nos annales nationales, qui joignait aux qualités maîtresses de l'historien, l'érudition, le culte de la vérité, le talent d'écrire, les vertus du plus humble et du plus fervent religieux ; homme de science et de foi, d'un grand coup d'œil et d'une élévation d'idées qui force l'admiration ; et si modeste, qu'après avoir fait une œuvre immortelle, il a voulu rentrer dans la retraite et l'obscurité. Les abbés de Jumièges prennent part dans ce XIe siècle si attachant et si fécond à toutes les grandes affaires de l'Eglise et de la France. Saint Gontard est élu député au Concile de Clermont présidé par le pape Urbain II, qui décida de la première Croisade, et il y meurt victime de son zèle deux jours avant la fin du Concile. Ursin, son successeur, tient un rang honorable au Concile de Rouen de 1118, qui assura la paix entre les rois de France et d'Angleterre ; il se rend ensuite au Concile de Reims (1119), présidé par le Pape Calixte II, où l'on traita de la paix entre l'Église et l'Empire. Partout où s'assemblent en ce temps les Princes de l'Eglise, on voit figurer un abbé de Jumièges, digne de sa mission et des éloges des chroniqueurs. L'abbé Alexandre, l'ami de Pierre de Blois, mérite l'admiration des doctes de son temps. Il compose une théologie qui n'est pas un des écrits les moins précieux conservés aujourd'hui dans notre bibliothèque de Rouen. D'ailleurs, de nombreux manuscrits de Jumièges datent de cette époque[1], et prouvent avec quel élan et quel succès les lettres y étaient cultivées. Lorsque Alexandre monta sur le siège abbatial (1198), « il étoit respecté et consulté par tout ce qu'il y avoit de sçavants en Normandie, en France et en Angleterre. » A son exemple ses religieux s'appliquaient à l'étude. Le prieur Gautier laissa un Commentaire des actes des Apôtres, qu'on peut consulter aujourd'hui encore dans le riche dépôt de Rouen.

Même élan pour la science, mêmes services rendus aux lettres chrétiennes dans les siècles suivants. On voit par un document du XIIIe siècle que les religieux

---

[1] Voir Tome Ier p. 305 et suiv.

avaient copié bien des fois la Bible, les bréviaires et les psautiers, « tous les ouvrages de saint Augustin, de saint Jérôme, d'Origène, de saint Ambroise, de saint Grégoire, de saint Anselme et de saint Benoit, qu'ils avaient entre les mains et qui faisaient leur consolation [1]. » Sous Guillaume de Fors, en 1248, on trouve les moines copiant les Commentaires de Pierre Lombard sur les Psaumes, sur Isaïe, sur saint Luc et saint Jean, les Commentaires du cardinal Hugues sur saint Luc, le Cloître de l'âme de Hugues de Saint-Victor, le Sermon de Pierre de Blois sur la conversion de saint Paul, le Glossaire de Papin *elementarium doctrinæ rudimentum*, 3 vol. in-fol. On achetait en même temps des manuscrits de différentes provenances et on enrichissait le trésor littéraire de l'abbaye, sans cesse augmenté de siècle en siècle, au point que la bibliothèque de Jumièges passait au dernier siècle pour l'une des plus considérables de France.

Notre grand archevêque, Eudes Rigaud, aima à visiter souvent notre monastère de 1249 à 1269 et à y faire entendre sa voix apostolique. Il y fit même une ordination le 17 mars 1263. On voit par son *Regestrum*

---

[1] T. I, p. 374.

que l'abbaye comptait alors environ 70 moines, dont une vingtaine dans les prieurés. Les revenus montaient au XIIIe siècle à 4,300 livres et les aumônes aux pauvres étaient faites chaque jour régulièrement. Eudes Rigaud encouragea vivement cette pratique de l'aumône, ainsi que le soin des malades, la fidélité au jeûne et à l'abstinence, la confession mensuelle, la célébration de la messe au moins une fois chaque semaine par les religieux prêtres. Sur les cinquante moines qui résidaient à Jumièges, une quinzaine environ n'étaient pas prêtres. Eudes Rigaud, comme le fera l'un de ses plus dignes successeurs, François Ier de Harlay, rend témoignage au bon esprit, à la régularité, à la grande charité de Jumièges.

Les offices de l'église, cette louange perpétuelle qui résonnait sous les grandes voûtes de la basilique et ne s'interrompait ni jour ni nuit, donnaient à l'abbaye une abondance de vie spirituelle et un charme incomparables. Il faut lire l'exposé des exercices religieux contenu dans notre manuscrit.

Depuis le mercredi des Cendres jusqu'au Jeudi saint on chantait trois offices au chœur, celui du jour, celui de la sainte Vierge et celui des morts ; tous les jours deux grandes messes, celle du jour et celle des morts.

Le mercredi et le vendredi, avant la grand'messe, les religieux s'assemblaient dans le cloître et quittaient leur chaussure. Ils se rendaient à l'église et là récitaient les sept psaumes de la pénitence et les litanies des saints, prosternés sous la lampe du sanctuaire, puis faisaient la procession pieds nus autour du cloître. Après la grand'messe on chantait les vêpres et on se rendait à l'église Saint-Pierre, où l'on chantait les mémoires suivies des vêpres des morts. On prenait le repas à midi : une soupe, des légumes et du hareng. Jumièges avait ses coutumes liturgiques bien dignes de souvenir. Le dimanche de la Passion, les religieux faisaient une profession solennelle de leur foi à la présence réelle de Notre-Seigneur dans l'Eucharistie. Avant la communion l'officiant de semaine, tenant entre ses mains les saintes Espèces, disait à haute voix : *Hoc corpus quod pro vobis tradetur. Hic Calix testamenti est in sanguine Christi.* A l'instant, tout le chœur se mettait à genoux et demeurait en adoration jusqu'à ce que le prêtre eût communié.

Il y avait à Jumièges une courtine ou rideau qui traversait le chœur et qu'on ne tirait qu'au *per omnia* précédant *l'Agnus Dei*, pour ouvrir passage à ceux qui communiaient. Le mercredi saint, à ces paroles de la

Passion, *Velum templi scissum est*, deux moines déchiraient en deux le rideau. L'abbé en crosse donnait, le Jeudi saint, l'absolution solennelle à la communauté. Le Jeudi saint, les moines lavaient les pieds aux pauvres et les conduisaient au réfectoire, où un dîner leur était servi. L'abbé et les douze plus anciens lavaient les pieds à treize autres pauvres, qu'ils servaient à table ; ils donnaient à chacun d'eux une paire de souliers et douze deniers. Les moines communiaient le Vendredi saint. Tous les vendredis de l'année on jeûnait comme en Carême, c'est-à-dire qu'après l'unique repas de la journée, on ne pouvait prendre qu'un verre de boisson avant complies.

La vie était austère dans cette abbaye et la charité intarissable. Le surnom qu'elle portait entre toutes les abbayes de l'ordre, Jumièges *l'Aumônier*, était bien mérité. On donnait tous les jours des vivres aux pauvres qui se présentaient, et souvent leur nombre était considérable. Ils accouraient des pays d'alentour, sûrs d'obtenir leur subsistance avec de bonnes paroles et un cordial accueil. Les siècles, en s'écoulant, n'apportèrent aucun changement sur ce point. Au dix-huitième siècle, comme au moyen-âge, l'abbaye était la providence des pauvres. On recevait à coucher pendant trois nuits les voyageurs qui réclamaient l'hospitalité. Des bâtiments spéciaux leur étaient consacrés ; le souper, la lumière, le feu, le lit assurés. Cette large et constante pratique de la charité est l'honneur de Jumièges. M. Deshayes, peu suspect de bienveillance à l'endroit des moines, fait souvent l'éloge de « leur générosité[1], » et il écrit à la fin de la première partie de son livre : « Une vertu qu'ils ne cessèrent de pratiquer fut la charité, qui valut à leur monastère, jusqu'aux derniers moments de son existence, le titre d'Aumônier, titre justement mérité, qu'il devait à la bienfaisance des religieux, et à leur zèle qui les portaient à secourir les pauvres, les veuves, les orphelins et les malades, auxquels ils n'ont jamais cessé de prodiguer tous les soins qui dépendaient d'eux. » M. Savalle, aussi peu partial pour les religieux que M. Deshayes, a rendu même témoignage. « La vérité, en ce qui concerne Jumièges, est que MM. les Religieux ont justifié jusqu'à la fin pour leur monastère le beau surnom d'Aumônier qui lui a été de tout temps accordé... A Jumièges, tous les matins, vers dix heures, la grande porte du monastère était ouverte à deux battants, et une centaine de pauvres

---

[1] *Hist. de l'Abbaye de Jumièges,* p. 51, 118, 143, 162.

gens en guenilles entraient dans le préau : là, avait lieu, sur l'herbe, en plein air, devant les bâtiments conventuels, en présence du prieur, une distribution de soupe dans des écuelles de bois ; puis une autre distribution de linge et d'habits provenant du vestiaire de la maison, abondamment garni. Le dimanche, le prieur, suivant encore en cela la règle de la communauté, distribuait douze sols à chaque pauvre. Ce n'est pas tout : les malades de la paroisse étaient soignés à domicile ; le médecin de MM. les Religieux allait leur porter gratuitement ses soins et des médicaments [1]. » S'il en était ainsi aux derniers jours du monastère, alors que le relâchement de la discipline s'y était introduit et que l'esprit du siècle y soufflait l'indépendance et la tiédeur, quelles flammes devait avoir la charité aux jours de ferveur et d'édification !

Au moyen-âge les faits abondent de cette tendre et large charité. Une sentence rendue en 1216 nous apprend que les aumônes distribuées à cette époque étaient si considérables qu'on occupait un moulin à eau, deux jours de la semaine, « pour satisfaire seulement à celles qui se faisoient en pain, ce qui pouvoit monter à quarante-huit ou cinquante boisseaux de

[1] *Les derniers moines de l'Abbaye de Jumièges*, p. 8 et 9.

grains par semaine, qui produisoient, à la mesure de Duclair, deux, trois ou quatre cents livres pesant, dont l'aumônier faisoit la distribution le lundi, le mercredi, le vendredi et le samedi de chaque semaine. »

Les lépreux étaient à Jumièges, comme auprès de tous les grands centres religieux, l'objet des soins les plus touchants. Les moines avaient construit pour eux une maladrerie située à l'entrée de la campagne entre les églises paroissiales de Saint-Valentin de Jumièges et de Saint-André d'Yonville ; ils la transférèrent vers 1340, à la demande des habitants, à l'extrémité des bois, à moitié chemin de Jumièges à Duclair, en un lieu appelé le mont d'Avilette ; elle a été longtemps connue sous le nom de Saint-Julien-du-Bout-du-Bois.

Les moines ne négligèrent pas leurs édifices religieux. La grande église Notre-Dame recevait de chaque siècle des embellissements intérieurs et parfois de vrais chefs-d'œuvre d'art. Celle de Saint-Pierre, bâtie en 654 par le saint fondateur, restaurée en 928 par Guillaume-Longue-Epée, était refaite au XIVe siècle avec toute la poésie, la grâce rayonnante de l'art gothique de l'époque secondaire. Les ruines attestent encore sa sveltesse et sa beauté. Le nombre des religieux avait alors considérablement diminué. Ils étaient cinquante-cinq en 1338 résidant à Jumièges ; un certain nombre de moines étaient répandus dans les prieurés dépendant du monastère.

Nous arrivons à l'époque néfaste de la guerre de cent ans entre la France et l'Angleterre. Les charges de cette guerre pesèrent lourdement sur l'abbaye. Dès 1340 l'abbaye est taxée comme toutes les autres et paye six deniers pour livres sur tous ses revenus ; elle contribue en 1355 à l'entretien de trois mille hommes accordés par la province à l'armée royale. Le roi Jean est vaincu et fait prisonnier à Poitiers (1356). Charles le Mauvais, roi de Navarre, se met en campagne contre le Dauphin, ravage les biens de l'abbaye du côté de Mantes et de Meulan. On n'entendait parler que de brigandages et d'incendies de la part de ces révoltés. L'abbaye est elle-même surprise et investie en 1358 par un parti de huit cents hommes, qui la pillèrent pendant six jours entiers. L'abbé et nombre de moines fuient à Rouen ; Jumièges est désert et reste inculte pendant deux ans. Remis de cette secousse, le monastère, sous le gouvernement de l'abbé Jean IV de Fors, reprenait vie, lorsqu'éclata le grand schisme d'Occident, qui devait désoler l'Eglise pendant soixante et onze ans. Quelle douloureuse époque ! La France menacée dans son existence par la guerre étrangère et par ses divisions intestines ; l'Eglise déchirée dans son unité par les deux obédiences et par les erreurs de Wiclef et de Jean Huss, précurseurs de Luther ! Jumièges se range à l'obédience du Pape français Clément VII. Plus tard, en 1407, l'abbaye est représentée par son abbé Simon du Bosc, nommé par le roi Charles VI l'un de ses ambassadeurs, à l'entrevue de Savone, où les Papes des deux obédiences devaient se rendre pour mettre un terme aux cruelles épreuves de l'Eglise. Simon du Bosc a laissé de curieux documents sur cette ambassade, mis au jour par Dom Martenne au tome second de son *Thesaurus novus anecdotorum ;* on sait quel fut l'insuccès de cette démarche. Elle convainquait du moins tout le monde de la nécessité d'un Concile qui fut réuni à Pise en 1409. L'abbé de Jumièges y figura comme ambassadeur du roi et député de l'Université de Paris. Le Concile déposa les deux Papes et élut à leur place Alexandre V. Les Pontifes déposés refusèrent d'adhérer à la décision du Concile, et la chrétienté se trouva en présence de trois Papes. C'est à l'occasion de ce Concile que l'abbé de Jumièges reçut pour lui et ses successeurs du Pape Alexandre V le droit d'user de la mître, de l'anneau, et des ornements pontificaux. L'abbé Simon du Bosc fut encore député au Concile de Constance (1414), aux travaux duquel il prit une part considérable. « Il prêcha plusieurs fois en plein Concile contre les erreurs imputées à Jean Huss sur la matière de l'Eucharistie... Entre les prélats et les docteurs qui assistoient au Concile, il y en a peu qui se soient plus distingués que l'abbé du Bosc par leur savoir et leur zèle, pour l'union de l'Eglise et l'extirpation des hérésies. » Le Concile prononça la déchéance des trois papes et nomma Martin V (1417) qui ferma heureusement bientôt après les plaies faites à l'Eglise par ces déplorables dissensions. Simon du Bosc survécut peu de temps à ce grand acte ; la guerre, devenue furieuse entre l'Angleterre et la France, et l'invasion de la Normandie attristèrent ses derniers jours. Il mourut à Paris le 14 septembre 1418, navré des maux qui fondaient alors sur la patrie. Jumièges était envahi à la fois par la guerre et par la peste.

Henri V d'Angleterre a débarqué à l'embouchure de la Seine et pris Harfleur (1415). Les armées françaises ont succombé à Azincourt (1415). Paris est en proie aux fureurs de la guerre civile, le roi est fou depuis longtemps. Le Dauphin s'est sauvé à grand peine de la capitale. Le roi d'Angleterre s'empare de Caen (1417), fait le siège de Rouen qui ne cède qu'à la famine (1418). La Normandie est à feu et à sang. L'abbaye de Jumièges reçoit le contre-coup de tous ces événements; elle est mise au pillage, détruite, anéantie, *lamentabiliter desolata et annihilata*, écrit son nouvel abbé, Nicolas Le Roux, en 1418. Il y a de l'exagération dans toutes les larmes, mais elles sont respectables. La vérité est que vidée déjà par la peste, l'abbaye est mise à sac par les partis contraires, les bâtiments sont abattus, les fermes ruinées, l'agriculture abandonnée pendant près de cinq ans. La plupart des religieux se sont réfugiés à Rouen, au manoir de la Poterne, et c'est là qu'ils élisent le successeur de Simon du Bosc, Nicolas Le Roux.

L'invasion anglaise trouva à Rouen la communauté de Jumièges et la taxa à seize cents francs de la forte monnaie (1419). Hélas! alors commencent les défaillances. Le honteux traité de Troyes avait été signé (1420). Henri V est maître de la Normandie et d'une partie de la France, le roi légitime est en démence, la reine a livré à la fois à l'Anglais son époux, son fils, son trône. Voyez ce que devient le patriotisme et comment l'intérêt personnel fait entendre sa voix malsaine! On cherche à s'excuser, mais l'excuse est aussi misérable que la faute. « L'on espéroit si peu dans la province que le Dauphin pût être jamais en état de soutenir ses droits au trône, que les plus affectionnés à leur roi légitime crurent devoir veiller à leurs intérêts en faisant confirmer leur possession dans le royaume par le nouveau roi. L'abbé de Jumièges alla, comme les autres, demander la confirmation des biens de son abbaïe, et elle lui fut accordée par le prince » (1421). Tristes pages de notre histoire que nous voudrions pouvoir effacer à jamais de la mémoire des hommes ! Les moines retournent donc à Jumièges avec leur abbé et y ramènent peu à peu la vie et la régularité. Pendant ce temps, Dieu faisait un miracle de miséricorde et de salut. Il suscitait Jeanne d'Arc, la douce vierge, la libératrice héroïque, l'incomparable martyre de la patrie Française. C'est à genoux devant son image, sans cesse sous nos yeux, que nous écrivons son nom béni, aimé et vénéré, et que nous lui demandons pardon pour un de ses juges et un de ses bourreaux, Nicolas Le Roux, abbé de Jumièges. Il n'était pas sans qualités ; on a loué sa piété, sa régularité, son dévouement aux intérêts de son monastère, mais la part qu'il prit au procès de Jeanne est une tache indélébile à sa mémoire. Son avis pour le jugement trahit les anxiétés de sa conscience ; il jugeait la cause très ardue, *in tam arduo negotio*, et ne se détermina que par peur de l'Anglais, et, il faut bien le dire aussi, par l'autorité des docteurs de Paris dont il avait pris le mot d'ordre. Cet acte inique ne lui profita guère ; il mourut un an après la sainte martyre, dans toute la force de l'âge, emporté « par une fâcheuse maladie » où nous voyons, nous, comme dans la fin des principaux auteurs du supplice de Jeanne, le doigt de Dieu.

L'invasion anglaise fut d'ailleurs la source de calamités sans nombre pour notre malheureux pays. Au fléau de la guerre s'ajouta celui de la famine ; les paroisses étaient ruinées et dépeuplées. « La population, dit Jean Masselin aux Etats-Généraux de 1484, était réduite à si peu, qu'on a pensé que le pays de Caux n'avait conservé qu'à peine la centième partie de ses habitants. » Les paysans, exaspérés, se soulevèrent en 1434, et, tout en donnant la chasse aux Anglais, commirent de grands désordres.

Ces bandes, indisciplinées et réduites à la dernière misère, n'écoutaient plus que la voix impérieuse du besoin et n'épargnaient pas plus leurs compatriotes que leurs ennemis. De là la retraite des religieux de Jumièges à Rouen. Charles VII reconquérait peu à peu sa belle province de Normandie, et avec la sécurité les religieux retournèrent dans leur abbaye. Rouen s'était rendu au roi le 17 octobre 1449. Charles vint se fixer à Jumièges, où il fit un séjour de plusieurs mois, pendant toute la durée de la campagne contre les Anglais, poursuivie avec tant de succès par ses généraux. Agnès Sorel mourut au manoir du Mesnil, à une lieue de Jumièges, le 9 février 1450, dans de grands sentiments de pénitence, assure notre historien. Le corps d'Agnès fut inhumé à Loches ; son cœur et ses entrailles trouvèrent dans la chapelle de la sainte Vierge de l'abbaye une sépulture où semble dominer l'idée d'expiation. Agnès était représentée, à genoux, en suppliante, offrant son cœur à la sainte Vierge et la conjurant de la réconcilier avec Dieu, qu'elle avait tant offensé pendant sa vie.

On a fait à cette jeune femme une légende presque glorieuse en raison de « l'excellente influence » qu'elle aurait exercée sur Charles VII, pour lequel elle aurait été une autre Jeanne d'Arc. Des historiens n'ont pas rougi d'associer ces deux noms et d'assurer « que Agnès eut l'amitié de Jeanne ! » Que d'erreurs accumulées dans ces assertions ! Jamais Agnès Sorel n'a eu le moindre rapport avec la sainte de Domremy ;

jamais elle n'a eu la moindre influence sur le roi pendant l'époque critique de son règne et ses premières victoires ; pour une excellente raison, c'est qu'elle n'a paru à la Cour de France qu'en 1444. Il y avait treize ans que Jeanne était morte et quinze ans que le roi avait été sacré à Reims, quand Charles VII s'éprit d'Agnès Sorel, attachée encore au milieu de l'année 1444 à la personne d'Isabelle de Lorraine, reine de Sicile, et produite à la Cour dans la seconde moitié de cette année 1444. On ne conçoit pas que MM. Michelet et Henri Martin eux-mêmes aient accordé créance à une fable invraisemblable et absurde imaginée plus d'un siècle après la mort d'Agnès Sorel par du Haillan. M. P. Clément a eu raison d'écrire « qu'on ne trouve dans aucun historien du temps ni même du siècle suivant les moindres indices de l'influence heureuse que l'on a attribuée à la maîtresse de Charles VII. » L'influence exercée par Agnès à partir de 1444 sur l'esprit et le cœur du roi n'a rien à voir avec l'histoire. Le seul titre de cette femme à l'indulgence est son repentir, que notre histotorien de Jumièges assure avoir été sincère et profond. Ne la voyons donc qu'à travers les larmes de son mausolée et les aumônes généreuses faites par elle aux pauvres et à l'abbaye. « Piteuse entre toutes gens, » elle mérite notre miséricorde et nos prières, mais non notre admiration.

Marguerite d'Anjou, reine d'Angleterre, séjourna à Jumièges vers 1462, sous l'administration de l'abbé Jean de la Chaussée. Antoine Crépin, archevêque de Narbonne, qui accompagnait la reine, conçut le triste dessein de monter sur le siège abbatial de Jumièges et y réussit après de nombreuses intrigues. Le quinzième siècle se termina paisiblement à Jumièges sous l'administration éclairée de deux abbés de l'illustre famille d'Amboise, qui jetait tant d'éclat sur le siège de Rouen. Epoque féconde et merveilleuse que celle de l'épiscopat des deux cardinaux d'Amboise ! On ne célébrera jamais assez la mémoire de ces deux princes de l'Eglise qui ont été d'insignes bienfaiteurs de la province de Normandie et de l'Eglise métropolitaine. Les églises restaurées ou bâties de 1494 à 1550, les œuvres fondées, les confréries et communautés érigées, les travaux d'art, les institutions hospitalières, les collèges, les écoles multipliées partout, font de cette époque l'une des plus vivantes et des plus prospères de notre histoire nationale. Jumièges a eu son reflet de toutes ces splendeurs. Notons en particulier son école de grammaire, justement célèbre au commencement du XVIe siècle, non seulement par la science et le mérite des maîtres, mais aussi par l'application des jeunes religieux et « l'affluence des écoliers et des étrangers qu'on y admettait. »

Le XVIe siècle, qui devait être marqué par tant de ruines et de désastres, s'ouvrit plein de promesses sur notre abbaye régénérée. L'abbé Jean Durand y avait introduit la réforme de Chazal-Benoît. La ferveur des anciens jours animait tous les cœurs. Quel plus touchant spectacle que celui décrit par notre historien ? « La vie pénitente et retirée des religieux de Jumièges donnait tant d'éclat à leur réputation, que, de tous les endroits de la province, on venoit les voir pour s'édifier. Jamais, en effet, la régularité n'avoit été mieux observée. Jumièges était dans sa première splendeur. On ne voyoit les moines qu'à l'église, et on les y prenoit plutôt pour des anges que pour des hommes. L'office fini, ils retournoient modestement à leurs chambres et n'en sortoient que pour un nouvel exercice. Le travail des moines se faisait en commun et personne n'en était exempt. Les constitutions de Chazal-Benoît, qu'ils pratiquoient à la lettre, feront mieux comprendre que nous ne pourrions faire, la pureté et l'austérité de leur vie. Nous remarquerons seulement qu'ils ajoutèrent beaucoup de choses à leurs constitutions, comme de faire trois processions chaque semaine de carême, nu-pieds, autour du cloître, de ne manger qu'un mets et de ne boire que du cidre ; en quoi l'abbé était le premier à leur donner l'exemple, même en présence des séculiers qui mangeoient à sa table. » Page édifiante qu'on aime à relire ! Elle atteste que l'esprit de foi et de pénitence n'était pas aussi affaibli qu'on l'a prétendu dans l'Eglise au siècle où Luther allait remplir l'Europe de ses imprécations contre la mère de la civilisation et de la sainteté. On priait encore avec ferveur dans les vieilles abbayes et on y renouvelait les exemples de l'antique ascétisme. C'était le calme avant l'orage, une douce vision de paix précédant l'horrible guerre civile allumée en France par le protestantisme.

La sombre et sanglante année 1562 est arrivée. Les Huguenots ont ravagé Rouen, Dieppe, Le Hâvre, Caudebec ; ils sont aux portes de Jumièges. Les religieux ont appris le sac de Caudebec, ils quittent tous l'abbaye. Le 8 mai, les Protestants partent de Caudebec pour Jumièges ; ils trouvent le monastère désert ; ils y pénètrent et mettent tout au pillage. Les autels sont renversés, les vases sacrés volés, les images brisées, les saintes reliques jetées au feu. Châsses, ornements, linge, argenterie, meubles, tout est détruit ou emporté. Le plomb dont l'église et le cloître étaient couverts, l'étain, le cuivre, les provisions en nature, vin, blé, bestiaux, tout, jusqu'aux livres de la riche et magnifique bibliothèque et aux archives du chartrier devient la proie de ces pillards éhontés. La perte de l'argenterie de l'église, évaluée à 2,176 livres du temps, celle des ornements à 14,800 livres, les châsses de saint Valentin et de saint Philibert à 25,000 livres, peut donner une idée de cette abominable dévastation. Des trésors d'art y périrent sans retour. Les deux églises et les bâtiments eux-mêmes ne furent pas épargnés et portèrent toujours depuis les traces des mutilations des huguenots, comme à Rouen et dans toutes les villes où s'exerça leur fureur. On a mis sur le compte de la Révolution les dégradations profondes et presque irréparables subies par les plus belles églises du diocèse; la Révolution y a porté sans doute sa main dévastatrice, mais ce sont les protestants de 1562 qui ont fait à ces nobles et grandes œuvres des siècles chrétiens les plaies les plus meurtrières. L'histoire n'aura jamais assez d'indignation pour flétrir les vandales de 1562. Charles IX, qui se rendit à Jumièges le 28 juillet 1563, constata de ses yeux les ruines accumulées par les Huguenots et permit aux religieux de vendre leurs terres pour pourvoir à leurs premiers besoins. C'est ainsi qu'ils aliénèrent la seigneurie de Norville et la cédèrent à Charles de Cossé, comte de Brissac, pour 10,220 livres. Ils laissèrent du moins dans cette paroisse une ravissante église gothique témoin fidèle de leur goût, de leur zèle et de leur piété. Dix-sept religieux seulement retournèrent alors à Jumièges et remirent un peu d'ordre dans la pauvre abbaye dévastée. Les moines rentrèrent peu à peu et les bâtiments reçurent les réparations nécessaires. En 1576, l'abbaye obtenait de l'archevêque de Rouen, Charles de Bourbon, ce témoignage : « Nous louons Dieu, mes bien-aimés, et nous vous sçavons gré de ce que nous n'avons trouvé parmi vous ni incontinence, ni dissolution, ni scandale, et de ce que le service divin est célébré dévottement et aux heures requises selon les constitutions de votre ordre. » Quelques années après (1580) les religieux se remettaient sous la réforme de la congrégation de Chazal-Benoît, par où la sève religieuse circulait de nouveau avec toute sa vigueur et sa fécondité dans une partie de la grande famille bénédictine.

Les guerres de la Ligue furent un nouveau fléau pour l'abbaye renaissante. Elle donna asile à « un peuple presqu'infini » qui venait chercher dans son enceinte un refuge et du pain, et se réduisit pour continuer ses traditions invariables de charité, à une « extrême pauvreté. » Enfin cette guerre qui désola si particulièrement nos contrées prit terme, comme tous les malheurs d'ici-bas. Jumièges put respirer. On y comptait en 1596 vingt-neuf religieux profès, quatre novices et un précepteur, trente-trois domestiques. Détail touchant : on cuisait du pain jusqu'à trois fois par jour pour les religieux et pour les pauvres, « d'où l'on peut conclure, dit notre auteur, que les aumônes étaient toujours abondantes à Jumièges et que les religieux n'avaient pas abandonné la charité de leurs pères. »

Le grand événement du XVIIe siècle fut pour l'abbaye de Jumièges son entrée dans la congrégation de Saint-Maur. On sait que les monastères bénédictins, qui avaient adopté la réforme dite de Saint-Vannes, se formèrent en une nouvelle congrégation approuvée par Louis XIII et peu après par le Pape Grégoire XV, devenue promptement célèbre en France sous le nom de congrégation de Saint-Maur, patron adopté par elle. L'abbaye qui avait subi le régime des abbés commendataires depuis le concordat de 1516 était gouvernée en réalité depuis ce temps par les prieurs claustraux. On a fait de nombreux reproches, dont plusieurs très légitimes, à ce régime de la commende. Il ne paraît pas, par notre histoire, que Jumièges ait eu beaucoup à s'en plaindre. La transition de l'ancienne communauté en congrégation nouvelle de Saint-Maur fut assez laborieuse. On en trouvera les détails rapportés fort au long dans le troisième volume de cette histoire. De tels et si profonds changements ne s'opèrent pas sans froisser des opinions et des intérêts respectables, mais l'amour du bien triompha de tous les obstacles, et la réforme était si bien affermie à Jumièges en 1621 que la nouvelle congrégation put y tenir le 15 juillet de cette année son premier chapitre général. Ce fut pour l'abbaye comme une nouvelle floraison de science et de vertus. Rien de plus édifiant que son histoire pendant le grand siècle de la monarchie française. Les religieux éminents s'y succédèrent, les travaux d'érudition s'y multiplièrent : peu de foyers bénédictins furent plus actifs et plus féconds. Tous les prieurs claustraux de cette époque sont gens de mérite et de savoir, aussi exemplaires dans leur vie que bienfaisants dans leur ministère. Parmi les religieux du XVIIe siècle, plusieurs sont parvenus à la célébrité : Dom Thomas Dufour, très versé dans la connaissance des langues orientales, auteur d'une grammaire hébraïque justement estimée ; Dom Jean Garet, l'éditeur des ouvrages de Cassiodore ; Dom Massuet, savant helléniste, connu dans le monde de l'érudition par son édition de saint Irénée ; Dom Boudier, un des bons écrivains et des supérieurs généraux de l'Ordre ; Dom Le Nourri, l'auteur de l'excellent ouvrage intitulé *Apparatus ad Bibliothecam Maximam Patrum*, où l'on trouve une analyse raisonnée des Pères apostoliques et des écrivains ecclésiastiques des IIIe et IVe siècles.

D'autres se sont signalés par des vertus extraordinaires : Dom Antoine-Maur Tassin, Dom Thomas Dufour, Dom Gabriel Theroude, Dom Barré, mêlé à l'affaire de Loudun, et comme tel poursuivi sans mesure par la passion des écrivains libres-penseurs, mais remis en honneur par notre historien ; Dom Vincent de Marsolles, Dom Grégoire de Verthamons, Dom Jean-Baptiste Mouly, Dom Pierre de Vieille-Chèze, tous gens de savoir et de bien, dont notre auteur a fait connaître, en d'excellentes notices inédites jusqu'ici, les nobles vies et les mérites éminents.

Le dix-huitième siècle fut pour les saintes institutions de la France comme pour le pays tout entier, un siècle de décadence. Aucun événement marquant ne s'accomplit à Jumièges. On n'y signale qu'une visite royale en 1720, celle de Jean Casimir, ancien roi de Pologne. L'abbaye continuait toujours ses traditions de large et inépuisable charité; pour ne citer qu'un exemple, elle nourrit pendant la disette de 1740 jusqu'à sept cents pauvres à la fois. Cette gloire-là avait survécu à toutes les autres, et nul ne pourra jamais en découronner le front de nos bons religieux. Dans les rangs éclaircis des moines, on ne rencontrait plus, au siècle dernier, de savants ni de saints, mais on y trouvait des cœurs généreux toujours prêts à soulager la misère des pauvres. Il y avait encore des hommes d'étude, témoin le digne religieux qui a écrit l'histoire du monastère édité par notre Société. Comme la plupart de ses frères, il a travaillé humblement dans la paix du cloître, sous les regards de Dieu, sans souci de l'opinion et de la gloriole humaines. Quel qu'il ait été, il a fait une œuvre utile et considérable. Nous avons fait nos réserves au début de cette notice ; nous n'en sommes que plus autorisé à rendre hommage à l'érudition, à la bonne foi, au mérite de cet historien qui a sauvé de l'oubli les faits et les documents les plus importants des annales de notre abbaye. On trouvera comme nous l'avons dit, des chapitres entiers de notre ouvrage reproduits par M. Deshayes ; mais les lecteurs sérieux devront recourir à la source trop souvent altérée par le compilateur du XIXe siècle, qui a glissé au milieu des pages de l'honnête bénédictin, le venin de son scepticisme. Cet ouvrage, en effet, est une source. Nous n'avons pas à apprendre de quel intérêt sont pour l'histoire locale, en dehors même du sujet général, les renseignements nombreux et inédits qu'il renferme. L'archéologie et la géographie notamment y puiseront de nouvelles et abondantes informations. Les mœurs des différents siècles, les coutumes, les traditions, les droits et usages féodaux, le prix des denrées et de la main-d'œuvre, les détails les plus modestes de la vie domestique, tout ce que la science historique moderne recherche avec raison dans l'étude du passé, a été noté par notre religieux, au cours de son récit. Il serait facile de faire un volume en groupant ces renseignements, et c'est assez l'usage des introductions développées ; mais ici l'espace nous a été mesuré, et nous avons affaire à des lecteurs trop entendus pour tenter un travail qu'ils estimeraient superflu. Nous ne pouvons cependant ne pas remarquer quelques coutumes bien touchantes en honneur à l'abbaye. Les moines réunissaient dans un dîner, tous les ans, le jour de sainte Pétronille, le 31 mai les vieilles femmes du pays, une centaine en moyenne ; et sans doute en souvenir de leurs bonnes mères à eux, les entouraient de soins et d'attentions. On y buvait du vin de Conihout, ce fameux crû de Jumièges aujourd'hui inconnu. Chose non moins curieuse, on faisait usage de cidre dans l'abbaye au XIIe siècle, et on sait que cette boisson si répandue dans nos contrées n'a guère commencé à être adoptée généralement qu'au XVIIe siècle. Parmi les usages religieux l'un des plus significatifs était le service annuel pour les moines écrivains, copistes, auteurs ou donataires de livres : tant était grande l'estime qu'on professait dans l'abbaye pour tout ce qui touchait à l'instruction. Ses écoles, on a dû le remarquer, n'ont jamais cessé d'être florissantes ; A toutes les époques, les maîtres ont été en honneur, et les écoliers reçus et élevés gratuitement se sont trouvés nombreux.

D'autres abbayes ont fourni de plus grands hommes et des travaux plus éclatants, aucune n'a mieux pratiqué les œuvres de miséricorde, et par là n'a rendu meilleur témoignage à Jésus-Christ vivant dans la personne des pauvres. Est-ce à dire que l'histoire de Jumièges est sans ombre ? Composé d'hommes, ce monastère a connu les faiblesses et les infirmités humaines. Mais dans sa longue carrière, pas un scandale public, pas le moindre vestige d'erreur, pas de traces même de Jansénisme, « dans le temps où il trouvait à s'infiltrer partout », une régularité presque toujours soutenue, une prière constante, un grand zèle du culte public, une application persévérante à l'étude, des services nombreux rendus au pays et à la civilisation.

Les moines ont appris le bon travail, le travail de la terre, à toute la contrée ; ils ont fait de la péninsule gémétique l'un des sols les mieux cultivés et les plus plantureux de la riche Normandie ; ils ont amassé patiemment un trésor de manuscrits et de livres dont s'est enrichi le dépôt, ouvert à tous, de la bibliothèque de Rouen, où l'on ne peut parcourir un rayon sans retrouver quelqu'un de leurs souvenirs. Ils ont orné de leurs dépouilles de nombreuses églises d'alentour. Ils ont ouvert leur abbaye comme un asile hospitalier à tout venant, à tout délaissé, à tout opprimé, dans les calamités publiques ; ils ont porté leur large part des charges de la France à l'heure de ses crises et de ses dangers ; ils ont été excellemment bons et généreux pour les pauvres. Aucun homme de cœur ne passera jamais devant les ruines de cette belle institution monastique sans saluer là un grand foyer éteint de prières, d'étude, de vertus et de charité, et sans bénir Jumièges l'Aumônier. Les petites misères des hommes racontées scrupuleusement dans les annales de l'abbaye disparaîtront sous cette vision supérieure de l'amour de Dieu et du prochain : les nuages s'effacent devant le soleil radieux.

Le temps et la fureur des hommes ont tout détruit de ces immenses constructions qui ont abrité près de quarante générations de moines, couchées dans la poussière, à l'ombre des grands arbres; mais ils ont laissé debout les deux tours jumelles, hautes, blanches, vénérables, qui s'aperçoivent de dix lieues, à travers les méandres de la Seine, symbolisant ces deux colonnes indestructibles de la foi religieuse : la prière et la charité.

Comment s'est faite cette lamentable destruction ? disons-le en deux mots.

L'abbaye de Jumièges fut enveloppée dans la proscription des instituts monastiques en 1790. François-Camille de Lorraine, abbé de 1760 à 1788 eut pour successeur en 1788 un neveu du trop fameux archevêque de Sens qui portait le même nom que lui, M. de Loménie, ce qui a amené la confusion entre les deux personnages dans certains ouvrages. L'abbé de Jumièges, le jeune de Loménie, ne fit que paraître à l'abbaye pour en prendre possession et retourna ensuite à Paris, sans marquer sa trace dans l'histoire.

Le prieur, Dom Pierre-Amand Bride, jouissait d'une excellente réputation. « Il savait allier la simplicité et la modestie à la dignité du caractère ; c'était un Bénédictin dans toute l'acceptation du terme, d'une érudition très vaste, de mœurs irréprochables, ascétiques, et qui veilla jusqu'à la fin avec fermeté à la stricte observation de la règle [1] ».

Le monastère se trouva, dans les derniers temps, obligé de contracter des emprunts assez importants pour faire face à ses dépenses régulières, les revenus diminuant tous les jours. On fut même contraint de vendre les plombs des couvertures des deux églises qu'on ne pouvait plus entretenir. Dom Toussaint Outin, le bibliothécaire, s'opposa à cette mesure extrême, et pour transmettre à la postérité sa protestation, il la grava lui-même sur les combles en ces termes : « Dom Outin n'y a pas consenti. » Le noviciat,

---

[1] *Les derniers Moines de Jumièges,* par Emile Savalle, Rouen 1867, page 11.

par suite de la gêne, fut transféré au Bec. Il n'y avait plus que seize religieux dans la maison en 1789.

La fin de la célèbre abbaye ne fut pas digne de ses commencements. Sa dernière page est triste à écrire. Le prieur et ses religieux prêtèrent serment à la Constitution civile du clergé et se dispersèrent peu après. Dom Bride devint, après le Concordat, curé d'Yvetot (1802), où il mourut le 17 mai 1810.

Le monastère et ses biens, déclarés propriété nationale, furent vendus à des prix peu élevés. La riche bibliothèque, recueillie par Dom Gourdin, bénédictin de Saint-Ouen et premier bibliothécaire de la ville de Rouen, entra dans le vaste dépôt de livres formé alors avec les dépouilles des abbayes et des maisons religieuses ; elle constitue l'une des sources les plus abondantes et les plus estimées des manuscrits et des livres anciens de la bibliothèque publique de Rouen. On mit au feu les amas de parchemins, titres féodaux, chartes seigneuriales de l'abbaye, et la population dansa autour du brasier immense où ces documents de onze siècles d'histoire étaient réduits en cendres.

La belle abbatiale de Notre-Dame servit une dernière fois au culte au commencement de 1793, à l'occasion du départ des volontaires pour la frontière. Elle fut refusée comme église paroissiale par le curé de Jumièges ; on distribua son riche mobilier dans toutes les paroisses des pays d'alentour. Elle fut vendue en 1795 avec les bâtiments conventuels au receveur des domaines nationaux, Pierre Lescuyer, qui acheva la dispersion des meubles et des ornements de l'abbatiale et de l'église Saint-Pierre.

En 1797, M. Capon, banquier, à Paris, se rendit acquéreur de la propriété de M. Lescuyer, puis s'en débarrassa bientôt en la dépeçant. M. Lefort, marchand de bois à Canteleu, acheta en 1802 les deux églises et les bâtiments conventuels, et passa des marchés avec des entrepreneurs de Rouen et de la Mailleraie pour la démolition générale. Tout disparut sous les coups des barbares : peintures murales, sculptures, bas-reliefs si finement fouillés, dentelles de pierre si délicatement ajourées. Chefs-d'œuvre de l'âge gothique, de la Renaissance, des temps modernes, les trésors d'art de ces nobles et grandioses basiliques furent impitoyablement brisés, broyés, dispersés, anéantis. « Les voûtes, dit M. Savalle, s'écroulaient avec fracas sous d'immenses nuages de poussière. La mine qui devait d'un seul coup mettre à bas la grande tour carrée, fit mal son effet ; et l'on voit encore un gigantesque pan de muraille de la lanterne, seul, debout dans l'air, dominant la nef, au-dessus d'une voûte de quatre-vingts pieds, soutenu par deux piliers contemporains de saint Philbert, c'est-à-dire inébranlables depuis douze siècles. »

Le vandalisme des étrangers et la rapacité des passants achevèrent, peu à peu, l'œuvre de destruction. Des Anglais, assure-t-on, achetèrent de belles sculptures scellées dans la muraille de la lanterne, et le cloître « qui passait pour un des plus beaux du monde ». Ce cloître aurait été reconstruit dans un parc anglais.

La grande abbaye ne porte plus désormais qu'un nom tristement populaire : les Ruines de Jumièges.

Ces ruines ont passé, en 1824, dans les mains de M. Casimir Caumont, qui en comprit la poésie et la valeur. Il mit fin aux spoliations des voyageurs, recueillit religieusement tous les débris précieux, et donna asile dans sa demeure aux meubles et aux souvenirs épars dans le pays. Les ruines furent vendues, après le décès de M. Caumont, et acquises, en juillet 1854, par M. Lepel-Cointet, qui a continué l'œuvre intelligente de son devancier. Par ses soins, la collection des nobles débris et des souvenirs de l'abbaye a été augmentée et classée avec autant de zèle que de goût ; les ruines ont été respectées et, en quelques endroits, consolidées ; les terrains d'alentour, disposés avec art, donnent à tout cet ensemble un grand air de solitude et de mélancolie.

En contemplant, au déclin du jour, ces lieux désolés, ces tours géantes, tristement découronnées, blanches comme des fantômes, ces squelettes de granit informes, grimaçants, fantastiques ; en interrogeant les souvenirs de douze siècles épars dans ces ruines immenses, on sent qu'au milieu de ce silence de la tombe s'élève comme un lugubre gémissement.

La foi avait chanté dans ces pierres jadis harmonieusement unies son hymne consolateur ; l'impiété du dernier siècle l'a troublé d'abord de ses sinistres ricanements, puis l'a étouffé brutalement sous des ruines amoncelées. Les ronces poussent en désordre où s'épanouissaient les fleurs du sanctuaire, les morts sont foulés aux pieds, les pierres, elles-mêmes, ont des larmes : Dieu n'est plus là !

L'abbé Julien LOTH.

Rouen, le 2 Avril 1886.

TABLE DU TOME TROISIEME

LIVRE QUATRIÈME

	Pages
Marian de Martinbos, soixante-treizième abbé	10
Baltasar Poitevin, soixante-quatorzième abbé	13
Jean-Baptiste de Croisilles, soixante-quinzième abbé	45
Guillaume de Montaigu, soixante-seizième abbé	53
Pierre du Cambont de Coislin, soixante-dix-septième abbé	58
François de Harlai, soixante-dix-huitième abbé	60
François de Harlai de Champ-Valon, soixante-dix-neuvième abbé	91
Claude de Saint-Simon, quatre-vingtième abbé	200
François-Camille de Lorraine, quatre-vingt-unième abbé	207
Epitaphes	209
Notice sur l'Abbaye de Jumièges	219

TABLE GÉNÉRALE DES MATIÈRES

A

Abbaïes de Saint-Jean-d'Angeli, I, 135 ; — de Saint-Aubin-d'Angers, I, 99 ; — du Bec, I, 365 ; II, 149, 186 ; III, 104 ; — de Bernai, III, 42 ; — de Chelles, III, 102, 106 ; — de Conches, I, 161, 192 ; II, 101 et suiv. ; — de Corbie, III, 179 ; — de Cormeri, I, 98 ; — de Saint-Pierre-sur-Dive, I, 223 ; — de Saint-Étienne de Caen, I, 215 ; — de Saint-Evroult, I, 171 ; III, 42 ; — de Fécamp, I, 232 ; II, 186, 210, 214 ; III, 90 ; — de Saint-Georges, II, 149 ; — de Saint-Goor, I, 82 ; — de Saint-Gorze, dans le païs Messin, I, 75, 76 ; — de Grestain, II, 22 ; — de Saint-Nazaire-de-Lauresheim, I, 82 ; — de Lessai, I, 208 ; — de Notre-Dame de Luçon, I, 38 ; — de Luxeu, I, 14 ; — sa fondation, page XXI de la Préface ; — de Marmoutier-lès-Tours, I, 357 ; — de Saint-Maximin de Trèves, I, 82, 99, 102 ; — de Saint-Michel-de-Lermé, 1, 38 ; — de Mici, près d'Orléans, I, 134, 136, 143, 144, 158, 212 ; — de Montbourg, I, 219 ; — du Mont-Cassin, II, 109 ; — de Montivilliers, I, 14, 42 et suiv., 372 ; III, 49, 52 ; — de Vermoutiers, I, 14, 37, 42, 45 ; — de Saint-Ooen de Rouen, II, 89, 315 ; III, 105, 120 ; — de Quinçai, I, 14, 38, 43, 45 ; — de Saint-Riquier, I, 56, 99, 109 ; — de Rebais, I, 9, 13, 14, 43, et XXI de la Préface ; — de Saint-Sauveur-le-Vicomte, I, 202 ; II, 189 ; — de Saint-Martin de Séez, I, 247 ; II, 200 ; — de Saint-Sever, près de Vire, I, 210 ; — de Saint-Vandrille, I, 69, 81 ; II, 128, 149, 158, 186, 211 ; III, 47 ; — de Saint-Tron, I, 70, 73 ; — de Valmont, II, 271 ; — de Saint-Victor-ne-Caux, II, 30 ; — de Saint-Vincent du Mans, I, 257 ; II, 254.

Abbaïe de Jumièges fondée, en 654, par Clovis II et sainte Bathilde, I, 15 et suiv. ; — les revenus de l'abbaïe sont partagés entre l'abbé et les religieux, I, 110 ; — elle est pillée et brûlée par les Normans, I, 110 et suiv. ; — elle est rebâtie et remise en possession de ses biens, I, 126 et 127 ; — elle est pillée de nouveau par une troupe de voleurs, I, 233 ; — sa juridiction spirituelle, I, 238 et suiv. ; — nouveau dortoir dans l'abbaïe de Jumièges, II, 43 ; — le relâchement s'introduit dans l'abbaïe, II, 47, 63, 78, 104 ; — elle est pillée une troisième fois par un parti de Navarrois, II, 97, 156 ; — elle est moins ancienne que l'abbaïe de Saint-Vandrille, II, 212 ; — plusieurs seigneurs s'y retirent dans un tems de trouble, III, 89 ; — elle est mise en économat pour les nouveaux convertis, III, 192 ; — les abbés de Jumièges avoient juridiction ecclésiastique sur les trois paroisses de la Péninsule, I, 238 ; — ils étoient conseillers nés à l'Echiquier de Normandie, II, 120 ; 187.

Adam, abbé de Jumièges, obtient de Louis le Débonnaire l'exemption de péage pour les provisions de son monastère, I, 96 et 97.

Adrien IV, pape, confirme les privilèges et revenus de l'abbaïe, I, 262.

Agathe (Sainte), une de ses reliques, II, 231.

Agile (saint) ou Aile, premier abbé de Rebais, I, 17, 18 ; xx de la Préface.

Agobard, archevêque de Lion, I, 100.

Agnès (Sainte), une de ses reliques, II, 231.

Agnès Sorel, II, 40, 190, 192 ; — sa mort, son tombeau, II, 192.

Aicadre (Saint), second abbé de Jumièges, I, 33, 43 ; — ses parents *ibid·* fonde l'abbaïe de Quinçai en Poitou, *ibid.* ; — en est fait premier abbé par saint Filbert, *ibid.* ; — est installé abbé de Jumièges, I, 44 ; — abrégé de sa vie, I, 46 et suiv ; sa mort, I, 53 ; — translation de ses reliques à Hapres, I, 113 ; — une de ses reliques à Jumièges, II, 231 ; III, 36, 119.

Aicelin (Gile), archevêque de Rouen, II, 48.

Aidam (Saint), sa châsse, II, 275.

Aigrefeuille (Guillaume d'), cardinal, II, 105, 106.

Ailli (Pierre d'), cardinal, II, 150.

Aistulfe, roi des Lombards, fait une irruption sur les terres de l'église de Rome, I, 75 ; — il est forcé de les rendre, I, 77.

Aizou, seigneur goth, I, 101.

Albuin, bienfaiteur de l'abbaïe, I, 141.

Albert Le Riche, comte du Perche, se fait religieux à Jumièges ; ses vertus, I, 142 ; — ses libéralités envers l'abbaïe, I, 143 ; — il est élu abbé de Mici, I, 144 ; — il fait de nouvelles largesses à l'abbaïe de Jumièges, I, 158 ; il délivre plusieurs de ses terres de la servitude, I, 159 et suiv. ; — il fait bâtir une nouvelle église à Dammarie, I, 160 ; — sa mort et son épitaphe, *ibid.*

Albert, seigneur de Creil, I, 26, 153, 157.

Alberic, comte de Dammartin, enterré à Jumièges, I, 321.

Alcuin, I, 45.

Aldric, évêque du Mans, I, 106.

Alençon (Philippe d'), archevêque de Rouen, II, 100-101.

Alençon (Les ducs d') ; leurs prétentions sur les seigneuries de Vimoutiers, Coulonces, Croutes et Oisy, II, 113 et suiv.

Alexandre III, pape, reconnu en France et en Angleterre, I, 270 ; — il confirme les anciens usages et les revenus de l'abbaïe, I, 271 ; II, 45 ; — tient un concile à Rome où l'abbé de Jumièges est invité, I, 286.

Alexandre IV, pape ; sa bulle pour les successions, II, 24.

Alexandre V élu pape au concile de Pise, II, 143, 150.

Alexandre VI, pape, II, 244.

Alexandre VII, pape, III, 134.

Alexandre, abbé de Jumièges, fait présent à l'abbaïe de plusieurs manuscrits, I, 305 ; — abrégé de sa vie, I, 308 et suiv.; — il a composé quelques ouvrages, et on lui en attribue encore quelques autres, I, 309 ; — il enseigne la théologie à Jumièges, I, *ibid.*; — il reçoit le roi d'Angleterre à Jumièges, I, 319 ; — fait l'échange du Pont-de-l'Arche pour la baronnie de Conteville, I, 331 ; — il travaille à abolir les séjours dans l'abbaïe, I, 334 ; — il tombe malade, I, 336 ; — sa mort, 138.

Alexandre (Dom Martin), religieux de l'abbaïe, fait enchâsser le chef de Saint-Léger, III, 36.

Allain, abbé de Saint-Vandrille, I, 245.

Allain de Saint-Denis, prieur de Joui et grand vicaire de l'abbé de Jumièges, II, 102.

Amalbert Ketelbutre donne un fonds pour bâtir le monastère de Pavilli, I, 30.

Amfreville (Gautier d'), bienfaiteur de l'abbaïe, II, 265.

Amboise (Louis d'), abbé de Jumièges, II, 235.

Amboise (Jacques d'), II, 166-217 ; — abbé de Jumièges, II, 336 et suiv.; — il fait faire les stalles du chœur, II, 245 ; — il est fait évêque de Clermont, II, 249 ; — sa démission, II, 251.

Amboise (Georges d'), cardinal-archevêque de Rouen, II, 248, 252 ; — aliénations des biens de l'abbaïe, II, 168, 290, 299, 304, 309 ; III, 12.

Amiens (Hugues d'), archevêque de Rouen, II, 45.

André (Saint), une de ses reliques, II, 231.

André de Rouen (saint), église, I, 255 ; — maisons, I, 271 ; II, 10.

Angleterre ; églises et chapelles dans les diocèses de Winchester et de Salisbury, I, 205.

Anglicourt, I, 148, 149.

Angilbert, I, 102.

Anne d'Autriche, reine régente du royaume de France, III, 65.

Anneville, II, 197, 198.

Anniversaires, I, 155, 166, 199, 216 ; II, 20, 61, 137, 196, 343.

Annon, religieux de Mici, se retire au prieuré d'Haspres, puis à Jumièges, I, 134 ; — il en est fait abbé, I, 135 ; — son zèle pour la discipline et les sciences, I, 135 ; — il est élu abbé de Mici, et y meurt, I, 136.

Anonymes, auteurs de la vie de saint Filbert, I, 35, 54 ; — anonymes, auteurs de la vie de saint Aicadre, I, 103 ; — anonyme, auteur de la vie de sainte Austreberte, I, 104 ; — anonyme, auteur d'un poème, I, 136.

Ansbert, évêque d'Autun, I, 58.

Angésise, abbé de Saint-Vandrille, lègue par testament à l'abbaïe de Jumièges cinq livres d'argent, I, 105.

Anselme (Saint), archevêque de Cantorbéry, demeure malade à Jumièges, I, 228.

Anselme, moine de Jumièges, premier abbé de Saint-Sever, I, 210.

Ansoald, évêque de Poitiers, reçoit saint Filbert avec beaucoup d'honnêteté et tâche de le retenir auprès de lui, I, 36, 37 ; — il l'aide à bâtir l'abbaïe de Vermoutier, I, 37 ; — vient le visiter à Jumièges et l'engage à revenir en Poitou, I, 42, 43.

Ansold de Paris, bienfaiteur de l'abbaïe, I, 188.

Aquetherre ; rivière et pêche, 1, 347.

Ansquetil de Cotévrard, bienfaiteur de l'abbaïe, I, 230.

Alverede ; la tour d'Alverede à Rouen, I, 234, 248, 271.

Arc (Jeanne d'), dite la Pucelle d'Orléans ; abrégé de son histoire, II, 171 et 172.

Arnould, évêque de Lisieux, commis par le pape pour examiner les accusations formées par les religieux de Jumièges contre leur abbé, I, 267.

Arnould, comte de Flandres, I 131.

Arrière-ban, II, 281.

Asselin (Dom Jean), II, 250.

Astase, religieux de Jumièges et bienfaiteur, I, 46.

Athelelme, moine de Jumièges, nommé à l'abbaïe d'Abbandon en Angleterre, I, 194.

Audebert (Dom Bernard), supérieur général, III, 77, 134.

Aumônes de l'abbaïe de Jumièges, I, 201 ; 312, 316 ; III, 95, 141, 191 et 192.

Aumusses, II, 60, 148.

Aulnai, II, 90.

Aure, fille d'Amalbert, se fait religieuse à Pavilly, I, 30.

Avril (Pierre), II, 246.

Austreberte (sainte), première abbesse de Pavilli, I, 30, 36 ; — chapelle en son honneur, I, 292, 293 ; — une de ses reliques, II, 275.

Autieux, I, 150, 262.

Autez (Saint-Pierre d'), I, 149, 180, 366 ; — chapelle de Saint-Nicolas dans l'église paroissiale à la nomination du prieur de Jumièges, II, 92.

B

Baieux ; biens de l'abbaïe de Baïeux, I, 150, 205 et suiv., 256 ; II, 7.

Barbelin (La), église et terre, I, 141.

Barbolain (Dom Nicolas), religieux de Jumièges, III, 103, 118.

Bardouville (Pierre de), bienfaiteur de l'abbaïe, I, 333.

Barneville (Guillaume de), bienfaiteur de l'abbaïe, I, 322.

Barré (Dom Pierre), religieux de Jumièges, III, 123 ; — histoire de sa vie, III, *ibid.* et suiv.

Barthelemi (Saint), une portion de ses reliques, II, 231.

Bas (Guillaume Le), moine de Jumièges, II, 178 ; — élu abbé de Lyre, II, 188.

Basset (Foulques), bienfaiteur de l'abbaïe, I, 325.

Bastide (Dom Marc), III, 176.

Bataille (Fr Jean), III, 102.

Bathilde (Sainte) engage Clovis II à donner la terre de Jumièges à saint Filbert pour y bâtir un monastère, I, 15 ; — ses libéralités envers l'abbaïe, I, 16, 17, 18 ; — c'est mal à propos qu'on lui donne deux fils énervés, I, 83 et suiv.; — une de ses reliques à Jumièges, III, 102.

Baudouin, religieux du prieuré d'Hâpres, revient à Jumièges avec Gondouin et se bâtit une petite cabanne et un oratoire sur les ruines de l'abbaïe, I, 123, 124.

Baudouin, évêque d'Evreux, I, 190.

Baudouin, fils de Claire, usurpe la tour d'Alverède et les maisons adjacentes sur les religieux de Jumièges ; il est condamné à les restituer, I, 235.

Baudouin, religieux de Jumièges, fait travailler à l'église, III, 37.

Baudri, évêque de Dol, I, 65, 182 ; — sa retraite en Normandie, I, 235 et suiv ; il fait l'histoire de la translation du chef de Saint-Valentin à Jumièges, I, 236.

Baudri, abbé de Jumièges, I, 105.

Bayeux (Jacques), architecte, III, 197 et suiv.

Baulieu, bois, I, 326.

Beaunai, fief et terre, I, 218.

Beauveau (Le marquis de), III, 123.

Bel (Nicolas et Jean Le), II, 7.

Becquet (Guillaume), abbé de Jumièges, II, 40 ; — sa mort, II, 46 ; — son épitaphe, II, 47.

Bellebat (Hurault de), I, 352; III, 165, 186, 188, 189.

Belles (Les); fief et terre, II, 309; III, 9, 11.

Bellesmes (Robert de), I, 239.

Betue, moulin, I, 324.

Benard (Dom Laurent), III, 14, 48.

Benie (Dom Michel), II, 250.

Bénigne, moine de Jumièges, nommé à l'abbaïe de Saint-Sauveur-le-Vicomte, I, 202.

Benoit (Saint); sa règle est observée à Jumièges dès le temps de la fondation de l'abbaïe, Préface page x et Hist., I, 21.

Benoît d'Aniane (Saint), I, 99.

Benoît XII, pape, II, 70.

Benoît XIII, pape, II, 137.

Bérenger, hérétique, I, 315.

Bernard, neveu de Louis le Débonnaire, I, 67, 101.

Bernard, bienfaiteur de l'abbaïe, I, 140.

Bertin, moine de Jumièges, promu à l'abbaïe de Saint-Victor-en-Caux, II, 30.

Berri (Le duc de), en guerre avec le duc de Bourgogne, II, 149.

Betolant (Dom André), maître des novices à Jumièges, III, 37.

Beuseville (Guillaume de), abbé du Bec, II, 127.

Bibliothèque ancienne, II, 91, 174; III, 121.

Bibliothèque nouvelle, III, 43, 121 et 122, 156.

Bigre (Aliz le), donne son bien de Bouquetot et de Braquetuit pour être nourri et entretenu aux dépens des religieux, I, 323.

Biscope (Benoît de), préface XVI.

Blacqueville, I, 151.

Boiracher (Jean de), abbé de Jumièges, II, 93; — il se retire à Rouen par la crainte de Navarrois et est suivi de plusieurs religieux, II, 97; — il revient à Jumièges; sa mort, son épitaphe, II, 100.

Boafle, I, 143, 159, 247, 256, 272, 278, 286, 324, 330, 339, 355, 365, 372; II, 59, 243; II, 313.

Boishalduc, terre, I, 259.

Bolleville (Richard de), moine de Jumièges, est choisi pour arbitre dans l'affaire des Quillebois avec l'abbé, II, 10, 21 et suiv.; — il est fait abbé de Jumièges, ibid. 22; — ses actions, II, 23 et 24; — il se démet de son abbaïe, II. 31; — sa mort, II, 32.

Boucler (Robert de), II, 9.

Boniface (Saint), évêque de Mayence, 1, 78.

Boniface VIII, pape, II, 38.

Bonté (Dom Benoist), prieur de Jumièges, III, 91.

Bordeaux (Robert de), abbé de Jumièges, II, 62 ; — sa mort, II, 64.

Boscbérenger ; église, I, 205, 254.

Bos-Guérard, terre et seigneurie dans Saint-Paër, I, 320.

Bos-Roger, trait de dîme, I, 272.

Boucaut (Dom Maur), religieux de Jumièges, III, 61.

Bouchardeau, prieur commandataire, du prieuré de Bû-la-Vieville, III, 165, 186.

Boulaie (Richard de la), II, 203.

Bosc (le fief du), III, 12.

Boulogne (Dom Jean-Baptiste de), prieur de Jumièges, III, 91, 92, 94, 99.

Bourbon (Charles de), cardinal-archevêque de Rouen et abbé de Jumièges, II, 295-299 ; — ses règlements, II, 299 et suiv. ; — il est déclaré chef de la Ligue, II, 310 ; — sa prison, sa mort, II, 311.

Bourbon-Vendôme (Charles de), abbé de Jumièges, II, 311 ; — sa mort, II, 314 ; III, 111-112.

Bourbon (Charles de), comte de Soissons, possède les revenus de la mense abbatiale de Jumièges sous les noms de plusieurs abbés, II, 314 et suiv. ; III, 10 ; — sa mort, III, 14.

Bourbon (Louis de), comte de Soissons, jouit des revenus de la mense abbatiale de Jumièges sous les noms de divers abbés, III, 14 ; — il favorise l'établissement de la réforme dans l'abbaïe, III, 17 ; — son conseil, III, 44 ; — il envoie une sauve-garde à l'abbaïe, III, 45 ; — sa mort, III, 58.

Bourbon (Henri de), abbé de Fécamp, III, 90.

Bourgachard, maison de chanoines réguliers, II, 219,

Bourgeois (Jean Le), chambrier de l'abbé de Jumièges, II, 107.

Bourville, trait de dîme, I, 271.

Branchet (Dom Benoît), supérieur général de la congrégation, III, 180.

Bretteville, trait de dîmes, I, 271 ; — trois hôtes au même lieu, I, 324 ; II, 89.

Brezé (Pierre de), sénéchal de Normandie, II, 216.

Brezé (Jacques de), II, 234.

Briône (Pierre de), I, 363.

Brôcheville, I, 150.

Brotonne, I, 3 ; II, 298 ; III, 150, 152.

Bu, église et terre I, 252, 256, 260, 261, 263, 272, 278, 287, 330, 351, 372 ; II, 27, 28, 64, 96, 145, 177 ; III, 165, 185, 187, 189, 206.

Bucaille, chapelle à Guisinières, I, 271, 330, 355, 356, 369.

Buisson (Dom Dieudonné), prieur de Jumièges; abrégé de sa vie, III. 196 et suiv.

Buquet (Dom Renaud), II, 241, 243.

C

Cabourg, fief, III, 12.

Calixte II, pape, I, 240.

Calvinistes, leurs impiétés, I, 191; II, 284, 286, 287, 288; III, 36, 126.

Cambout (Pierre du Cambout de Coinslin), abbé de Jumièges, III, 58-59; — il permute avec M. de Harlai, III, 60, 144, 150.

Cande (Saint-), collégiale, I, 340 et suiv.

Canteloup, eglise, I, 255.

Carême; de quelle manière on le passait à Jumièges, I, 311, et suiv.

Carloman, fils de Charles Martel, I, 88, 91.

Casimir (Jean), roi de Pologne, III, 158.

Catherine (Sainte), établissement de sa fête en office double, II, 242.

Cauchois, parti opposé aux Pilatins et ainsi nommés du nom de leur fief, I, 234.

Cauchois, ou peuple du païs de Caux, révoltés contres les Anglais, II, 181, 184.

Caudebec; un moulin à Caudebec, I, 128, 272.

Caux; de Caux, chef de parti opposé aux Pilatins, I, 234.

Les Célestins de Rouen, II, 261.

Cellérier; son élection est abandonnée aux religieux à certaines conditions, I, 328; — il prétend être indépendant, II, 105 et suiv., 134, 218; — le pape déclare qu'il peut être déposé, II, 135.

Chapitres généraux tenus à Jumièges, III, 28 et 29, 37; — à Cluni, III, 46.

Charles Martel; se laisse prévenir contre saint Eucher et l'envoie en exil, I, 72.

Charlemagne, I, 54, 67, 68; — il convoque une assemblée à Ingelheim, I, 81; — il exile Tassillon, duc de Bavière à Saint-Goar, I, 82; — il lui permet ensuite de se retirer à Jumièges, I, 83; — il exempte l'abbaïe du droit de péage, I, 96-97.

Charles le Chauve, roi de France, confirme le partage des biens de l'abbaïe de Jumièges entre l'abbé et les religieux, I, 110-111.

Charles le Simple, roi de France, propose des conditions de paix à Rollon, I, 120.

Charles V, roi de France, II, 107, 114, 115, 116, 118, 119.

Charles VI, roi de France, II, 135, 138, 165.

Charles VII, roi de France, II, 171, 188, 190 ; — vient à Jumièges et y fait quelque séjour, II, 191, 198, 210, 216, 219 ; III, 158.

Charles V, empereur, II, 261.

Charles IX, roi de France, II, 289, 596.

Chartres en Beauce, II, 167.

Chauffage, III, 150, 151.

Chaussée (Dom Jean de la), religieux de Jumièges, II, 145, 158 ; — il est élu abbé de Jumièges, II, 177, 178, 180, 182, 186, 187 et suiv. ; — il est persécuté, II, 217 et suiv., 222, 226 ; — se démet de son abbaïe, II, 227 ; — sa mort, II, 228.

Cheutonne, terre et seigneurie en Angleterre, I, 368 ; II, 430.

Chifflet, jésuiste, I, 99 ; préface XIV.

Childebrand, roi des Lombards, I, 75.

Childeric II, roi de France, I, 31.

Chiltrude, mère de Tassillon, duc de Bavière, I, 93.

Chinon, ville de la Touraine, III, 123, 125.

Chrétien (Frère Charles), religieux de Jumièges, III, 120.

Christine, bienfaitrice de l'abbaïe, I, 151.

Chrodobert, moine de Jumièges, est puni pour avoir accepté la crosse de Jumièges du vivant de saint Filbert, I, 38 et 39.

Clarville, I, 151.

Clément, clerc du diocèse de Rouen, rachète les deux grandes tours de l'Eglise de Notre-Dame, I, 133.

Clément VI, pape, II, 89, 94.

Clément VII, pape, II, 120, 127, 129, 263, 264 ; — il confirme tous les biens de l'abbaïe par une bulle, II, 266.

Clément VIII, pape, III, 14.

Clément X, pape, III, 164.

Clément XI, pape, III, 201.

Clerc (Enguerran Le) fonde un anniversaire à Jumièges, II, 20.

Clermont (François de), abbé de Jumièges, II, 250.

Cloches ; une des cloches de Jumièges est bénite par l'archevêque de Nicée, I, 360 ; — fonte de plusieurs cloches à Jumièges, II, 275 ; III, 55, 143, 197.

Cloel (Gautier), curé de Rougemontier, I, 376.

Cloître, II, 91, 266.

Clovis II, pages XI, XII, XIII, XIV, XVIII de la Préface ; — il donne la terre de Jumièges à saint Filbert, pour y bâtir un monastère, I, 15, 16 ; — époque de sa mort, I, 17 et 35 ; II, 212 ; — c'est mal à propos qu'on lui donne deux fils qu'on dit s'être révoltés contre lui, I, 83 et suiv.

Coadjutorerie de Jumièges, II, 222.

Cochin, abbé de Jumièges, I, 16, 54 ; — il fait écrire la vie de saint Filbert, I, 54 et suiv. ; — il est choisi par les moines de Saint-Riquier pour les gouverner, I, 56, 57 ; — sa mort, I, 63.

Codime, abbé de Jumièges, I, 117.

Colette, bois, II, 245.

Colmieu (Pierre de), archevêque de Rouen, I, 366.

Colombières, fief, I, 188-189 ; III, 12.

Commendes, I, 109 ; II, 237, 246, 257, 306.

Communes, III, 160 et suiv.

Comteferrant (André de), II, 42.

Concile d'Orléans, Préface p. XIII.

Concile provincial tenu à Jumièges, I, 189-190.

Concile de Reims, I, 240 et 241.

Concile de Pise, II, 142, 151, 162.

Concile de Bâle, II, 180, 182, 183, 187.

Condé près d'Oisy, terre, I, 141 ; III, 206.

Condé (Le prince), III, 124.

Congrégation de Chezal-Benoit, II, 254 ; — sa réforme introduite dans l'abbaïe de Jumièges, II, 254, 289, 293, 300, 307.

Congrégation de Saint-Maur ; elle est sortie de celle de Saint-Vannes ; son érection, l'abbaïe de Jumièges lui demeure unie, III, 28 ; — la congrégation de Saint-Maur est unie à Cluny, III, 46 ; — elle ne doit point s'étendre au-delà du royaume, et le supérieur général doit être français, III, 48 ; — ses privilèges, III, 57 ; — elle se sépare de Cluny, III, 177.

Constantin (Saint) et saint Peregrin, évêques ; — leurs châsses sont cachées en terre à l'arrivée des Normands, I, 112 ; — elles sont découvertes et levées de terre, I, 190-191 ; — deux châsses des mêmes saints, II, 231.

Conteville, baronnie, I, 320, 332, 371 ; II, 22, 35, 90 ; III, 100 ; — elle est échangée pour le Lendin, III, 183.

Conversations ; à quelle heure elles étaient permises en carême, I, 315.

Coq (Raoul Le), prieur de Jumièges, II, 103.

Cornet (Mathieu), abbé de Jumièges, II, 50 ; — sa mort, son épitaphe, II, 61.

Corneville, moulin, I, 272.

Cossé (Charles de), comte de Brissac, II, 290.

Costé (Dom Marin du), II, 313 ; III, 5, 37.

Côtes (Les), fief, II, 90, 282, 308.

Cotevrard, église, I, 255 ; — chapelle, I, 255, 320, 330.

Coton (Pierre), jésuite, III, 18.

Coulonces, église et terre, I, 255, 272 ; II, 113, 137, 199, 205, 253, 291 ; III, 27.

Coulpes ; le lieu des grièves coulpes, II, 91.

Cour (Dom Didier de la), III, 48.

Courcelles, château, I, 319.

Courtenai (René de), abbé de Jumièges, II, 314 ; III, 9 ; — sa mort, III, 10.

Courval, port sur la rivière de Seine, I, 378 ; II, 6.

Crenne, bois, I, 330, 369 ; II, 238, 266.

Crep (Dom Guillaume le), religieux de Jumièges, III, 37.

Crépin (Guillaume du Bec), II, 26.

Crêpin (Antoine), archevêque de Narbonne, II, 166, 219, 222 ; — abbé de Jumièges, II, 228 ; — son origine, II, 228-229 ; — son avarice, II, 329, 230 ; — sa mort, II, 232.

Cresy, forêt, I, 204.

Criquebeuf, église et dîme, I, 205.

Croissilles (Jean-Baptiste de), abbé de Jumièges, III, 45 ; — il remet son abbaïe au roi, III, 53.

Croix, une portion de la vraie croix à Jumièges, II, 231.

Croixmare, église et dîme, I, 205, 278, 342, 360 ; II, 29, 90.

Cros (Pierre de), archevêque d'Arles, II, 118.

Croutes, église, terre et prieuré, I, 140, 255, 330, 341, 373 ; II, 10, 113, 119, 145, 177, 178, 233, 241, 245, 250, 253, 305 ; III, 8.

Cupine, terre près de Gauciel, dans le comté d'Évreux, I, 163.

D

Dagobert Ier, roi de France, p. x, xi, xii, xv, xvi, xx de la Préface, et de l'Histoire, I, 4, 15 ; II, 213.

Dammarie, au Perche, église, terre et prieuré, p. I, 143, 160, 212, 255, 279, 289, 330, 257, 372 ; II, 145, 161, 177, 245 ; III, 206.

D'Anjou (Margueritte), reine d'Angleterre, II, 216, 219.

Dans, chapelle et succursale du Pont-de-l'Arche, I, 158, 272.

Davannes, prieur de Saint-Nicaise de Meulant, III, 99.

D'Avilette, ou hameau de Saint-Paul, I, 128, 292, 330 ; — on y bâtit une léproserie, II, 82.

Dauphin, archevêque de Lion, p. xviii de la Préface.

D'Avy (dom Thierri), moine de Jumièges, élu abbé de Saint-Georges de Bocherville, II, 233.

De Claire demande la tour d'Alverede, qui lui est accordée ; — il devient formidable au parti Cauchois, I, 234 ; — Démêlés avec un de ses successeurs, II, 41-42.

De Claire (Philippe), persécuteur des religieux de Jumièges, II, 53 ; — il recherche leur amitié et s'accommode avec eux, II, 56.

Delvechis (Thomas), vicaire et procureur général du cardinal de Ferrare, II, 271, 274.

Denis (Saint), son autel à Jumièges, II, 242.

D'Etelan (Robert), abbé de Jumièges, II, 5 ; — il mécontente les religieux par sa non résidence, II, 8 ; — il promet de résider, II, 8 ; — il se dégoûte de la retraite, et poursuit la restitution des biens aliénés, II, 9 et suiv. ; — il est insulté par les bourgeois de Quillebeuf, II, 17 ; — ses religieux lui font des reproches, II, 18 ; — il tient les plaids à la cour du Mont-sur-Duclair, II, 18 ; — il est déposé, II, 22 ; — il est rétabli, II, 31 ; — il fait construire un nouvel autel dans le chœur de l'église de Notre-Dame, II, 33 ; — sa mort, II, 35.

Desbus (Richard), I, 351.

Desvallées (Richard), bienfaiteur de l'abbaïe, I, 333.

Devaux (Robert), bienfaiteur de l'abbaïe, I, 330, 370.

Didier (Saint), évêque de Cahors, p. xvii, xviii de la Préface.

Dive, marais, I, 150 ; — salines, I, 172 ; III, 67.

Dortoirs, I, 20 ; II, 117, 255 ; III, 197, 203.

Douay (Dom François), prieur de Jumièges, III, 190.

Dreux, ou Drogon, comte d'Amiens, I, 25, 153.

Dreux, comte de Champagne, I, 64.

Drieu, moulin de Trun, II, 46.

Droctegang, abbé de Jumièges, I, 74 ; — il est envoié par Pépin vers le pape Etienne III, I, 76 ; — il rapporte plusieurs lettres du souverain pontife, I, 76 ; — il retourne en Italie vers le pape Paul ; — sujet de son voyage, I, 77 ; — il mérite la confiance et l'affection du roi Pépin, I 79 ; — il reçoit saint Sturme, exilé par Pépin, I, 79 ; — il assiste à l'assemblée générale de la nation française à Attigni, I, 80 ; — il fait société avec les religieux de l'abbaïe d'Auge, I, 80.

Druelle, église et dîme, I, 204. Voyez Cotévrard, I, 254, 255, 320.

Dubosc (Renaud), II, 118.

Dubosc (Nicolas), évêque de Baieux, II, 121.

Dubosc (Simon), abbé de Jumièges ; son origine, II, 130 et suiv. ; — il se fait religieux à Saint-Ouën de Rouen, il étudie à Paris ; — il y enseigne la théologie ; — Clément VII lui donne l'abbaïe de Cerisy, puis celle de Jumièges ; — il continue d'enseigner la théologie à Paris, II, 132 ; — il fait présent de plusieurs manuscrits à la bibliothèque, II, 133 ; — il rend aveu au roi, II, 135 ; — il est envoié en ambassade vers les papes Grégoire XII et Benoît XIII, II 138 ; — il assiste au Concile de Pise, II, 142 ; — le pape lui accorde la permission d'user d'ornements épiscopaux, II, 143-144 ; — il fait prendre les degrés à plusieurs de ses religieux dans l'Université de Paris, II, 145 ; — il ratifie le Concordat de Jean de Fors pour le vestiaire, II, 147 et suiv. ; — il est appelé au Concile de Rome, II, 150 ; — il est député au Concile de Constance, II, 151 ; — l'empereur Sigismond lui fait beaucoup d'accueil, II, 153 ; — prédications de Simon Dubosc dans le Concile et son zèle pour l'extirpation des hérésies, II, 153 ; — il est nommé commissaire pour examiner les matières de foi, II, 154 ; — il demande une levée de décimes qui lui est accordée et revient en Normandie, II, 154-155 ; — il fait transporter ses meubles au Collège de Justice à Paris, II, 157 ; — sa mort, sa succession, II, 158, 162, 173 et suiv.

Duclair, ancienne abbaïe, I, 27 ; — Duclair est donné à l'abbaïe de Jumièges, I, 104-105 ; — le pape Eugène III confirme la donation, I, 253, 284 ; — marché à Duclair, I, 319 ; — juridiction, II, 328, 329, 363 ; II, 10, 129, 292.

Dudelle, terre dans la forêt de Roumare, I, 230.

Duels, II, 28.

Durand (Dom Jean), abbé de Jumièges, II, 257 et suiv. ; — sa mort, son épitaphe, II, 263.

Durefort (Guillaume de), archevêque de Rouen, II, 64.

Durescu (Guillaume de), abbé de Saint-Vandrille, I, 345.

Duval (Dom Richard), II, 250.

Duval (Dom Etienne), ancien religieux de Jumièges, fonde la confrérie du Rosaire dans l'église paroissiale de Jumièges, III, 97 ; — il fait un présent à l'abbaïe, III, 97.

Duvivier (Dom François), prieur de Jumièges, III, 196.

E

Ebbon, archevêque de Reims, I, 103.

Ebroin, maire du palais, dépouillé de sa charge, enfermé à Luxeuil, rétabli dans son office, I, 81 ; — il est repris par saint Filbert ; — il se sert de quelques clercs du diocèse de Rouen pour décrier le saint dans l'esprit de saint Ouën, I, 33 ; — ses vexations contre l'abbaïe, I, 36 ; — sa mort, I, 39.

Echiquier de Normandie, tenu à Jumièges, I, 350 ; — droit des abbés de Jumièges dans les échiquiers, II, 213.

Echoppes, II, 88.

Ecoles intérieures et extérieures à Jumièges, I, 24, 47, 136, 148, 157, 162, 166-167, 172, 173, 199 ; II, 246 ; — intérieures, II, 315 ; III, 55, 165, 170.

Ecuyer de l'abbé de Jumièges ; — ses fonctions, I, 361, 362, 363.

Edouard (Saint), roi d'Angleterre, I, 164 ; — il soupçonne sa mère d'un commerce scandaleux, son repentir, I, 164.

Edouard III, roi d'Angleterre, II, 80, 88.

Eglises, saint Filbert en fait bâtir trois à Jumièges, I, 19.

Eglise de Saint-Pierre rebâtie par les soins de Guillaume de Longue-Epée, sa dédicace, I, 126-127, 237 ; — elle est réparée et diminuée dans sa longueur, II, 68, 91-92, 212.

Eglise de Notre-Dame, ses commencements depuis la conversion des Normands, I, 162-163, 166, 169, 176 ; — sa dédicace, I, 189 et suiv. ; — nouvel autel, II, 33 ; — on agrandit la chapelle de la Vierge, II, 58 ; — ancienne église de Notre-Dame, II, 412 ; — voûte du chœur, II, 266 ; — voûte de la nef, II, 184.

Eglise paroissiale de Saint-Valentin, sa dédicace, I, 247 ; — elle a été longtems exempte de la juridiction de l'archevêque de Rouen et soumise à celle de l'abbé de Jumièges, I, 238 ; — le pape Eugène III confirme le patronage de cette église à l'abbaïe, I, 253 ; — Innocent III fait la même chose, 1, 332 ; — elle est soumise, avec celles de la péninsule, à la visite des archidiacres du diocèse, I, 367 ; — reconstruction du chœur, 1, 266, 275, 281.

Emendreville, prairie, I, 271.

Emme, mère d'Edouard dit le Confesseur, est accusée d'un commerce scandaleux avec l'évêque de Winchester et prouve son innocence par l'épreuve du feu, I, 164.

Emeute populaire à Jumièges, III, 50.

Enervés crus fils de Clovis II et de sainte Clotilde ; leur histoire, I, 83 et suiv ; — regardés par un auteur moderne comme fils de Carloman, I, 88 et suiv. ; — ils ne sont autres que Tassillon et Théodon, ducs de Bavière, morts à Jumièges, I, 94 et suiv. ; — leur histoire est fabuleuse, II, 212.

Ensulbert, doyen de Jumièges et abbé de Saint-Vandrille ; son épitaphe, I, 138 ; II, 91.

Epinei, église et terre, I, 128, 271, 278, 284 ; II, 108, 304 ; III, 30, 97, 113.

Epreville, dîme, I, 272.

Ercheurad, évêque de Paris, I, 106.

Ermenfride, seigneur français, I, 39.

Est (Hippolyte d'), cardinal abbé de Jumièges, II, 270 et suiv. ; — il traite avec les religieux pour leur nourriture et entretien, II, 273 et suiv. ; — il vient à Jumièges et fait un nouveau concordat avec les religieux, II, 277 et suiv.

Etard, moine de Jumièges, est nommé à l'abbaïe de Saint-Pierre-sur-Dive ; il revient à Jumièges quelques années après et y meurt, I, 223.

Etienne III, pape, implore le secours du roi Pépin, I, 75-76 ; — il vient en France, I, 77 ; — il repasse en Italie, I, 77 ; — sa mort, I, 77.

Etienne (Saint-) sous-Bailleul, église et dîme, I, 363.

Etout d'Estouteville, II, 127.

Etienne, roi d'Angleterre et duc de Normandie, protège Declaire, ennemi de l'abbaïe de Jumièges, et le renvoie en possession de la tour d'Alverede, I, 249.

Eucher (Saint), religieux de Jumièges, I, 57 ; — sa naissance, ses études, I, 57 et suiv. ; — fait profession de la vie monastique, I, 59 ; — sa vie sous l'habit religieux, I, 59 ; — il est fait évêque d'Orléans, I, 60 ; — sa vie épiscopale, I, 70 ; — il est attaqué par des calomnies atroces et exilé ; I, 72 ; — il meurt en exil, I, 74.

Eugène III, pape, confirme les biens de l'abbaïe et la liberté des élections, I, 253.

Eugène IV, pape, II, 178, 187.

Eustache, prieur et religieux de l'abbaïe de Jumièges, en est élu abbé, I, 252, 257, 259 ; — sa mort, I, 261.

Evrard, bienfaiteur de l'abbaïe, I, 141.

Evrard (Frère Adrien), religieux de Jumièges, III, 111.

F

Fabert (Angélique), dame de la Mailleraie, III, 195.

Famine, II, 61, 267 ; III, 204.

Fargis (Bernard de), archevêque de Rouen, II, 45.

Faucil (Dom Robert du), prieur de Jumièges, III, 184-185.

Fauveau (Louis), III, 101.

Fay (Pierre du), II, 290.

Fay (Robert du), II, 307.

Fay (Jean du), comte de Maulévrier, III, 113-117.

Fèvre (Jean Le), abbé de Saint-Vast d'Arras, II, 112.

Ferai (Dom Abraham), prieur titulaire de Bu, III, 186.

Ferté (Maurile de la), bienfaiteur de l'abbaïe, I, 205.

Fête (la) aux vieilles, II, 247.

Fiefs, services dûs au Roi en conséquence, II, 106-108.

Fieffés, gens attachés au service de l'abbaïe pour quelques morceaux de terre, II, 146 et suiv.

Filand (Dom Martin), prieur de Jumièges, III, 185, 190.

Filbert (Saint), ses parents, sa naissance, son éducation, I, 4 et 5 ; — il va à la cour, où il a le bonheur de connaître saint Ouën, I, 6 ; — sa conduite avec les courtisans, I, 6 et 7 ; — le roi veut se l'attacher par quelque emploi, I, 8 ; — il vend ses biens et en distribue le prix aux pauvres et à l'église, I, 9 ; — il se retire à l'abbaïe de Rebais, fondée par saint Ouën, I, 9 ; — sa pénitence et sa tentation, I, 9 et 10 ; — il est élu abbé de Rebais, I, 12 ; — il en sort pour aller visiter les monastères de France, de Bourgogne et d'Italie, I, 14 et 15 ; — il travaille, avec ses religieux, à la conversion des peuples, I, 21-22 ; — sa communauté augmente de 800 religieux, dont il renvoie une partie en Irlande racheter les captifs, I, 22 et suiv. ; — ses conférences avec saint Ouën et saint Vandrille dans un hospice dépendant de Fontenelle, I, 26 et 27 ; — différend entre lui et saint Lambert, I, 27 ; — Dieu le favorise du don des larmes, et lui accorde d'autres faveurs, I, 19 ; — il fonde le monastère de Pavilly pour des filles, I, 30 ; — il fait des remontrances à Ebroin, maire du Palais, I, 31 ; — il est mis en prison à la Poterne et mis ensuite en liberté, I, 34-35 ; — il se retire vers Ansoald, évêque de Poitiers, I, 36 ; — il bâtit l'abbaïe de Nermoutier, I, 37 ; — il revient à Jumièges, I, 41 ; — il reçoit la terre de Villiers des libéralités de Varaton, maire du Palais, et y bâtit une abbaïe pour des filles, I, 42 ; — il retourne en Poitou, I, 43 ; — il envoie saint Aicadre à sa place, I, 43 ; — sa retraite à Nermoutier, I, 45 ; — sa mort, I, 45 ; — son culte, I, 45 ; — une de ses reliques, II, 275 ; — châsse de saint Filbert, III, 156.

Filleul (Saint), archevêque de Rouen, I, 112, 191.

Flamanville-l'Enneval, église, II, 264.

Flancourt, dîme, II, 98, 279, 351 ; III, 54.

Foire à Conteville, II, 35.

Foire à Jumièges, transférée à Duclair, II, 136 ; — les droits de coutumes s'y perçoivent, III, 205.

Foligni, église, I, 254, 321, 351.

Fontaine, terre, I, 167.

Fontaine (Dom Louis-Charlemagne), prieur de Jumièges, III, 122, 204.

Fontenai (Dom François de), II, 257, 259 ; — il est élu abbé de Jumièges, II, 263 ; — il fait un présent de quatorze calices à l'abbaïe, II,

266 ; — il rend aveu au roi, II, 264 ; — il fait bâtir le chœur de l'église paroissiale et assiste la ville de Rouen dans une disette ; — sa mort, son épitaphe, II, 266-267.

Fondeur (Dom Jacques Le), III, 37.

Fontevraud, III, 137.

Forges (Dom Martial des), prieur de Jumièges, III, 68, 88 et suiv.

Formulaire, III, 134, 135.

Fors (Dom Jean de), abbé de Jumièges, II, 119, 120 ; — il abandonne les rentes seigneuriales de sa chambre pour le vestiaire des religieux, II, 122-123 ; — ses qualités, sa mort, son épitaphe, II, 126.

Fosse (De la), bourgeois de Rouen, III, 98.

Foulques, abbé de Jumièges. I, 102.

Foulques, abbé de Micy, I, 213.

Foulques, comte d'Anjou, I, 239.

Four (Dom Thomas Du), religieux de Jumièges ; histoire de sa vie, III, 88 et suiv.

François Ier, roi de France, II, 255, 261, 264.

François II, roi de France, fait un emprunt de deux mille livres à l'abbaïe de Jumièges, II, 284.

Francon, archevêque de Rouen, porte Rollon à faire la paix, I, 119 ; — il l'instruit de la religion chrétienne et le baptise, I, 120-121.

Fréculfe, évêque de Lisieux, disciple d'Hélisacar, abbé de Jumièges, I, 98 ; — il lui dédie la première partie de sa chronique, I, 98 ; — il n'a point été moine de Jumièges, I, 98.

Frondeurs (Les), parti, III, 88.

Frontesboc, dans la paroisse de Limésy ; dîme de terres et bois, I, 205.

G

Gaiffre, duc d'Aquitaine, I, 91-92.

Gaillon, chartreuse, II, 304, 307.

Galiot de Pitaval, auteur des Causes célèbres, III, 126.

Gara, terre, I, 320.

Garet (Dom Jean), religieux de Jumièges, auteur de la nouvelle édition de Cassiodore, III, 192 et suiv.

Garin, abbé de Josaphat-lès-Chartres, I, 357.

Gauciel, baronnie, I, 128, 150, 255 ; II, 10, 266, 299.

Gaudri (Dom François), prieur de Jumièges, II, 292, 297, 313 ; III, 37.

Gautier, comte d'Amiens, usurpe la terre de Genesville, I, 25.

Gautier, bienfaiteur de l'abbaïe, I, 140.

Gautier de Tessoncour, bienfaiteur de l'abbaïe, I, 189.

Gautier Payen, bienfaiteur de l'abbaïe, I, 197.

Gautier de Beaumetz, bienfaiteur de l'abbaïe, I, 198.

Gautier de Clermont, bienfaiteur de l'abbaïe, I, 270.

Gautier de Gournai restitue le patronage et les dîmes de Puiseux et du Vieux-Verneuil, I, 324.

Gautier, archevêque de Rouen, I, 597 ; il est mis en otage pour le roi d'Angleterre, I, 303 ; — il vient à Jumièges se recommander aux prières de la communauté, I, 323 ; — les services qu'il a rendus à l'abbaïe, sa mort, I, 324.

Gauville, église, dîme et terre, I, 159, 231, 255.

Gauvin (Dom), religieux de Jumièges, est maltraité par les officiers du cardinal de Ferrare, II, 277 ; — il dresse les articles du concordat avec Son Eminence, et est fait abbé de Saint-Martin-de-Séez, II, 281.

Gauzlin, abbé de Jumièges, I, 116-117.

Gelase second, pape ; sa mort, I, 240.

Gemblet (Guillaume), abbé de Jumièges ; son éloge, II, 65 et suiv. ; — il fait réparer l'église de Saint-Pierre, II, 68 ; — il fait faire le nouveau cloître et les recettes, II, 91-92 ; — sa mort, II, 92 ; — son épitaphe, II, 92 et suiv.

Génesville, terre et seigneurie, aumonée à l'abbaïe par sainte Bathilde, I, 25 ; — elle est surchargée de vexations par Dreux, comte d'Amiens, I, 153 ; — elle est déchargée de tous cens et érigée en prieuré, I, 153 et 154, 204, 254, 260, 272, 273, 288, 330, 372 ; II, 145, 117, 243, 304 ; — le prieuré et la terre sont réunis à la Chartreuse de Gaillon, II, 307.

Geoffroi vend la moitié de Heurtauville aux religieux, I, 140.

Geoffroi, archevêque de Rouen, I, 233 ; — il fait restituer la tour d'Alverede à l'abbaïe de Jumièges, I, 235 ; — il assiste au Concile de Reims, I, 240-241 ; — il est consulté à son lit pour la tenue du Concile de Rouen, I, 246 ; — sa mort, I, 246.

Geoffroi (Dom Mommole), prieur de Jumièges, III, 99, 108, 110, 112 ; — histoire de sa vie, III, 177 et suiv.

Gerard, évêque d'Arras, I, 148.

Gerberon (Dom Gabriel), religieux de Corbie, III, 179.

Gerloc, ou Adèle, fille de Rollon, épouse le comte de Poitiers, I, 122 ; — elle envoie des religieux du monastère de Saint-Cyprien à Jumièges, I, 126.

Germain (Dom Basile de Saint-), religieux de Jumièges ; abrégé de sa vie, III, 194 et suiv.

Germigni près d'Orléans ; il s'y tient une assemblée d'évêques et d'abbés, I, 107.

Gerouville, terre, I, 172.

Gibouri (Richard de), I, 199 et suiv.

Gilbert (Crépin), bienfaiteur de l'abbaïe, I, 189, 242.

Girard (Dom Guillaume), prieur de Jumièges, I, 44.

Gîte, droit de gîte, II, 210.

Goderville (Dom Jean de), aumônier de l'abbaïe de Jumièges, II, 35.

Godéfroï, abbé de Jumièges, continue de faire travailler à l'église de Notre-Dame, I, 166 ; — il ordonne un service à perpétuité pour le repos des âmes de ceux qui avoient fait présent de quelques livres à l'abbaïe, ou qui en avoient composé ou copié quelques-uns, I, 166 ; — sa mort, I, 167.

Godefroi, moine de Jumièges, nommé à l'abbaïe d'Ely en Angleterre, I, 195 ; — il est transféré à l'abbaïe de Malimesburi, I, 195.

Goisfrid, bienfaiteur de l'abbaïe, I, 167.

Gombaut (Guillaume), moine de Jumièges, II, 169 et suiv.

Gondouin, religieux du prieuré d'Hâpres, I, 123.

Gonneville, rentes et terres, I, 333.

Gontard (Saint), abbé de Jumièges ; histoire de sa vie, I, 199 et suiv. ; — il cite l'abbé de Mici au tribunal du comte de Perche pour la terre de Dammarie et gagne son procès, I, 213 et suiv. ; — il assiste Guillaume le Conquérant à la mort, il se trouve à ses funérailles, I, 214, 215 ; — suite de sa vie, I, 215 et suiv. ; — il est député au Concile de Clermont et y meurt, I, 220 et suiv.

Gosse (Dom Pierre), religieux de Jumièges ; son éloge, sa mort, III, 53 et suiv.

Gouchis (Dom), ancien religieux de Jumièges, fait présent d'une croix d'argent, III, 36-37.

Goui, église, I, 150, 254.

Gournai, terre de 90 arpents, I, 163.

Grandier (Urbain), III, 125, 128.

Gravigni, moulin, I, 163 ; III, 183.

Grégoire IX, pape, 358, 364.

Grégoire XII, pape, II, 137.

Grégoire XIII, pape, II, 208, 304, 306, 311.

Grégoire XV, pape, III, 27, 56.

Griffon, oncle de Tassillon, I, 81.

Gripon, frère de Carloman et de Pépin le Bref, I, 89, 90.

Grosmesnil, église, I, 254.

Gruchet, dîme, I, 150, 262, 299.

Guels (Dom Jean), moine de Jumièges, II, 233.

Guerchois (Hector Le), sa mort, son épitaphe, III, 32 et suiv.

Guerchois (Pierre Le), sa mort, son épitaphe, III, 30 et suiv.

Guerchois (L.), bienfaiteur de l'abbaïe, III, 152, 198.

Guérin, frère de saint Léger, I, 31.

Guidard de Farcis, bienfaiteur de l'abbaïe, I, 247.

Guillaume de Longue Epée, fils de Rollon et son successeur dans le duché de Normandie, I, 123 ; — il est zélé pour la religion et pour la réparation des églises, I, 122 ; — il vient chasser dans la forêt de Jumièges ; il rencontre les moines Baudouin et Gondouin et refuse les rafraîchissements qu'ils lui présentent, I, 125 et suiv. ; — il continue sa chasse et est renversé par un sanglier, I, 125 ; — il rejoint les deux moines et leur promet de faire rebâtir leur monastère, ce qui fut exécuté, I, 126 ; — il fait rendre les biens de l'abbaïe en en payant la valeur, I, 127 ; — il veut se faire religieux à Jumièges, I, 130 ; — il porte un habit de moine dans une cassette, I, 131 ; — il est indignement massacré, I, 132 ; — aumône le jour de son anniversaire, I, 347 ; III, 113.

Guillaume le Conquérant assiste au Concile provincial tenu à Jumièges et à la dédicace de l'église de Notre-Dame, I, 190 ; — fragments de son histoire, I, 192 à 197, 203, 204, 205 ; — il confirme les biens de l'abbaïe et y fait plusieurs donations, I, 204, 209 ; — sa mort et ses funérailles, I, 214 et suiv.

Guillaume le Roux, roi d'Angleterre, I, 122.

Guillaume, évêque de Coutance, I, 190.

Guillaume de Dijon réforme l'abbaïe de Jumièges, I, 141-142 ; — il met un de ses disciples pour la gouverner, I, 146 ; — il établit des écoles dans les monastères, I, 147 ; — il refuse le serment à l'évêque de Verceil, I, 245.

Guillaume Ier, abbé de Jumièges, I, 156 et suiv., 161.

Guillaume II, abbé de Jumièges, I, 243 ; — il assiste au Concile de Rouen, I, 246 ; — il ordonne un service pour l'archevêque de Rouen, I, 246 ; — il cède à l'abbaïe de Saint-Martin de Séez le patronnage et les dîmes de Serans et de la Poterie, I, 247 ; — il s'accommode avec de Claire pour la tour d'Alverede, I, 249 ; — sa mort, I, 252.

Guillaume de Rençon, abbé de Jumièges, I, 330, 340 et suiv. ; abrégé de sa vie et de sa mort, I, 363 et suiv.

Guillaume de Courdieu, abbé de Jumièges, I, 365 ; — sa mort, I, 373.

Guillaume de Fors, abbé de Jumièges, I, 373-374 ; — il refuse l'obéissance aux grands vicaires de Rouen, I, 377 ; — sa mort, son éloge, I, 379 et suiv. ; — invention de son corps, II, 82.

Guillaume, abbé de Saint-Georges de Bocherville, II, 178.

Guillaume de Jumièges, historiographe des ducs de Normandie et écolatre de Jumièges, I, 174 ; — il abandonne l'instruction des religieux et des étrangers par modestie ; son esprit, ses vertus, son Histoire des ducs de Normandie, I, 211 et suiv.

Guillaume et Osberne de Hotot, bienfaiteurs de l'abbaïe, I, 146, 197, 242.

Guillaume de Sachenville, bienfaiteur de l'abbaïe, I, 217.

Guisiniers, église et terre, I, 254, 271, 356, 368.

Guschemand (Dom Anselme), III, 176.

H

Haie (Dom Mathurin de la), fait travailler à l'embellissement de l'église, III, 36.

Hannesi, hospices, I, 140, 271.

Hâpres, prieuré dépendant de l'abbaïe où les religieux se retirèrent en partie à l'arrivée des Normands, I, 53, 64, 101, 113, 123, 134 ; — échange de ce prieuré contre la terre d'Anglicourt, I, 148.

Harcourt (Geoffroi d'), II, 96, 113.

Hardent, clos de vignes dépendant de l'abbaïe de Fécamp, I, 293.

Harel (Dom Jean), prieur de Jumièges, III, 68 ; — histoire de sa vie, III, 69 et suiv.

Harenc (Geoffroi), abbé de Jumièges, II, 127 ; — il est élu abbé du Bec, II, 129.

Hariulfe, moine de Saint-Riquier, auteur d'une Chronique, I, 16, 54, 97, 99, 109.

Harlai (François de), archevêque de Rouen, travaille à l'établissement de la réforme à Jumièges, III, 17, 24, 25 et 26 ; — il devient abbé de Jumièges, III, 60, 61 ; — il donne sa démission, III, 91-92 ; — il se retire à Gaillon, III, 92, 145.

Harlai de Chanvallon (François de), abbé de Jumièges, III, 91, 93, 111, 140, 143, 144, 145, 151, 157, 159, 165, 183, 187 ; — mort, III, 192.

Haro, clameur ; son origine, I, 122 ; — clameur de haro par les religieux, II, 272.

Harou (Richard), bienfaiteur de l'abbaïe, I, 322.

Hauville, terre et seigneurie, I, 189, 197, 241, 255, 272, 278, 291, 329, 378 ; II, 8, 52, 250, 313 ; III, 151.

Hâvre de grâce, II, 288, 289 ; III, 68.

Helisacar, abbé de Saint-Riquier et de Jumièges, I, 97 ; — il aide Amalaire dans son traité de l'*Ordre de l'Antiphonier*, I, 98 ; — il est chancelier de l'empereur Louis le Débonnaire, I, 98 ; — son union avec saint Benoît d'Aniane, I, 99 ; — il est lui-même qualifié de très saint personnage, I, 100 ; — il est envoyé pour arrêter les mouvements de la Marche d'Espagne et arrive trop tard, I, 101 ; — ses disgrâces, son rétablissement, I, 101 ; — sa mort, I, 89, 102.

Helling, île d'Angleterre, donnée à l'abbaïe de Jumièges et érigée en prieuré, I, 196, 250, 251, 256, 330, 359, 368 ; II, 14, 81, 106, 109, 134, 166, 215, 219 241.

Hennequin de Villenoce, abbé commandataire de Bernai, III, 42.

Henri I, roi de France, I, 25.

Henri III, roi de France, II, 298, 311, 315 ; III, 9, 100, 112.

Henri IV, roi de France, II, 311, 314, 315 ; III, 9, 100 112.

Henri I, roi d'Angleterre et duc de Normandie, fait tenir un Concile à Rouen, I, 239 ; — on porte des plaintes contre lui au Concile de Reims, I, 240 ; — il défend aux abbés de prêter le serment aux archevêques et évêques après leur élection, I, 244 ; — il se trouve au Concile de Rouen, I, 246 ; — sa mort, I, 248.

Henri II, roi d'Angleterre, confirme les biens de l'abbaïe, I, 280 ; — il nomme un prêtre séculier à la cure de Malleville et se désiste de sa nomination, I, 283.

Henri V, roi d'Angleterre, fait une irruption en Normandie, II, 155 ; — il gagne la bataille d'Azincourt, II, 155 ; — il fait le siège de Rouen, II, 158 ; — il met la ville à contribution, II, 385 ; — il est marié avec Catherine de France et déclaré successeur et héritier de la couronne, II, 165 ; — il confirme les biens de l'abbaïe de Jumièges, II, 165.

Henri VI, roi d'Angleterre, II, 171, 176, 180, 217.

Herfast, abbé de Saint-Ouën de Rouen, I, 161.

Héribert, abbé de Jumièges, I, 105 ; — il sollicite la restitution des biens aliénés et l'obtient, I, 106.

Herluin, comte de Ponthieu, I, 131.

Heurtauville, terre et seigneurie, I, 139, 293, 291, 364, 246, 195.

Hilaire, archidiacre de l'église Romaine et depuis pape, Préface, XIII.

Hildegard, religieux et abbé de Jumièges, I, 69.

Hildegarde, reine de France, I, 67.

Hildeman, évêque de Beauvais, I, 104.

Honfleur, I, 150 ; III, 67.

Hongre (Jacques Le), ses statuts pour l'abbaïe de Jumièges, II, 293-294, 296.

Honorius III, pape, I, 257 ; — sa mort, I, 258.
Honorius, archevêque de Cantorbéri, Préface, xvii.
Hotot l'Auvrai, église et terre, I, 252, 254, 271, 278, 348 ; II, 42, 261.
Hotot (Geoffroi de), I, 348.
Hotot (Nicolas de), I, 369.
Hotot (Guillaume de), II, 38.
Houssaie (Guillaume La), I, 363.
Huguenots, II, 193, 284, 286 et suiv.
Hugues (Saint); ses parents, son éducation, I, 61 ; — il distribue ses biens aux pauvres et aux églises, I, 61 ; — il fait présent de quatre terres à l'abbaïe de Jumièges et y embrasse la vie religieuse, I, 61-62 ; — il est fait archevêque de Rouen, I, 62 ; — abbé de Saint-Vandrille, évêque de Paris et de Baïeux et ensuite abbé de Jumièges, I, 63 ; — sa retraite une seconde fois dans ce monastère, I, 63 ; — sa mort, I, 63-64 ; — il ne doit pas être confondu avec Hugues, fils de Charlemagne, I, 65-66 ; — son culte, I, 69 ; — son corps est transporté à Hâpres, I, 113 ; — une de ses reliques, II, 231 ; III, 36.
Hugues, fils de Charlemagne, I, 64 et suiv. ; — il ne fut jamais que simple prêtre, I, 67-68 ; — sa mort, I, 68.
Hugues, évêque d'Evreux, bienfaiteur de l'abbaïe, I, 151.
Hugues, évêque de Baïeux, bienfaiteur de l'abbaïe, 1, 188.
Hugues, évêque de Lisieux, I, 190.
Hugues, comte de Meulant, bienfaiteur de l'abbaïe, I, 189.
Hus (Jean), II, 153.
Husaniers, fief dépendant de Saint-Paër, II, 32.

I

Imfreville, dîme, I, 340.
Innocent IV, pape, I, 373 ; II, 6, 9, 12, 14.
Innocent VI, pape, II, 95.
Innocent VII, pape, II, 137.
Innocent VIII, pape, II, 238.
Innocent X, pape, III, 63.
Innocents ; une tête d'un des saints Innocents, II, 231.
Iton, rivière, moulin, I, 272.
Ives, évêque de Séez, I, 190.
Iville, (Thomas d') ; transaction avec lui, I, 325 et suiv., 344.
Iville (Guillaume d') ; nouvelle transaction avec lui, II, 40.
Iville, paroisse, I, 245 ; II, 26.
Ivri, fief, I, 189, 256.

J

Jamet (Dom Robert), cellérier de Jumièges, III, 153 ; — abrégé de sa vie et de sa mort, III, 182.

Jansénius, évêque d'Ypre, III, 134.

Jean-Baptiste (Saint) ; une de ses reliques, II, 275.

Jean (Saint), abbé de la Réome, Préf. xii, xiii.

Jean IV, pape, Préf. xvi.

Jean XXIII, pape, tient un concile à Rome, II, 150 ; — il donne le prieuré de Joui dépendant de l'abbaïe à un cardinal, II, 150 et 151 ; — il est déposé au concile de Constance, II, 152.

Jean, évêque d'Avranches, I, 190.

Jean-sans-Terre, roi d'Angleterre et duc de Normandie, I, 320, 331.

Jean, dauphin de France, fils aîné du roi Philippe, II, 88 ; — il est déclaré roi, II, 95 ; — il est fait prisonnier et mené en Angleterre, II, 97.

Jean, bâtard d'Orléans, II, 197 et suiv.

Jérôme (Saint) ; une de ses reliques, III, 111.

Joscelin, évêque de Bath, I, 368.

Joseph, le père Joseph, capucin, III, 125.

Joui, église, terre et prieuré, I, 128, 150, 204, 255, 330, 331, 372 ; II, 102, 109, 118, 145, 150 ; — le prieuré est réuni à la mense abbatiale, II, 150-151 ; — autres affaires concernant les biens de Joui, II, 266, 299 ; III, 13, 198.

Jourdain, évêque de Lisieux, I, 340.

Jubé de l'église de Jumièges, II, 243 ; III, 36.

Jubilé, III, 68.

Judith, femme de l'empereur Louis-le-Débonnaire, I, 101, 108.

Julien (Saint-) du Bout du Bosc, chapelle, I, 330 ; II, 83, 280.

Jumièges, description du pays, I, 1 et suiv. ; — Jumièges est une presqu'île sur le bord de la Seine à cinq lieues de Rouen, bois et pêche, I, Ibid. ; — Saint-Filbert fonde l'abbaïe du nom de Jumièges, I, 4 et suiv. ; — ancien château de Jumièges, I. 15 ; — les sciences sont cultivées dans l'abbaïe, I, 24, 47, 157, 172, 173 et 174, 199, 202, 308 et suiv., 337 et suiv. ; — les grands hommes y ont fleuri, I, 24, 162 et suiv. ; — on bâtit une église paroissiale à Jumièges, I, 237 ; — confirmation des biens de l'abbaïe dans le territoire de la presqu'île, I, 253 ; — les biens de Jumièges ne sont qu'une seule baronnie, II, 18 ; — les sciences continuent d'y être en honneur, Ibid., 252 ; — il y a juridiction à Jumièges, Ibid., 221 ; — elle est transférée à Duclair, II, 250.

Jumièges; habitans, I, 114, 236; III, 59, 89, 94, 159 et suiv.
Jumièges, forêt, III, 164, 202.
Just (Saint-); dîme, I, 150, 272.
Justice (Maître Jean), chanoine de Baïeux, fonde deux chapelles à Yainville et au Trait, II, 233.

L

L'Affilé (Dom Ambroise), religieux de Jumièges, III, 37 ; — abrégé de sa vie et sa mort, III, 41 et suiv.
Lambert (Saint), abbé de Fontenelle, I, 27.
La Lande, vavassorie, II, 200 ; III, 12.
Landin, église et terre, I, 255, 364 ; III, 183.
Landric, abbé de Jumièges, est choisi par Charlemagne pour faire le recensement des biens de l'abbaïe de Saint-Vandrille, I, 81 ; — sa mort, I, 95.
Langlois (Dom Adrien), religieux de Jumièges, II, 305, 313 ; — il est élu prieur claustral et veut réformer les abus, III, 5 et suiv. ; — il fait le voïage de Paris et connait les religieux de Saint-Vannes dont il veut introduire la réforme à Jumièges ; contradictions qu'il eut à souffrir à ce sujet, III, 14 ; — il est élu prieur pour la seconde fois et fait de nouveaux efforts pour l'introduction de la réforme, III, 16 et suiv. ; — il en écrit aux cardinaux de Lorraine et de Montalte, III, 20 ; — sa supplique au pape, III, 21 ; — il souffre de nouvelles contradictions, III, 23 et suiv. — il est cité au Parlement et vient à bout d'introduire la réforme, III, 25 ; — il fait profession parmi les réformés, III, 27 ; — il est continué dans la charge de prieur, III, 30, 37 ; — il accorde une pension aux anciens, III, 35 ; — sa mort, III, 38.
Launai, église, II, 69.
Launai, moulin, I, 198, 345, 346 ; II, 54.
Laurent (Saint); une de ses reliques, II, 231, 274, 275.
Laval (François de), comte de Montfort et duc d'Aquigni, II, 238.
Leger (Saint), évêque d'Autun et martyr, I, 31 ; II, 431 ; — une de ses reliques, III, 36, 119.
Leodebert, évêque d'Orléans, I, 58, 59.
Léon III, pape, I, 65, 66.
Léon IX, pape, I, 175.
Léon X, pape, II, 257.
Léonard (Saint); une de ses reliques, I, 231, 275.
Leure ; salines, I, 272.
Leurel, moulin, I, 270, 348.

Marval (La), fief anciennement dit Husaniers, II, 32, 69, 108, 124.
Mathieu (Dom Jacques), religieux de Jumièges, III, 103.
Maulévrier (La comtesse de), III, 89.
Maurice, archevêque de Rouen, I, 367.
Maurile (Saint), archevêque de Rouen, I, 189.
Mauroy (Pierre de), abbé de Jumièges, II, 100.
Mazarins, parti, III, 88.
Ménil-Renouard (Le), dîme, prez et bois, I, 140, 272.
Ménil-sous-Jumièges (Le), église et terre ; l'église a été longtemps exempte de la juridiction de l'archevêque de Rouen et soumise à celle de l'abbé de Jumièges, I, 238 ; — le pape Eugène III confirme le patronage de cette église à l'abbaïe, I, 253 ; — Innocent III fait la même chose, I, 332 ; — autres articles concernant le Ménil, I, 333 ; II, 192.
Ménil-Glaïse, vavassorie, II, 199.
Ménil-Varin (Le), fief, I, 355 ; II, 108.
Ménil vace (Raoul du), I, 355 ; II, 108.
Merle (Gui du), évêque de Lisieux, II, 33.
Mesières, vignoble, I, 197.
Metreville, vignoble, I, 366.
Meulant (Agnès de), bienfaitrice de l'abbaïe, I, 322.
Michel (Saint-), ancienne maladrerie dans la paroisse de Jumièges, I, 380 ; II, 10, 82 ; — démolition de cette chapelle, II, 82.
Mireville-en-Caux, église et dîme, I, 227.
Mireville (Foulques de), bienfaiteur de l'abbaïe, I, 227.
Miserai, dîme, II, 265.
Mo.é, premier président du Parlement de Paris, III, 106.
Monastère de Bonne-Nouvelle de Rouen, III, 104-105.
Monastère de Saint-Vigor de Baïeux, I, 208.
Mongin (Dom Athanase de), III, 70, 71.
Montagu (Thomas de), II, 215.
Montaigu (Guillaume de), abbé de Jumièges, III, 53.
Montaterre, prieuré aumôné à l'abbaïe de Jumièges par sainte Bathilde, I, 26 ; — usurpé par Albert, I, 153 ; — rendu à l'abbaïe, I, 157, 256, 270, 329, 347, 372 ; II, 110, 161, 177, 230-431.
Mont-Baudri, chapelle et succursale de Verneuil, I, 158.
Mont-Carmel ; les chevaliers du Mont-Carmel jouissent du revenu de la léproserie de Saint-Julien-du-Bout-du-Bois, ou Mont-d'Avilette, II, 83 et suiv.
Mont-de-l'If, église, I, 333.
Mont-Hugues, fief et terre, I, 322.

Monthiart, fief, II, 69, 108 ; III, 113.

Montihart (Geoffroi), I, 346, 369.

Mont-Pinçon (Guillaume de), abbé de Saint-Evroult, II, 34.

Morel (Dom Silvestre), prieur de Jumièges, III, 156.

Mortalités, II, 200, 202 ; III, 57-58, 95-96, 189, 190, 191.

Mortuaire, droit du sacristain de Jumièges dans quelques paroisses de la péninsule, I, 300 ; II, 76, 278 et suiv.

Motte (La), fief, II, 245.

Mouly (Dom Jean-Baptiste), religieux de Jumièges ; histoire de sa vie, III, 167.

Mouret, seigneur du Pont, III, 90.

Mouri (Guillaume de), I, 251.

N

Navarre ; — le roy de Navarre fait prisonnier, II, 96 ; — il est mis en liberté, II, 97 ; — ses prétentions sur les fiefs de Jumièges, II, 113 et suiv.

Neret (Hugues), évêque de Coutances, I, 349.

Neuvilette, fief, I, 344 ; II, 9 (en note), 279.

Nicaise (Saint-) de Meulant, monastère, III, 99.

Nicolas (Saint) ; une de ses reliques, II, 231.

Normandie, I, 120 ; — réduction de la Normandie, I, 229 ; — on y lève des taxes pour la rançon du duc Richard, I, 303 ; — elle est réunie à la couronne de France, I, 322, 331 ; II, 165, 188, 189, 288-289, 315.

Normands (Les), ou peuples du Nord, I, 62, 64 ; — ils viennent en Neustrie et mettent le feu à l'abbaïe de Jumièges, I, 110 ; — ils reviennent une seconde fois, la pillent, la brûlent et la réduisent en un désert, I, 113 et suiv.; — ils s'établissent en Neustrie, appelée depuis Normandie, I, 120 et suiv.

Norville, église et terre, I, 128, 150, 253, 285, 343, 498 ; III, 12, 93, 144 et suiv., 149.

Norville (Guillaume de), abbé de Fontenelle, II, 37.

Novales ; le pape Honorius III les adjuge à l'abbaïe de Jumièges dans tous les lieux où elle perçoit la dîme, I, 357 et suiv.

Nuisement, terre, I, 204.

O

Ocioul, abbé de Saint-Riquier, I, 56.

Odeline de Cramesi, bienfaitrice de l'abbaïe, I, 270.

Odon, évêque de Chartres, I, 137.

Poterne (La), à Rouen, maisons et chapelle, I, 34, 348-349 ; II, 57, 160, 167, 177, 183, 185, 227, 243, 265, 298 ; III, 88, 150.

Poulain (Robert), archevêque de Rouen, I, 327 ; — il fait bâtir les infirmeries de Jumièges, I, 327-328, 333, 343, 352.

Prat (Antoine du), chancelier de France, II, 259.

Prescription ; l'abbé de Saint-Vincent du Mans use de prescription contre les religieux de Jumièges, I, 258.

Préséance dans les Echiquiers et dans les synodes disputée par les abbés de Jumièges, de Fécamp, de Saint-Vandrille et du Bec, II, 210-211, 212, 214-215.

Présentation aux bénéfices ; elle appartient aux religieux, le siège abbatial vacant, III, 199 et suiv.

Prevost (Guillaume Le), I, 348.

Prevost (Dom Richard), religieux de Jumièges, III, 103.

Prieurés ; le relâchement s'y introduit ; II, 59, 109.

Prieurs (Les) titulaires sont rappelés au cloître, II, 252 ; — autres articles concernant les prieurés, II, 271, 274, 300, 302.

Privilèges et immunités de l'abbaïe, I, 96 et suiv., 188 et suiv. ; II, 14 et 15, 57, 58, 149, 150, 151, 165, 198, 210 et suiv., 248, 261, 266, 291 ; III, 9, 100, 101-102, 150.

Procuration, droit des prélats dans les visites, II, 248.

Prodiges arrivés à Jumièges au temps de la Réforme, III, 15.

Prulai (Robert de), II, 199, 200.

Puisieux, église, I, 255, 324.

Q

Quentin (Saint) ; une de ses reliques, II, 231.

Quetel (Dom Hippolyte), procureur de Jumièges, III, 153, 155, 159.

Queu (Guillaume Le), II, 203.

Quillebeuf, I, 128, 254, 277, 348, 370 ; II, 10, 16, 18, 129.

Quincarmon (Dom Jean de), religieux de Jumièges, III, 16, 35.

R

Rachie, roi des Lombards, I, 75.

Ragentran, archidiacre de l'église de Rouen, est nommé à l'abbaïe de Jumièges par Saint-Ouen, I, 39.

Rancé (Jean-Armand de), abbé de la Trappe, III, 170.

Raoul de Varneville, évêque de Lisieux, visite les églises de la péninsule, I, 291-292.

Raoul, comte de Clermont, bienfaiteur de l'abbaïe, I, 270.

Monthiart, fief, II, 69, 108 ; III, 113.

Montihart (Geoffroi), I, 346, 369.

Mont-Pinçon (Guillaume de), abbé de Saint-Evroult, II, 34.

Morel (Dom Silvestre), prieur de Jumièges, III, 156.

Mortalités, II, 200, 202 ; III, 57-58, 95-96, 189, 190, 191.

Mortuaire, droit du sacristain de Jumièges dans quelques paroisses de la péninsule, I, 300 ; II, 76, 278 et suiv.

Motte (La), fief, II, 245.

Mouly (Dom Jean-Baptiste), religieux de Jumièges ; histoire de sa vie, III, 167.

Mouret, seigneur du Pont, III, 90.

Mouri (Guillaume de), I, 251.

N

Navarre ; — le roy de Navarre fait prisonnier, II, 96 ; — il est mis en liberté, II, 97 ; — ses prétentions sur les fiefs de Jumièges, II, 113 et suiv.

Neret (Hugues), évêque de Coutances, I, 349.

Neuvilette, fief, I, 344 ; II, 9 (en note), 279.

Nicaise (Saint-) de Meulant, monastère, III, 99.

Nicolas (Saint) ; une de ses reliques, II, 231.

Normandie, I, 120 ; — réduction de la Normandie, I, 229 ; — on y lève des taxes pour la rançon du duc Richard, I, 303 ; — elle est réunie à la couronne de France, I, 322, 331 ; II, 165, 188, 189, 288-289, 315.

Normands (Les), ou peuples du Nord, I, 62, 64 ; — ils viennent en Neustrie et mettent le feu à l'abbaïe de Jumièges, I, 110 ; — ils reviennent une seconde fois, la pillent, la brûlent et la réduisent en un désert, I, 113 et suiv. ; — ils s'établissent en Neustrie, appelée depuis Normandie, I, 120 et suiv.

Norville, église et terre, I, 128, 150, 253, 285, 343, 498 ; III, 12, 93, 144 et suiv., 149.

Norville (Guillaume de), abbé de Fontenelle, II, 37.

Novales ; le pape Honorius III les adjuge à l'abbaïe de Jumièges dans tous les lieux où elle perçoit la dîme, I, 357 et suiv.

Nuisement, terre, I, 204.

O

Ocioul, abbé de Saint-Riquier, I, 56.

Odeline de Cramesi, bienfaitrice de l'abbaïe, I, 270.

Odon, évêque de Chartres, I, 137.

Odon, évêque de Baïeux, I, 190.

Odon, maître d'hôtel de l'évêque d'Evreux, bienfaiteur de l'abbaïe, I, 151.

Offices claustraux, II, 13, 109, 146, 241, 271, 274, 300.

Ogier, chef des Normands, fait une descente en Neustrie et met le feu à l'abbaïe de Jumièges, I, 110.

Oisy, baronnie, I, 141, 255, 279, 348 ; II, 10, 113, 253, 465 ; III, 206.

Opportune (Sainte), II, 90.

Orges (Hugues d'), archevêque de Rouen, II, 179, 211.

Osmont de Gely, bienfaiteur de l'abbaïe, I, 140.

Ost, service d'Ost, II, 107, 291.

Ouen (Saint) préserve saint Filbert de l'amour du siècle, I, 6 ; — il fonde l'abbaïe de Rebais, I, 9 ; — ses conférences avec saint Filbert et saint Vandrille, I, 26-27 ; — il fait emprisonner saint Filbert, I, 33-34 ; — il lui rend la liberté, I, 35 ; — il lui donne deux successeurs à Jumièges, I, 38 et suiv. ; — il se réconcilie avec saint Filbert, I, 40, 41 ; — il lui donne l'option de demeurer à Jumièges ou de retourner à Nermoutier, I, 42 ; — il fait présent à l'abbaïe de la Tour d'Alverède, à Rouen, et des maisons adjacentes, I, 235.

Oumoy, II, 90.

P

Paër (Saint-), église et terre, I, 205, 253, 355, 363 ; II, 10, 94, 95, 210, 291.

Panage, droit de l'abbaïe dans toutes les forêts de la province, II, 11 ; III, 9.

Paon (Dom Thomas), II, 313.

Papillon, ou de Saint-Denis (Jean), abbé de Jumièges, II, 101 ; — différents portraits de son caractère, II, 101 et suiv. ; — sa mort, son épitaphe, II, 116.

Partages des biens entre l'abbé et les religieux, I, 109-110 ; III, 202.

Passage sur la rivière de Seine, II, 128, 210.

Paul (Saint) ; une de ses reliques, II, 275.

Paul I, pape, I, 77.

Paul III, pape, II, 270, 281.

Paul IV, pape, II, 283.

Paul V, pape, III, 9, 26.

Pavillon, maison et terre à Duclair, III, 200.

Pavilly, monastère de filles fondé par saint Filbert, I, 14, 30 ; — il est détruit par les Danois, I, 30 ; — il est rétabli en forme de prieuré soumis à l'abbaïe de Sainte-Catherine, I, 31 ; — il est supprimé et réuni à la Chartreuse de Rouen, I, 31.

Péages, I, 128.

Pêche dans la rivière de Seine, I, 4, 128, 370 ; II, 16, 26, 197, 248, 282 ; III, 90, 117, 157, 203.

Pellerin (Robert), bienfaiteur de l'abbaïe, I, 320.

Pepin de Héristal, I, 61, 64.

Pepin, roi de France, I, 61, 75 ; — il envoie ses lettres au pape Etienne III par Droctegang, abbé de Jumièges, I, 76, 79 ; — il fait tenir une assemblée générale à Attigni, I, 80, 89 ; — il accorde à l'abbaïe de Jumièges l'exemption de péage, I, 96-97.

Pepin, roi d'Aquitaine, I, 106.

Pepin, maire du palais, fonde le prieuré d'Hâpres en 701 et le donne aux religieux de Jumièges, I, 113.

Pericart (François de), évêque d'Avranches, sacré à Jumièges, II, 310.

Petronile (Sainte) ; sa fête à Jumièges, II, 247.

Philippe de Valois, roi de France, II, 87, 95.

Pie II, pape, II, 214, 217, 230.

Pierre (Saint) ; une portion de ses reliques, II, 231.

Pierre-du-Manoir (Saint-), église, I, 150, 256.

Pierre de Cluni, abbé de Jumièges, I, 261, 267, 273.

Pierre de Blois, I, 307.

Pignes (Geoffroi de), abbé de Jumièges, II, 48 ; — ses vertus, sa mort, son épitaphe, II, 49-50.

Pilate, chef de parti, I, 234.

Pilatins, ainsi nommés du nom de leur chef, I, 234.

Pitances ; en quoi elles consistent et leur origine, II, 13, 71, 78.

Poissi (Henri de), I, 369.

Poitevin (Baltazar), abbé de Jumièges, III, 17 ; — il ratifie le concordat du cardinal de Ferrare avec les religieux, III, 27, 45 ; — sa mort, III, 45.

Polyglote de le Jay, III, 85.

Pont (Dom Maur du), prieur de Jumièges, III, 60 ; — son éloge, III, 60-61.

Pont-Autou, église, fief et moulin, I, 152, 204, 272, 277, II, 10, 45 ; III, 12.

Pont-de-l'Arche, I, 150, 255, 320, 331 ; III, 100.

Pont-Saint-Pierre, fief, III, 12.

Poppe, première femme de Rollon, I, 122.

Poterne (La), à Rouen, maisons et chapelle, I, 34, 348-349 ; II, 57, 160, 167, 177, 183, 185, 227, 243, 265, 298 ; III, 88, 150.

Poulain (Robert), archevêque de Rouen, I, 327 ; — il fait bâtir les infirmeries de Jumièges, I, 327-328, 333, 343, 352.

Prat (Antoine du), chancelier de France, II, 259.

Prescription ; l'abbé de Saint-Vincent du Mans use de prescription contre les religieux de Jumièges, I, 258.

Préséance dans les Echiquiers et dans les synodes disputée par les abbés de Jumièges, de Fécamp, de Saint-Vandrille et du Bec, II, 210-211, 212, 214-215.

Présentation aux bénéfices ; elle appartient aux religieux, le siège abbatial vacant, III, 199 et suiv,

Prevost (Guillaume Le), I, 348.

Prevost (Dom Richard), religieux de Jumièges, III, 103.

Prieurés ; le relâchement s'y introduit ; II, 59, 109.

Prieurs (Les) titulaires sont rappelés au cloître, II, 252 ; — autres articles concernant les prieurés, II, 271, 274, 300, 302.

Privilèges et immunités de l'abbaie, I, 96 et suiv., 188 et suiv. ; II, 14 et 15, 57, 58, 149, 150, 151, 165, 198, 210 et suiv., 248, 261, 266, 291 ; III, 9, 100, 101-102, 150.

Procuration, droit des prélats dans les visites, II, 248.

Prodiges arrivés à Jumièges au temps de la Réforme, III, 15.

Prulai (Robert de), II, 199, 200.

Puisieux, église, I, 255, 324.

Q

Quentin (Saint) ; une de ses reliques, II, 231.

Quetel (Dom Hippolyte), procureur de Jumièges, III, 153, 155, 159.

Queu (Guillaume Le), II, 203.

Quillebeuf, I, 128, 254, 277, 348, 370 ; II, 10, 16, 18, 129.

Quincarmon (Dom Jean de), religieux de Jumièges, III, 16, 85.

R

Rachie, roi des Lombards, I, 75.

Ragentran, archidiacre de l'église de Rouen, est nommé à l'abbaïe de Jumièges par Saint-Ouen, I, 39.

Rancé (Jean-Armand de), abbé de la Trappe, III, 170.

Raoul de Varneville, évêque de Lisieux, visite les églises de la péninsule, I, 291-292.

Raoul, comte de Clermont, bienfaiteur de l'abbaïe, I, 270.

Raoul (Tourte), gouverneur de Normandie, achève de démolir l'église de Notre-Dame, I, 133.

Raoul (Havot), bienfaiteur de l'abbaïe, I, 163.

Raoul d'Ansier, bienfaiteur de l'abbaïe, I, 218.

Regnier (Dom Colomban), III, 28, 37, 39, il est élu prieur ; — III, 39, 40, 42, 47 ; — sa mort, son éloge, III, 47 et suiv.

Religieux de Jumièges ; la sainteté de leur vie, et leurs prédications, I, 21 et suiv., 26, 38 ; — leur fermeté à demeurer attachés à saint Filbert pendant la persécution, I, 38 ; — ils vont au-devant de lui à son retour avec les saintes reliques, I, 41 ; — leur nombre monte jusqu'à 900 et celui des serviteurs à 1,500, I, 47, 59, 114 ; — il en meurt 442 en trois jours, I. 51 ; — Dom Mabillon les qualifie d'élus et leur mémoire est en vénération, I, 52, 192 ; — les religieux de Jumièges reçoivent honorablement saint Sturme que le roi Pépin avait exilé dans leur monastère, I, 79 ; — leur étroite union avec les religieux de Saint-Riquier, I, 97 ; — leur société avec les religieux d'Auge, I, 80 ; — ils se plaignent de la non-résidence de leur abbé et font des partages, I, 109 ; — ils s'enfuient à l'approche des Normands, I, 111-112 ; — ils cachent les saintes reliques en différents endroits et se retirent, les uns à Hâpres, les autres à Saint-Denis, I, 112-113 ; — peu d'entre eux reviennent à Jumièges, I, 123 ; — assemblée des religieux de Jumièges pour divers règlements, I, 151 ; — peuplade de religieux de Jumièges à Saint-Avroult, I, 171 ; — à Saint-Sauveur-le-Vicomte, I, 202 ; — à Saint-Sever, I, 210 ; — ils se plaignent de leur abbé, 1, 267-268 ; — leurs vertus, I, 275 et suiv., 281 ; II, 25 ; — leur zèle pour les sciences, I, 309 et suiv. ; — leur charité, ils font bâtir la chapelle de Saint-Filbert à Rouen, la mortalité se met parmi eux, II, 99, 155 et suiv., 188 ; — ils se réfugient à la Poterne, II, 155 ; — ils sont mis à contribution par les Anglais, II, 163 ; — ils sont persécutés à cause de leur abbé, II, 219 et suiv. ; — ils tombent dans le relâchement, II, 263 et suiv. ; — ils sont réformés par les religieux de la congrégation de Chezal-Benoît, II, 253-254 ; — ils sont dans une pressante nécessité, II, 230-231 ; — l'un d'entre eux fait une vive remontrance au cardinal de Bourbon, II, 309 ; — ils obtiennent des sauve-gardes et retirent beaucoup de monde dans l'abbaïe, II, 312 ; — ils tombent dans le relâchement, *Ibid.*, 503 ; — quelques-uns se proposent d'embrasser la réforme de saint Vannes, les autres s'y opposent, III, 14 et suiv. ; — deux religieux de la congrégation de Saint-Vannes sont mis en possession des lieux, III, 24-25 ; — ils sont cités au Parlement par les opposants ; quelques opposants se désistent et gagnent les autres ; l'affaire est mise en arbitrage, et l'introduction de la réforme approuvée, III, 25 et suiv.; — peuplade de religieux de Jumièges à Bernai et à Saint-Evroult, III, 42; — autre peuplade à Fécamp, III, 90; — éloges des religieux de Jumièges, III, 60 et suiv., 65, 66, 93, 140; — ils sont curés primitifs, III, 184.

Renaud, comte de Boulogne, bienfaiteur de l'abbaïe, I, 321.

Renaud, moine de Jumièges et bienfaiteur de l'abbaïe, I, 206 et suiv.; — il est nommé à l'abbaïe d'Abbendon, I, 209; — il fait présent à l'abbaïe de Jumièges d'un texte couvert de lames d'or et enrichi de pierreries, I, 210; — sa mort, I, 210.

Révolte en basse Normandie contre les Anglais, II, 182.

Richodon, abbé de Jumièges, I, 105.

Richard, duc de Normandie, est enlevé, I, 133; — il donne la moitié de Heurtauville à l'abbaïe, I, 139.

Richard II, duc de Normandie, I, 141; — il fait plusieurs donations et confirme les anciennes, I, 150; — sa mort, I, 152, 204.

Richard III, duc de Normandie, I, 25.

Richard Ier, roi d'Angleterre et duc de Normandie, I, 297; — il vient à Jumièges passer les fêtes de la Pentecôte, I, 318-319; — il érige un marché à Duclair, I, 310; — sa mort, I, 320.

Richard, comte d'Evreux, bienfaiteur de l'abbaïe, I, 163.

Richard de Morville, bienfaiteur de l'abbaïe, I, 259.

Richard de Cauville, bienfaiteur de l'abbaïe, I, 278.

Richard de Gournai, bienfaiteur de l'abbaïe, I, 289-290.

Richard d'Ivetot, I, 342.

Richard de la Mare, abbé de Jumièges, I, 296 et suiv.; — il fait vendre l'argenterie du monastère pour la délivrance de l'archevêque de Rouen, I, 303; — le prix lui en est rendu, et il en fait usage pour le soulagement des pauvres dans une famine, I, 304; — sa mort, I, 305.

Richard, moine de Jumièges, élu abbé de Saint-Taurin d'Evreux, I, 27.

Richelieu (de), cardinal, III, 46, 56, 73, 93, 128.

Rigaud (Eudes), archevêque de Rouen, I, 377; II, 27.

Rivery (Dom Paul de), prieur de Jumièges, III, 52.

Robert, duc de Normandie; il est peu favorable à l'Eglise dans les commencements, I, 252; — il fait rendre aux religieux de Jumièges le marché de Vimoutier, I, 158; — il leur donne la terre de Virville-en-Caux, I, 204.

Robert Ier, roi de France, I, 25, 157; — sa mort, 160.

Robert Ier, comte de Dreux, I, 263.

Robert IV, comte de Dreux, II, 26.

Robert, comte de Meulant, bienfaiteur de l'abbaïe, I, 220.

Robert, bienfaiteur de l'abbaïe, I, 163.

Robert, dit Hispaque, abbé de Jumièges, I, 139 ; — il détourne Albert le Riche de donner tous les biens au monastère, I, 143 ; — sa mort, I, 145.

Robert II, dit Champart ou le Normand, abbé de Jumièges ; ses qualités, I, 161 et suiv. ; — ses occupations, I, 162 ; — il jette les fondations de l'église de Notre-Dame, et est aidé dans son entreprise par les libéralités de plusieurs seigneurs, I, 162 et suiv. ; — il est appelé en Angleterre par le roi Edouard, I, 164 ; — il est fait évêque de Londres, I, 155 ; — il est obligé de fuir en Normandie d'où il est rappelé, I, 155 ; — Edsi, archevêque de Cantorbéri, le choisit pour coadjuteur, I, 168 ; — il devient archevêque de Cantorbéri, et fait des aumônes à l'abbaïe de Jumièges, pour achever l'église de Notre-Dame, I, 169 ; — il est banni, I, 171, 175 ; — il va à Rome ; il revient à Jumièges et y meurt, I, 175 ;— son tombeau, I, 176.

Robert III, abbé de Jumièges, I, 168 ; — envoye une peuplade de religieux à Saint-Evroult, I, 17 ; — il fait l'office d'écolatre à Jumièges, I, 174 ; — il enterre l'archevêque de Cantorbéri, I, 174 ; — il continue de faire travailler à l'église de Notre-Dame ; il est aidé par les libéralités de quelques seigneurs, I, 189 ; — sa mort, I, 199.

Robert d'Argences, abbé de Jumièges, I, 283 ; — il assiste à la cérémonie de la translation des reliques de saint Romain, I, 286 ; — sa mort, I, 295.

Roderic, abbé de Jumièges, I, 137.

Rodolfe, abbé de Jumièges, I, 108 ; — ses parents, son crédit à la Cour, sa disgrâce, son rétablissement, I, 108, 109 ; — sa profonde intelligence dans les affaires, I, 109 ; — il permet aux religieux de faire des partages, et les fait confirmer par Charles le Chauve, I, 109 ; — il se démet de l'abbaïe de Jumièges, I, 115-116 ; — sa mort, I, 116.

Rodolfe, bienfaiteur de l'abbaïe, I, 151.

Roger de Montgommeri supprime le marché de Vimoutier, I, 152 ; — il est contraint de le rétablir et n'en peut ériger à Montgommeri que de l'agrément des religieux, I, 158 ; — il s'empare de la forêt de Cresy, I, 203.

Roger de Mortemer, bienfaiteur de l'abbaïe, I, 298.

Roger (Pierre), archevêque de Rouen et depuis pape sous le nom de Clément VI, II, 67, 89.

Roger, abbé de Jumièges, I, 274, 279, 280 ; — sa mort, I, 282.

Roger II, dit Monsel, abbé de Jumièges, I, 295-296.

Roger, prieur de Jumièges; il est nommé à l'abbaïe du Mont Saint-Michel et vient mourir à Jumièges; son éloge, I, 229 et suiv.

Rogon de Déville, I, 320.

Rolle (Dom Anselme), religieux de Saint-Vannes, III, 14, 22, 24, 30, 62.

Rou ou Rollon, dernier chef des Normands, écoute les propositions de paix qui lui sont faites au nom du roi Charles le Simple; lui fait hommage de la Neustrie, appelée depuis Normandie; il reçoit le baptême et est nommé Robert; il donne une terre à Jumièges et épouse solennellement la princesse Oiselle, fille de Charles le Simple, I, 119, 120, 121, 122; — sa mort, sa postérité, I, 122 et suiv.

Rouen, I, 110, 111, 150, 255, 288; II, 158, 163, 172, 180, 189, 190, 246, 261, 265, 286, 288; III, 89, 101.

Rousseaux (Dom Anselme des), prieur de Jumièges; sa mort, III, 68.

Routoir (Le), forêt entre Dammarie et Belesme, I, 357.

Rouvrai, sur la rivière d'Eure, église, terre et seigneurie, I, 188, 224, 255; II, 262.

Roux (Nicolas Le), moine de Jumièges, prieur de Jouy et abbé de la Croix Saint-L'Euffroi, II, 150, 155; — il est élu abbé de Jumièges, son origine et ses bonnes qualités, II, 160 et suiv.; — il condamne la pucelle d'Orléans à être livrée à la justice séculière; sa mort, II, 173, 175.

Rustique (Saint), évêque de Cahors, I, p. XVIII de la Préface.

S

Saens (Saint), religieux de Jumièges et abbé d'un monastère au païs de Caux, I, 23; — sa mort, I, 23.

Simon (Claude Saint-), I, 291; II, 129; III, 98, 150, 183, 200; — il est promu à l'abbaïe de Jumièges, III, 201.

Salines, 1, 272; III, 67.

Salmonville (Roger de), abbé de Saint-Evroult, I, 353.

Sauvage (Frère Pierre), religieux de Jumièges, III, 120.

Sauvegardes accordées à l'abbaïe, II, 312; III, 45, 66, 89-90.

Sébastien (Saint); une de ses reliques, II, 231; — le reste de son corps à Soissons, III, 168; — chapelle en son honneur, III, 191.

Sedan, III, 68.

Seine, rivière, I, 3, 363-364, 370; — débordement de la Seine, III, 10, 120 et suiv.

Séjour, droit de séjour prétendu dans l'abbaïe par plusieurs seigneurs, I, 333 et suiv., 340, 344, 358; — extinction de ce droit, I, 359.

Seître, prêtre, bienfaiteur de l'abbaïe, III, 98, 121.

Senechal (Nicolas Le), bienfaiteur de l'abbaïe, I, 343.

Senot (Jean), II, 222.

Serans, église et fief, I, 247; II, 199; III, 12.

Serifontaine (Gautier de), abbé de Pontoise, bénit à Jumièges, II, 27.

Sevran (Pierre), cellérier de Jumiéges; ses prétentions, sa révolte, II, 105 et suiv., 134.

Silli (Les religieux prémontrés de), I, 353.

Simon, comte d'Evreux, bienfaiteur de l'abbaïe, I, 258; III, 115.

Sisenand, roi des Visigoths, p. xv-xvi de la Préface.

Sixte IV, pape, II, 238.

Sixte V, pape, II, 310.

Sociétés de prières entre les religieux de Jumièges et ceux d'Auge, I, 80; — de Saint-Germain-des-Prés, I, 295, II, 298 ; — de Saint-Evroult, I, 353; II, 34; — de Saint-Vandrille, II, 37 ; — de Saint-Ouen de Rouen, II, 42 ; — du Bec, II, 45 ; — de Saint-Vast d'Arras, II, 112 ; — de Saint-Sauveur-le-Vicomte et de Saint-Martin d'Autun, II, 189; — de Chezal-Benoît, II, 297; — de la Chartreuse de Rouen et de Gaillon, II, 298; — avec les Célestins de Mantes, II, 298; — et le prieur de Bellencombre, II, 208.

Souché (Dom Marc), cellérier de Jumièges, III, 197.

Stostring, bienfaiteur de l'abbaïe, I, 152.

Sturme (Saint), abbé de Fulde en Allemagne, est exilé à Jumièges et y demeure deux ans, I, 78, 79.

Suavaric, évêque d'Orléans, I, 59.

Subsides, II, 247.

T

Tailland (Guillaume Le), I, 366.

Traisnieres (Dom Martin), président de la nouvelle congrégation de Saint-Maur, tient le chapitre général à Jumièges, III, 28, 39.

Tancard, nommé à l'abbaïe de Jumièges par le roi d'Angleterre ; il a de mauvaises manières pour ses religieux, I, 222 et suiv.; — il est chassé avec infamie, I, 225.

Tarisse (Dom Grégoire), supérieur général de la congrégation de Saint-Maur, III, 46, 52, 73, 84.

Tassillon, duc de Bavière, I, 64; — il est condamné à mort dans l'assemblée d'Ingelheim, I, 81-82; — il est rasé à Saint-Goar, transféré ensuite à Lauresheim et de là à Jumièges où il prend l'habit religieux avec son fils Théodon, I, 82-83; — leur mort, I, 83; — l'histoire des énervés leur convient mieux qu'à tous autres, I, 94 et suiv.

Tassin (Dom Antoine Maur), religieux de Jumièges, abrégé de sa vie, III, 61 et suiv.

Taxes, II, 88, 95, 261, 282-283 ; III, 9.

Tedbold, bienfaiteur de l'abbaïe, I, 159.

Tempête, I, 248; II, 307.

Théodon et Théodbert, fils de Tassillon, duc de Bavière, I, 8.

Theodvin, moine de Jumièges, nommé à l'abbaïe d'Ely en Angleterre, I, 195, 196.

Theroude (Dom Gabriel), religieux de Jumièges; histoire de sa vie, III, 103 et suiv.

Thetbert, bienfaiteur de l'abbaïe, I, 151.

Theutone, en Angleterre, église, I, 257.

Thibaut (Dom Toussaint), III, 60.

Thierri III, roi de France, fonde un monastère au païs de Caux, I, 23.

Thierri I, abbé de Jumièges, I, 107 ; — il assiste à l'assemblée de Germigni, I, 107 et suiv.

Thierri II, abbé de Jumièges, y introduit les coutumes de Dijon, I, 146 ; — il y maintient les écoles et les fait fleurir, I, 147-148 ; — il recouvre plusieurs biens usurpés, I, 153 ; — sa mort, I, 154.

Thierri de Matonville, prieur et écolâtre de Jumièges, I, 157, 162, 169 ; — il est fait abbé de Saint-Evroult, I, 172.

Thomas, abbé du Bec, II, 178.

Tiers et danger, droit sur la vente des bois, II, 111.

Topesfel, église et dîme, I, 205.

Torel (Roger), seigneur de la Bucaille, bienfaiteur de l'abbaïe, I, 322, 355, 368.

Torp, terre et chapelle dans la forêt de Brotonne, I, 290, 330; II, 90, 308; III, 111.

Torquêne (Huques de), bienfaiteur de l'abbaïe, I, 333.

Tot (Jean du), abbé de Jumièges, II, 36 ; — son éloge, II, 36-37 ; — sa mort, II, 39 ; — son épitaphe, II, 39.

Touit, port de la Seine, I, 128.

Tourette (Robert de la), I, 347.

Tournon, collège de Jésuites; la congrégation a droit d'y envoyer six jeunes religieux qui y sont nourris et instruits, III, 169.

Tourtenai, terre en Poitou donnée à l'abbaïe, I, 46 ; — elle est aliénée et restituée, I, 106 ; — elle est échangée avec les religieux de Bourgueil pour la terre de Longueville, I, 106-107, 143.

Tourvillet, église et terre, I, 150, 218, 254, 262, 323, 350, 370; II, 10.

Tourville (Guillaume de), I, 350.

Trait, chapelle et dîme, I, 128, 150, 258, 271, 284; II, 233; III, 113, 117, 205.

Trel ou Vaux, vignoble, I, 136, 189.

Treport, maisons et pêche, I, 204.

Tronc, terre scituée à Duclair, III, 98.

Trouville, église et terre, I, 150, 254, 261; II, 18.

Trubleville, église, I, 253, 288; II, 95.

Trun, moulin, I, 150; II, 90.

Trutmer, bienfaiteur de l'abbaïe, I, 141.

Turgot, bienfaiteur de l'abbaïe, I, 151.

Tuit-Simer, paroisse, 344; II, 9.

U

Urbain II, pape, I, 220.

Urbain V, pape, II, 102, 105, 108.

Urbain VI, pape, II, 160.

Urbain VIII, pape, III, 56.

Ursion, bienfaitenr de l'abbaïe, I, 151.

Urson, sous-prieur de Jumièges, élu abbé à Montbourg, I, 219.

Urson, abbé de Jumièges ; — les qualités de son esprit et de son cœur, I, 225 et suiv., 231-232; — il assiste au Concile de Rouen, I, 239-240, et à celui de Reims, I, 240 ; — il réforme quelques abus dans son abbaïe ; sa mort, son épitaphe, I, 241, 242, 243.

Usage de Jumièges pendant le carême, I, 311 et suiv.

V

Valbouet, fief, III, 113.

Val de Grâce, III, 68.

Valeran, comte de Meulant, bienfaiteur de l'abbaïe, I, 343.

Valentin (Saint), évêque et martyr; — histoire de sa vie, p. I, 176 et suiv. ; — translation de son chef à Jumièges, I, *Ibid* ; — ses miracles, I, 179 et suiv., 210; III, 191; — on érige un autel en son honneur, I, 185; — on lui fait faire une châsse, I, 185 ; — dévotion à notre saint, II, 136; — une de ses reliques, II, 131; III, 36, 40 ; — chapelle en son honneur, III, 190.

Valette (M. le duc de la), III, 66.

Vaubourg, église, I, 128.

Varaton, maire du Palais, donne la terre de Villiers à saint Filbert qui y bâtit l'abbaïe dite de Montivilliers, I, 42, 61.

Varaville, église et terre, I, 141, 272 ; III, 12, 67.

Varengeville, dîme, I, 198, 262, 271 ; — fief, I, 337, 348 ; — II, 54.

Varvannes, fief, I, 298.

Vasquet, fief dans Lillebonne, I, 321.

Vassi, petite ville de Champagne, II, 286.

Vast de Dieppedale (Saint-), église, I, 205, 254 ; II, 38, 113, 135 ; — fief, III, 12, 43.

Vatetot, II, 90.

Vatteville (Guillaume de), bienfaiteur de l'abbaïe, I, 205, 278.

Vaux et Villers-Saint-Paul, vignoble, I, 202 ; II, 273, 279 ; III, 99.

Welpon, abbé de Jumièges, I, 117.

Veneur (Gabriel Le), abbé de Jumièges, II, 281 et suiv., 290, 291 ; — sa mort, II, 295.

Verger (Jean du), II, 201, 202.

Verneuil, église et terre, I, 158, 256, 278, 289, 324, 352 ; II, 35, 168.

Vernon (Richard de), bienfaiteur de l'abbaïe, I, 280.

Verthamont (Dom Grégoire de), prieur de Jumièges, III, 55, 57, 59, 68 ; — sa mort, son éloge, III, 165 et suiv.

Vestiaire des religieux, II, 120, 122, 147, 237, 241.

Wiard (Adalhart), religieux convers de Jumièges ; — abrégé de sa vie, III, 133.

Viclef, condamné dans le Concile de Rome, II, 150.

Victorius, auteur d'un cycle pascal, p. XIII et suiv. de la Préface.

Viel, curé de Saint-Valentin de Jumièges, III, 180.

Vieille Cheze (Dom Pierre), prieur de Jumièges ; — abrégé de sa vie, III, 168 et suiv.

Vieuxfumé, église et terres, I, 141, 150, 255, 279 ; III, 207.

Vieuxport, seigneurie, I, 255.

Vilbert, archevêque de Rouen, I, 67.

Wilfride, archevêque d'York, p. XVI de la Préface.

Villers (Gautier de), bailli de Caux, I, 345.

Vilette (Dreux de la), I, 452.

Villejuive, fief, I, 189, 256, 296 ; III, 12.

Villemonteys (Dom François), prieur de Jumièges ; — son portrait, III, 142, 152, 154.

Vimoutier, terre et seigneurie, I, 140, 150, 255 ; II, 113, 245, 253.

Vinermerville ; trait de dîme, I, 271.

Vinterbournestok en Angleterre, église, I, 256, 359 ; II, 6, 217.

Vitry, fief, III, 12.

Y

Yainville, église et terre, I, 128; — l'église paroissiale a été longtemps exempte de la juridiction de l'archevêque de Rouen et soumise à celle de l'abbé de Jumièges, I, 238 ; — le pape Eugène III confirme le patronage de cette église et ses dépendances à l'abbaïe, I, 253, 258, 332; II, 129, 316; III, 113, 117, 205.

Yde, comtesse de Boulogne, I, 331.

Ypreville, I, 151.

Yve de Chartres, I, 226.

ERRATA

TOME I

Lisez :

Page	xii, l. 32.......	Per monasterio	monasterium.
»	2, note, l. 5..	Sulimitatis.............	Sublimitatis.
»	62, note 1.....	Le Talon...............	Talou.
	112, note 1, d. l.	130	1300 ?
»	166............	En titre, Geofroy.	
		Dans le texte, Godefroi.	
»	224, note 1.....	Le journal équivalait à	
		40 *acres*.............	*ares*.
»	228, note 2, l. 2.	Erance	France.
»	240, l. 8.......	l'analippe.............	l'antipape.
»	305, note, l. 6..	Le P. Labbé	Labbe.
»	315, l. 16......	L'hedomadier	hebdomadier.
»	347, l. 10......	1316	1216.

TOME II

Page	100............	Canis ?................	pœnis.
»	114............	de saisir..............	dessaisir.
»	194............	regia pelle............	pellex.
»	224............	vraisemsablement.......	vraisemblablement.
»	270, l. 4.......	Cohor..................	Cohors.

www.ingramcontent.com/pod-product-compliance
Lightning Source LLC
Chambersburg PA
CBHW071259160426
43196CB00009B/1344